龍谷大学真宗学一〇〇年史

巻頭言

緒言

真宗学という学問分野の呼称が公的に用いられるようになって、本年で百年という節目の年を迎えた。龍谷大学が大学令にもとづく大学として設置認可されその連絡を受けたのは大正十一年、一九二二年五月二十日のことである。そして実際に龍谷大学の第一期生を迎えたのは、翌年四月のことであり、二〇二三年の今年がその年から数えて百年目に当たると言える。いずれにしても、それまで宗乗あるいは宗学と呼んでいた学的な営みを、真宗学と呼ぶようになってこれまで百年以上の歩みを重ねてきたわけである。まず何よりも、これまで心血を注いで真宗学の研鑽に励み、教育に情熱を傾けてこられた多くの先学に対して、現在真宗学を学ぶものとして深い感佩と崇敬の念を捧げさせていただきたい。また、百年にも及ぶ真宗学会のこれまでの活動を継承し支えてこられた先輩諸氏の刻苦勉励に対して、心から敬意と感謝の意を表したいと思う。

ここに真宗学会百年の歩みを顕彰し、真宗学の現在地をお互いに確かめに『龍谷大学真宗学一〇〇年史』を編纂し、上梓する運びとなった。真宗学百年の歩みを歴史的に俯瞰し、画期となったいくつかのトピックについて、現在の真宗学の教員が分担するかたちで補論的に論述した。さらに、現役の真宗学科の教員が、それぞれの現在の研究関心について、真宗学百年の歩みと関連させて論考した。また、退職された先生方からも、ご在職当時の真宗学会の活動についてふり返った玉稿を賜った。ご多忙の中、短期日で原稿をご執筆いただいた皆様に対して改めてお礼を申し上げたい。

龍谷大学は、あと十数年で創立四百周年というさらに大きな節目を迎える。真宗学がその歴史の中で基幹となる役割を果たしてきたことは言うまでもない。けれども、真宗学が置かれている今日のさまざまな状況は厳しく、果たすべき責務はそれ故にさらに大きくなっている。願わくば、真宗学に携わるもの一人ひとりが、浄土真宗の精神、親鸞聖人の教えの原点に常に立ち返りつつ、脚下照顧して進取の精神を持って果敢に時代・社会と切り結びつつ、これからの真宗学に対するそれぞれの使命を果たしてもらいたい。小誌がその小さな道標となるならば幸いである。

目次

第二部　真宗学研究の歩み

目次

第一部　龍谷大学真宗学の歴史

総論――龍谷大学真宗学一〇〇年の歩み――

真宗学は、一九二二（大正一一）年に大学令のもとで大学として認可され、龍谷大学という大学名で出発するにあたり、それまでの宗学あるいは宗乗という呼び方に代わって用いられるようになった学科の名称である。

ここでは、その真宗学の一〇〇年間の歩みを、その前提となる江戸時代以来の宗学の近代化から振り返りつつ、真宗学成立後の展開を、画期となるいくつかの時期に分けて、教団の情勢や思想・学問界の動向との関係についてもふれながら論述したい。ただ、限られた紙幅の中でまとめることになったことから、どうしても大きな流れを追うかたちとならざるをえず、一つひとつの出来事を深く掘り下げてここで論じることは難しい。そこで重要な出来事については、現在真宗学教室に所属する教員が、それぞれの視点から真宗学一〇〇年間の歩みと関連づけて、各論的にトピックとして論述し、その点を補うことにした。

宗学の近代化とその課題

一六三九（寛永一六）年の西本願寺教団による学寮創建（後に、学林と改称）以来、時代の要請に苦闘しながら、宗学は歩んできた。その歩みにおいて、現在の真宗学を考える分岐点として、一八七五（明治八）年の学林改革があげられる。

大教院が解散した後、学林は教導職養成を目的に改革され、安居中心の制度から一般学校制への転換が図られた。さらに、一八八四年に教導職が廃止されると、キリスト教主義学校の隆盛に刺激を受け、学寮の流れをくむ教育・研究機関とは別に、仏教以外の一般学問を教授し、俗人に門戸を開いた普通教校が設立された。これにより、西本願寺教団の教育体制は大きく転じ、進取の精神とともにその校風が変化していった。

たとえば、一八八七年に普通教校で学ぶ学生は反省会を組織し、現在の『中央公論』の前掲誌である『反省会雑誌』を発刊した。他方で、宗学を中心とする大教校の学生は、その翌年に真宗青年伝道会を組織し、『伝道会雑誌』を創刊している。前者は対外的な気風が強く、後者は内向的な性格であるとされるが、その程度の違いはあれ、両組織・雑誌ともに日本社会が近代化していくなかで、仏教改良を目指す活動を展開した（赤松編二〇一八）。また、普通教校の教員が中心となり、一八八八年八月頃に海外布教を意識した海外宣教会が組織された（中西・吉永二〇一五）。とはいえ、内務省や文部省の施策、あるいは、宗派内の対立により度々組織改編が行われるなど、なかなか宗学研究の近代化は進展しなかった（谷川二〇〇八、中西二〇一一）。

一八九九年一一月、大教校の系譜を継ぐ大学林の綜理であった赤松連城（一八四一～一九一九）を会長、副綜理であった前田慧雲（一八五七～一九三〇）を副会長として、大学林同窓会が組織され、機関誌『大学林同窓会報』（一一月）が創刊された。創刊号の巻頭には、時代の進歩に後れをとる当時の教界状況を打破し、実際問題を討議し、教理問題を研究するために、その具体的研鑽・討議の場として雑誌を刊行すると記されている。本雑誌の発刊、さらには、教団外における仏教改革運動の隆盛を受け、宗学の近代化は勢いづいていく。

『大学林同窓会報』は、第六号より『六条学報』（一九〇一年一二月）に改称された。その第六号には、姫宮大等（後の島地大等）「教義研究の標準思想（我六条学報の研究態度を明にす）」や、前田慧雲「宗学研究に就て同窓会諸君に白す」、鷲尾教導「自由討究と研究」といった論説が掲載され、宗学近代化に関する提言がなされている。とりわけ、前田の論説は宗学の現況を端的に批判するとともに、歴史的・哲学的・組織的研究の必要性を主張するなど、その明瞭さと時代性によって、後の宗学研究に与えた影響は少なくない。実際、『六条学報』誌上には、前田が提唱した方法論に基づく研究が数多く発表されている。また、仏教大学（一九〇一年開校）の必修科目として、一九〇四年には「七祖釈義」が、一九一五（大正四）年には「宗学史」が設けられた。さらに、一九一三年から江戸期の宗学者による講義録が収められた『真宗全書』が刊行されたことで、体系的な宗学研究の基盤が築かれた。しかし、前田らが示した方向性がそのまま定着したわけではなかった。

先の論説を発表した翌々号の『六条学報』に、前田は「『宗学研究法に就て』の弁」という論説を掲載した。そこで、自らの研究方法は法主に帰属する「安心」を除いて適用されると弁明した。当時の教団宗制（明治一九年制定）には、安心裁断権が法主の権限として定められており、彼は宗学近代化もその範囲内で行われるべきだと述べた。ここには、後の真宗学誕生にも連なる「教権」（＝教団）と「自由討究」をめぐる微妙な駆け引きが見られる。以後の宗学近代化は、こうした前田の限界とともに進められていくことになる（龍溪一九八九・内手二〇二〇ａ）。

真宗学の誕生と親鸞ブーム

大学林はその後、専門学校として認可され仏教大学と名乗るようになる。次いで、一九二二（大正一一）年、大学令に準拠する大学へと昇格し、その校名が龍谷大学に改められた。それとともに、宗学は真宗学へと改称された。さらに一九二三年一〇月には、雲山龍珠（一八七二～一九五六）を初代真宗学会長として、「龍谷大学真宗学会」が設立した。新たな講座名の採用や学会の設立は、宗学の学的性格を問い直す契機となり、各所で講演や論説が発表されている。

たとえば、一九二五年二月一四日に龍谷大学で開催された真宗学会大会で、大原性実（一八九七～一九七九）が「真宗学徒の使命」と題して開会の辞を述べ、また、一九二六年二月には、真宗学第一講座の主任教授であった梅原真隆（一八八五～一九六六）が、真宗学会主催で「真宗学とは何ぞや」と題して講演している。ただしその背後には、宗教学講座の主任教授であった野々村直太郎（一八七一〜一九四六）の『浄土教批判』により表面化した、教団（＝教権）との大学自治をめぐる複雑な関係が存在した。

一九二三年五月、野々村は中外出版社から『浄土教批判』を刊行した。その書名のとおり、本書は浄土教そのものを鋭く批判していたため、真宗学者より数多くの学問的批評が寄せられ、当時の真宗学に大きな刺激を与えた。だが同年八月、教団当局は野々村を宗義違反とし僧籍剥奪に処すとともに、大学に教授職の罷免を要求した。これに対して、梅原を中心とする教授団は、大学令に準拠する大学である限り、宗義違反としての僧籍剥奪はともかくとして、教団による大学職の罷免は越権行為であり、学問の自由は守られるべきだと反論した。

この事件以降、学問の自由をめぐる課題は度々議論となったが、一九二九（昭和四）年に生じた学長人事をめぐって、梅原らは教団による介入を批判し、大学を去ることになった。しかし、彼らが学問としての真宗学と教権とを二項対立的に論じていないことには注意を払う必要がある。そこにこそ、誕生期真宗学に底流する問題意識があると考えられる（龍溪二〇二〇）。

なお、彼らはその後、足利瑞義（一八七二〜一九四四）が設立した真宗学研究所（一九二四年）や、梅原が創設した顕真学苑（一九三〇年）において研鑽に励み、その成果をそれぞれの機関誌『真宗研究』や『顕真学報』などで発表している。

さて、誕生期の真宗学を考えるうえで、それを支えた研究環境の整備について示しておきたい。この時期、東本願寺蔵『一念多念文意』や親鸞直筆の書簡、西本願寺蔵『恵信尼消息』などが相次いで発見・公開されている。その背景には、一九一一（明治四四）年に勤修された親鸞聖人六五〇回大遠忌による親鸞に対する関心の高まりとともに、歴史学者による「親鸞抹殺論」があった。

明治から大正期にかけて実証史学が隆盛すると、鎌倉期の記録で確認できない親鸞は本願寺が作り出した架空の人物だという説が唱えられた（辻一九二〇）。そうしたなかで、親鸞にまつわる史料調査が進み、加えて、立教開宗七〇〇年記念法要（一九二三年）の事業として、各本山が持つ真蹟本の影印本が刊行された。これらの成果をうけ、一九二三年に『新撰　真宗聖典』（中外出版）が出版されるなど、研究史料が次第に整った。

さらに、このような書誌学・実証史学の発展は親鸞真蹟への関心を高め、辻善之助（一八七七〜一九五五）による筆跡研究（『親鸞聖人筆跡之研究』）や、中井玄道（一八七八〜一九四五）による書誌学研究（『校訂教行信証』）が発表され、これらの成果が誕生期真宗学を支えていた（龍谷大学三百五十年史編集委員会二〇〇〇）。

他方でこの頃、歴史学者によって、宗教改革者としての親鸞像が示された。明治三〇年を前後して、仏教研究に歴史的研究が輸入されると、平安・鎌倉・江戸といった時代区分に基づく仏教研究が行われるようになった。そうした歴史的研究の担い手が、いわゆる鎌倉新仏教にルーツを持つ宗派に関係する人物であったため、平安仏教とは異なる、平民的な教義を打ち立てた鎌倉時代の仏教こそが、日本仏教の頂点であるとする仏教史観が提示された。この歴史観が定着するなかで、原勝郎（一八七一〜一九二四）が「東西の宗教改革」（『芸文』第二年第七号、一九一一年）で、鎌倉新仏教とヨーロッパの宗教改革とを等式で結んだ。特に親鸞はその中心とされ、旧来の貴族仏教を批判し、民衆を導いた宗教改革者として語られた（末木二〇〇八）。こうした親鸞は、平等な社会への変革を目指す人々の思想的基盤となっていく（近藤二〇二一）。

また、親鸞聖人六五〇回大遠忌法要などの記念事業による『真宗聖典』や解説書の出版は、大正期の教養主義のもとで広く社会的関心を集めた。それは、教団の聖典が社会に公開されていくことを意味するが、これに関連して、暁烏敏（一八七七～一九五四）や近角常観（一八七〇～一九四一）による『歎異抄』への注目にも触れておく必要がある。

彼らは清沢満之（一八六三～一九〇三）が創始した東京・浩々洞を拠点に信仰を語り合い、さらに布教活動を展開した。そうしたなかで、暁烏らは明治後期に『歎異抄』を歴史上の聖典としてではなく、自らの赤裸々な体験・苦悩を語る書物として世に公開した。こうした意識のもと編まれた、暁烏の『歎異抄講義』は、六五〇回大遠忌の記念事業として刊行されている。

この著作で暁烏は、『歎異抄』は深い内省のもとで読むべきであって、自分の罪悪を自覚して泣く人でないと理解できないと述べた。そして親鸞とは、このような『歎異抄』が人格化した人物である、と論じた。すなわち、暁烏が示したのは、力強く他者を導く「宗祖親鸞」や「如来の化身としての親鸞」とは異なる、人生に迷い、自分たちと同じように苦しむ「人間親鸞」であった。この「人間親鸞」像は、日露戦争後の富国強兵が求心力を失った結果、自己の生をいかに充実させるかに悩む青年や知識人たちを引き付け、倉田百三『出家とその弟子』（一九一七年）などの文芸作品を通して広く社会に流布し、

「親鸞ブーム」を巻き起こした（福島一九七三・千葉二〇一一・大澤二〇一九）。

一方で、京都学派の哲学者たちによって、親鸞の主著『教行信証』が読み解かれている。その成果が発表されていくのは、武内義範『教行信証の哲学』（一九四一年）など、もう少し先ではあるが、彼らの思索の前提には、明治後期から大正期にかけて刊行された山辺習学・赤沼智善『教行信証講義』（一九一三～一九一六年）などの研究成果があったとされる（名和二〇一八）。

以上のような、教団内外にわたって論じられた親鸞論は、教団・教学批判としての側面を有していた。そのため教団の人々や教学者たちは、多かれ少なかれ、新たな親鸞像を意識したなかで、教学研究へ取り組んだのであった（内手二〇二〇b）。とともに、そこで教団や教学者たちが示した親鸞論には、どのように現実社会と向き合うのか、その姿勢があらわれている（近藤二〇二一）。

十五年戦争下における真宗学

一九三一（昭和六）年、花田凌雲（一八七二～一九五二）が龍谷大学学長に就任すると、科目の再編が実施され、再び真宗学は発展の兆しを見せた。この年、真宗学会の会則が変更され、また、現在の『真宗学』の前身である『真宗学会々報』が創刊されている。

同雑誌には、池本重臣（旧姓：水田）「真宗学研究私見」など、真宗学の研究方法や問題意識に関する若手研究者の論説が多数掲載されている。さらに、卒業論文一覧を見ると、加藤仏眼「王本願論」といった敗戦後における真宗学の基盤となる研究が発表されている。そうした真宗学の気運は講座名称にもあらわれており、「真宗教学史」「浄土教理史」「真宗聖典概論」といった、現在に続く講座が誕生している。

また、一九四〇年七月に『真宗聖教全書』（宗祖部上）が配本された。全五巻にわたり、三経七祖から蓮如の著作までの真宗聖典類を網羅するのみならず、詳細な本文校訂が施されたこの全書の刊行は、真宗学の研究を大きく前進させた。しかしながら、再出発が企図された頃、柳条湖事件を発端とする満州事変を契機に、日本は戦争に邁進していくことになり、仏教界はそうした国家への協力姿勢を強めていった。

日清戦争以来、西本願寺教団は真俗二諦のもとで、従軍布教使の派遣や植民地開教による帝国主義政策の補完を通して戦争協力を継続してきた。こうした教団の協力姿勢は、日中戦争の拡大・長期化に伴い、国家の強権的体制が整備されるにつれ、一層強固なものとなっていった。

一九三九年四月八日、宗教団体法が成立した。この宗教団体法は、大日本帝国憲法の「信教自由」を継承しながらも、国家による強権的な宗教団体の統制を可能にする内容であった。そうした宗教団体への統制権が強化されるなかで、文部省は大学の予科および高等学校の教科書の認可体制を厳しくした。同年六月、文部大臣名で予科の教科書であった『真宗要義』（中井玄道執筆）に、天皇への不敬表現が用いられていると厳重注意がなされた。龍谷大学では、すぐに当該箇所の削除・改訂が実施された。翌年には、教団当局が自ら「聖教拝読並に引用の心得」を公布し、天皇や国体護持に不都合な聖典文言の不読や削除を行った（信楽一九七七、近藤二〇二一）。

加えて、その九月には「甲達第二二号」を発布し、「聖徳太子奉安様式」を制定した。これは聖徳太子殿を別立することで皇室への尊敬の絶対性を示し、教団における国体明徴路線を法式面で形像化することを意味するものであった（龍溪一九八九b）。

さらに、西本願寺教団は宗教団体法の施行を受け、一九四一年に宗制を改正している。そこでは、「教義（第二章）」について、「第三条　宗祖見真大師仏説無量寿経ニ依リ七高僧ノ釈義ヲ承ケ元仁元年教行信証文類ヲ造リ浄土ノ真仮ヲ判ジテ浄土真宗ヲ開キ信心正因称名報恩ノ教義ヲ大成シ王法為本ノ宗風ヲ顕揚ス是レ立教開宗ノ本源ナリ」と記され、「信心正因称名報恩」を定式化し、王法為本を立教開宗の本源であり宗風であると明示した（平野・本多二〇一一、近藤二〇二一）。

このように、国家による強権的介入を受けながら、西本願寺教団は教団再編を進めていった。こうしたなかで、教学者たちは国家主義的な日本教学の研究につとめた。一九四一年五月には、天業翼賛の前衛となる思想戦士を育成し、高度国防国家建設の要件である思想国防体制を強化することを目的とする日本教学研究所を設立。その半年後の一一月には、西本願寺教団と龍谷大学の協議のもと、龍谷大学の教員が中心となって思想研究会を創設するなど、戦争を翼賛する戦時教学を構築していった（龍溪一九八八、赤松一九九五）。また、真宗学会は「学徒出陣」に対し壮行会を開催するなど、多くの学生を戦地へと送り込んだのであった（龍谷大学三百五十年史編集委員会編二〇〇〇）。

敗戦後の真宗学

日本は、一九四五(昭和二〇)年八月一四日にポツダム宣言を受諾し、降伏した。この日を境に、明治維新以来の国家主義路線を放棄し、国民生活のあらゆる分野で価値体系の転換がなされていく。

一九四九年二月二日、文部省の認可を得て、龍谷大学は新制の単科大学として再出発を果たす。真宗学も同年に機関誌『真宗学会々報』を『真宗学』へと改称するとともに、大江淳誠『教行信証体系』(一九五〇年)をはじめとした戦前・戦中期からの成果が著作として刊行されるなど、戦後の新たな歩みを始めた。

けれども、村上速水(一九一九〜二〇〇〇)の回顧録によると、戦争に対する反省を含め、敗戦後の思想や価値観に対応し得たかというと、不十分だったようである。その背景として、物資不足や戦時教学への反動、さらに戦時下に指導的地位にあった軍国主義者・国家主義者を追放する、GHQの「教職追放」による教員不足といったことがあげられる(村上一九五〇、龍谷大学三百五十年史編集委員会編二〇〇〇)。

その一方で、親鸞は、戦後社会・個人の再構築に示唆を与える存在として注目された(柏原一九九〇)。とりわけ、歴史学者や哲学者による親鸞研究は、親鸞消息や悪人正機の解釈、あるいは三願転入論など、教学研鑽に関連する内容を含んでいた。そうした研究に真宗学者が向き合い始めたのは、一九五〇年代に至ってからであった。普賢大円(一九〇三〜一九七五)は『真宗概論』を一九五〇年に刊行し、仏性論を中心に、浄土教理史と真宗教学史を基礎としつつ、西田哲学や弁証法神学の思索を用いて、親鸞教義を体系的に論じた。また、一九五九年に発刊した『信仰と実践』では、田辺元（一八八五～一九六二）の宗教哲学や、宮崎圓遵（一九〇六～一九八三）・二葉憲香（一九一六～一九九五）・笠原一男（一九一六～二〇〇六）による歴史研究の成果を援用しつつ、真宗の実践論を構築している（龍谷大学三百五十年史編集委員会二〇〇〇）。

さらにこの頃になると、教理史研究も進展を見せる。なかでも注目すべきは、池本重臣（一九一三～一九六八）が一九五八年に刊行した『大無量寿経の教理史的研究』であろう。同著は、戦時下に彼が発表した「真宗学研究私見」で記した方法論を具体化したものである。池本の研究は、〈無量寿経〉の諸異本の思想内容を比較し、その成立順序を明確にしたことで、同分野の研究を飛躍的に前進させた（壬生二〇二一）。ただし、真宗学として確認しておきたいのは、彼の根底には、親鸞教義の三心他力廻向義を根本仏教のなかで探求するという目的があったことである。すなわち、親鸞教義を根本仏教からの必然的帰結として解明することを目指していたのであり（村上・信楽一九六九）、こうした池本の意識はその後の教理史研究に引き継がれていくことになる（杉岡二〇二〇）。

さて、一九五〇年代における真宗学会の動向を窺う上で、印度学仏教学会と真宗連合学会との関係を見ておきたい。

一九五一年、印度学仏教学会が創設され、その機関誌として『印度学仏教学研究』が発刊された。その創刊号に、東京大学教授結城令聞（一九〇二～一九九二）が「教行信証に於ける信巻別撰論攷」

と題する論説を掲載し、『教行信証』の成立に関わる新説――いわゆる信巻別撰説を唱えた。それは、親鸞教義の根幹に関わる問題であったため、大江淳誠（一八九二～一九八五）や石田充之（一九一一～一九九一）など、敗戦後の真宗学を先導した教員から多数の反論が出され、活発な議論を生んだ。この一連の論争は真宗学の通説を覆すものではなかったが、歴史学の成果と連動しつつ、親鸞の思想変遷・深化をめぐる研究やその方法が模索されるきっかけとなった。

他方で、真宗連合学会は一九五四年に設立された。この年、仏教学教授・佐藤哲英（一九〇二～一九八四）が、親鸞聖人七〇〇回忌にむけた記念事業の一つとして、高田学会・生桑完明（一八九二～一九七五）に研究会の開催を呼びかけた。これをきっかけに、高田学会が中心となって真宗連合学会が創設され、第一回大会が同年一一月に専修寺で開催された。以来、現在に至るまで真宗学の発展を支えている。

機関誌『真宗研究』掲載の回顧録によれば、真宗連合学会は宗派を超えた研究を行うとともに、各本山が所有する親鸞の真筆などを公開し合い、研究の開展を図ることを目的に設立された。この学会設立の背景には、歴史学の分野で親鸞研究が進展するなかで、各教団に属する研究者が最新の研究成果を踏襲しつつ、自らの伝統をいかに構築し直すのか、といった問題意識があったようだ。真宗十派が共同して研究を進める基盤が確立したことで、『真宗史料集成』や『親鸞聖人真跡集成』などの史料集、あるいは『講座蓮如』といった成果を生み出していった（千葉・平松・名畑二〇〇四）。

また、この頃の史料発掘および公開に目を向けると、一九五五（昭和三〇）年に、龍谷大学に発足した仏教文化研究所も重要である。仏教を中心とする文化一般に関する綜合的研究を目的とした同研究所において、一九七六（昭和五一）年度より、「龍谷大学図書館所蔵貴重書の研究」が常設研究として設置された。このプロジェクトに真宗学の教員が多く参加し、龍谷大学図書館に所蔵される真宗関連典籍が『龍谷大学善本叢書』として刊行され、現在も継続されている。

以上のように、一九五〇年代に至ると、隣接分野の真宗研究の成果を受容しつつ、真宗学は再出発を遂げた。しかし戦争責任の問題を含め、敗戦後の社会といかに向き合うのかといった課題は未解決のままであった。その課題は、一九五〇年代半ばの差別事件（亀川事件）をきっかけにした、業解釈をめぐる問題として露呈する。真宗学者たちは、「業道思想と社会問題」と題する研究座談会を開催するなど、教学的立場から業と差別との関係性について議論し、向き合う姿勢を示した。しかし、親鸞教義には差別思想がないということを強調するのみで、現実の差別を見つめることはなかったと批判されるなど、その歩みは遅々として進まなかった（仲尾一九九〇、同和教育振興会二〇一一）。

なお、西本願寺教団の差別問題への取組みは、一九六九年に施行された「同和対策事業特別措置法」や、一九七〇年に生じた『大乗』別冊差別事件などを受け、有志の人々が担っていた同朋会から、一九七一年に教団組織内に同朋運動本部が設置され、教団が直接推進する運動となった。だが、その後も各地で差別発言が相次ぎ、教団内外から具体的実践性を帯びた行動と教学理解の見直しが求められたのである。

転形期としての一九七〇年前後

一九七〇（昭和四五）年前後は、様々な社会構造の転換が起こり、世界のあり方や人々の価値観が大きく変わったとされる。一九六八年を頂点とし、資本主義国だけでなく、社会主義国、さらには発展途上国にいたるまで、世界各地で若者や学生による反乱、異議申し立ての社会運動が同時多発的に起きた。日本でも翌年一月に、東京大学の安田講堂を学生が占拠し、機動隊と衝突した。いわゆる東大安田講堂事件である（西田慎・梅崎透二〇一五）。それは関西圏の大学にも波及し、一九六九年、龍谷大学でも大学紛争が起こった。全共闘は組織改革の必要を大学に訴え、少なくとも八年にわたってその争いは続いた。

その最中、全共闘の学生が改革案として提示した「学長資格は僧俗を問わないこと」とする案に対し、西本願寺総長であり、学校法人龍谷大学理事長であった太田淳昭（一九〇四～一九八五）が「宗門大学としての特異性が確立されなければ龍大の存在意義はない」、「学長は僧籍を持つ者に限る」といった発言をした。この発言をきっかけに、宗教勢力の大学介入に反対するデモ隊が西本願寺に乱入する事件が生じた。これに対して、全国から本山護持のために西本願寺の僧侶が上京して学生と対峙し、混乱を極めた（龍谷大学三百五十年史編集委員会編二〇〇〇）。

一連の学生運動の根幹には、「大学とは何か」「学問とは何か」という問いが内包されており、建学の理念そのものが問われた。龍谷大学では親鸞思想を建学の精神としているため、真宗学において決して無視できる問題ではなかったはずである。しかし、この年の学会回顧録によれば、真宗学の研究活動は、ほとんど紛争に特別な関心が向けられることなく進められたようだ（矢田一九七〇）。

ただし翌年の一九七〇年、岡亮二（一九三三～二〇〇七）が『真宗学』に「一宗学徒の惑い――真宗学の方向性について――」と題する論説を発表した。そこで岡は、龍谷大学はその歴史を遡れば真宗学を中心に展開してきたため、本学の核となるべき存在である。とすれば、大学の存在意義として建学の精神が問われている今、真宗学はその核にならなくてはならない、と述べた。それとともに、応答できていない現状について、真宗学徒として主体的に受け止めなくてはならないと論じた。

そうした意識は場所と形を変え、さらに大きなうねりとなっていく。一九七一年一〇月六日、信楽峻麿（一九二六～二〇一四）と岡が中心となり、「教団改革をすすめる会」が結成された。結成の背景には、教団の記念法要に向けた募財問題や、戦争協力を自己批判しない教団と、それに付随する靖国神社の国営化に対する煮え切らない姿勢があった。

この改革運動は、「親鸞に還れ」というスローガンのもとで、「教団改革をはばむ教団体質について」「勧学制度に思う――現代におけるその矛盾性――」「教団の社会的認識と社会実践」「次期教団を背負う世代の意識について」「伝道教団の原点と現実」「地方よりみた教団の実情」といったテーマのもと、龍谷大学の学生や各地の僧侶・門信徒など、僧俗を問わず、様々な立場の人々を巻き込んで展開した（岡編一九七一）。そして、それと連動する形で、教義理解をめぐる論争が起こっている。

運動の中核を担った人物たちは「現代教学の樹立」を目的の一つとして掲げた。そこでは戦争責任の問題を踏まえつつ、過去の教学のあり方を反省する必要を唱え、伝統教学ことに「安心論題」を批判的に再検討しなくてはならないと主張された。なお、現代教学の樹立については、一九六二年に発足した伝道院で進められていたが（棚瀬他一九八〇）、教団改革運動をきっかけに、真宗学内でも議論されていくことになった。ただし、伝統教学の再検討を提唱したのは、信楽ら改革運動の人々だけではない。その方向性に違いはあるものの、この時期に、村上速水や石田充之といった教学者それぞれが、安心論題を含めた伝統的な解釈や自らの足場を追求していることは見逃してはならない。

こうしたなかで、一九六九年に真宗学の学生によって『真宗研究会紀要』が発刊されている。この雑誌は、その創刊号に当時の大学院生が真宗学の方法論に関する論説を発表するなど、学生たちが現代教学について議論する場となっていた。

このような現代教学樹立への模索は、親鸞の著作同士の関係性や、親鸞の宗教体験と教義の関係性、あるいは、真俗二諦論や行信論などをめぐる議論を引きおこしたが、とりわけ、大きな論争となったのが往生論（還相回向を含む）である。その画期となったのは、伝道院の院長をつとめた上田義文（一九〇四～一九九三）が、一九六九年に発表した「親鸞の「往生」の思想」であった。

同論稿は真宗大谷派の機関誌『親鸞教学』に掲載された。そこで上田は、親鸞の語る「往生」には死後往生と現生往生の二義があると主張したのである。この理解は、一九九三年に刊行した『親鸞の思想構造』（春秋社）の往生論に関する章に、上田自身が「この一文は嘗て伝統教学の学者たちからいわゆる異安心として非難・排斥されたもの」と紹介しているように、伝統的なそれとは異なるものであった。ただ、信楽峻麿が『中外日報』で発表した「親鸞における往生の思想」において、上田に賛同の意を示すなど、二義説を踏襲する学者も少なからずいた。そのため、見解を二分する論争が起こったのであった（内藤編二〇一七、名和二〇二一）。

一九六八年は、しばしば近代から現代への転換点として位置づけられる（今村一九九四）。この頃、真宗学においても、教学の現代化が模索され、それぞれの立場から親鸞教義・真宗教学が捉え返されていった。現在の状況を踏まえつつ、この動向をどのように評価するかは今後の課題であるが、一九七〇年に授業科目として「真宗伝道学」が設けられ、現在の真宗学の四分野が成立するなど、これまでの「形」が転換・変容していった時代であったのである。

昭和から平成へ――真宗研究の広がりとその課題

一九八二（昭和五七）年、西本願寺教団は宗門発展計画のもとで、浄土真宗聖典編纂事業を開始し、その成果として『浄土真宗聖典』原典版（一九八五年）、同註釈版（一九八八年）、『浄土真宗聖典　七祖編』原典版（一九九二年）、同註釈版（一九九六年）を相次いで刊行した。特に、一九八八年に刊行した『浄土真宗聖典』註釈版は、最新の研究を取り入れた註釈を付すとともに、補註において同朋運動の成果を反映するなど、伝道現場を意識した構成となっており、今なお幅広い場所で活用されている。

さらにその後、親鸞聖人七五〇回大遠忌法要（二〇一一年）の事業として、『浄土真宗聖典全書』

が刊行された。この『聖典全書』には、これまでの編纂事業における成果を継承しつつ、全六巻・計百八十を超える聖教・史資料が収録されている。その大きな特色としては、「学界等で資料的評価を得ている善本を翻刻する」ことを編集方針としている点にあり、親鸞や蓮如の筆跡に関する書誌学研究の最新成果を参照し、宗派の制限を超え、資料的価値が高い善本を底本・対校本としている。例えば、第二巻の宗祖編上に収録されている『顕浄土真実教行証文類』の底本は、本願寺派による刊行物ではあるが、板東本を底本としている。こうした方針のもと、詳細な校訂作業が加えられた同全書の刊行は、聖典研鑽を中心とする真宗学にとって新たな研究基盤の確立を意味するものであった（教学伝道研究センター編二〇一一）。

さて、平成へと改元された一九八九年、龍谷大学は創立三五〇周年を迎えた。その記念事業の一環として「龍谷大学三五〇周年記念学術行事」が「人間・科学・宗教」をテーマに企画され、一九八九年九月一四日、「親鸞と現代」と題するシンポジウムが真宗学教授の武田龍精を中心に開催された。このシンポジウムでは、「国際化と世界宗教対話」という副題のもと、ハーバード大学神学部のジョン・B・カーマン、永富正俊、ゴードン・D・カウフマンによる提言の後、大谷光真（本願寺派二四代門主）が総合コメント、さらに真宗学教授の岡亮二などがレスポンスを行った。そこでは副題の通り、浄土真宗の国際化および異宗教間対話のあり方について議論された（嵩二〇二〇・二〇二二）。

また国際化に関連して、一九七三年以来続けられてきた親鸞全著作の英語翻訳事業が、この一九八九年に完遂し、親鸞研究の国際的展開の基盤が築かれたことも重要であろう。こうしたシンポジウムや英訳事業を契機に、海外の著名な神学者や宗教学者が対話・議論のため龍谷大学に集い、親鸞研究をめぐる国際交流が盛んとなる。そして一九九〇年代に至ると、国際的な研究教育拠点への指定を目指し、真宗学では新たに二人の外国籍の教員を含む三名の特任教授を迎えた。

この他にも、三五〇周年記念学術行事では国内外から多彩な専門分野を持つ研究者が集まり、「人間と科学・人間と宗教」や「生命倫理」を議題とした基調講演やシンポジウムが開かれ、今後の仏教ないし真宗研究の方向性について活発な意見交換がなされた（龍谷大学三五〇周年記念学術企画出版委員会一九九一）。

一方この頃、龍谷大学内における真宗学の状況が一変している。一九八九年、従来学内会員と卒業生のみに限定されていた真宗学会を一般会員にも開き、国の学術会議に認定された学術的組織へと変貌すべく学会会則が変更された。また、一九九二年度より、第二次ベビーブーム世代が大学受験年齢へ達することを受け、各大学が定員増を実施するなかで、文学部仏教学科に設置されていた真宗学専攻は、真宗学科として独立し、大幅にカリキュラムを改革した。その改革では、三五〇周年記念事業において議論された内容が反映されている。

改革の主眼は伝道実践研究と学際的研究に置かれ、脳死──臓器移植などの社会問題を扱う講義などが設置され、現実の諸課題に向き合う授業設計がなされた。さらに、龍谷大学第四次長期計画が目指す世界水準の研究を推進するために、「人間・科学・宗教総合研究センター」が設立し、そのセンターのもとに、二〇〇二年に文部科学省私立大学学術高度化推進採択事業において採択された「人間・科学・宗教オープンリサーチセンター」が設置された。

このオープンリサーチセンターでは、仏教生命観にもとづく人間科学の総合研究プロジェクトとして、「人間・科学・宗教の総合研究」「仏教と生命倫理」「仏教と環境」「仏教社会福祉」の四ユニットが編成され、真宗学科教員がユニット長や研究員をつとめた。このように、真宗学科では三五〇周年事業の理念を教育と研究の両面から継承していった。その他にも、同じく総合研究センターに付置された、学術フロンティア推進事業の補助を受けた矯正・保護研究センターなどと連携しながら学際的な研究を行っていった。

そうした真宗学科の歩みは、二〇〇九年の実践真宗学研究科の設立へとつながる。この研究科は、「現代社会の諸課題に対して、宗教がいかにしてその使命を果たしうるか」という原点に立ち返り、宗教的実践者として、様々な社会問題を解決する知識とスキルを修得することを目的に設置された（内藤二〇一〇）。

同研究科では二〇一四年四月より、「臨床宗教師研修」を実施している。この日本版チャプレンである臨床宗教師の研修は、東日本大震災発生後の二〇一二年四月に、東北大学大学院文学研究科が設置した実践宗教学寄付講座を端緒とする。そこでは、①「傾聴」と「スピリチュアルケア」の能力向上、②「宗教間対話」「宗教協力」の能力向上、③宗教者以外の諸機関との連携方法を学ぶ、④幅広い「宗教的ケア」の提供方法を学ぶ、といった四つのねらいをもって研修を行っている。龍谷大学では、東北大学の教育プログラムに準拠しつつ、「自らの死生観と人生観を養う」と「理論と臨床との統合」

を加えた六つの具体的目標を設定し開始した。二〇二三（令和五）年四月現在、臨床宗教師研修の修了者は七〇名を数え、この研修は臨床現場だけでなく、多岐にわたる社会実践の起点となっている（森田二〇一九）。

最後に国際化や社会実践の探求に関わって、教団の戦争責任表明について触れておきたい。一九九一（平成三）年の湾岸戦争を機に、宗会で初めて太平洋戦争への協力を懺悔する決議――『わが宗門の平和への強い願いを全国、全世界に徹底しようとする決議』が採択され、一九九五年に当時の門主が終戦五十周年全戦没者総追悼法要で、教団と教学の戦争責任を表明した。そしてこの年、「「戦後」問題検討委員会」を設置し処理方法の検討を始め、二〇〇四年、宗令・宗法で戦時中の戦争協力に関する消息や通達を事実上失効、二〇〇七年の「宗制」改正によって無効とした。こうした戦争責任の表明を踏まえたうえで、「真宗と平和（戦争・暴力）」を捉え返すことは、近年の国際情勢を鑑みれば重要である。

平成における諸事業や改革は、現在の真宗学の方向性を定めるものであった。しかし、当時の問題意識が継承されているのか、あるいは深められているのか。私たちの足場を再確認する意味でも、今一度振り返る必要性を感じる。

以上、真宗学一〇〇年間の歩みを、それぞれの時代で惹起した問題に対して、どのように対応し真宗学の学問体系を構築してきたかということに焦点を当てつつ叙述してきた。まさに、これまで真宗学という学問体系を築いてこられた先学・先達の学恩に対して深甚の感謝の念を捧げるとともに、これからの真宗学に課せられた使命の重さを感じつつ前に進んでいかなければならない。

真宗学という学問の現在地はどこにあるのだろうか。そしてこれから、どこに向かって進んでいくべきなのか。先人の跡を慕っていま真宗学を学ぶ者は、これまでの真宗学の歩みを振り返るとともに、振り返っているいまの自分の現在地の在処を確かめなければならない。

（嵩　満也・内手　弘太）

参考文献

赤松徹眞（一九九五）「本願寺教団における『戦時報国体制』の確立――所謂「中央協力会議・中央審議会・研究会など及び学識者」の役割――」福嶋寛隆監修「戦時教学」研究会編『戦時教学と真宗』第三巻、永田文昌堂

赤松徹眞編（二〇一八）『『反省会雑誌』とその周辺』法蔵館

今村仁司（一九九四）『近代性の構造――「企て」から「試み」へ――』講談社

内手弘太（二〇二〇a）「前田慧雲――本願寺派宗学と西洋との対峙――」嵩満也・吉永進一・碧海寿広編『日本仏教と西洋世界』法蔵館

内手弘太（二〇二〇b）「真宗本願寺派の教学と日本主義――梅原真隆を通して――」石井公成監修、近藤

俊太郎・名和達宣編集『近代の仏教思想と日本主義』法藏館
大澤絢子（二〇一九）『親鸞「六つの顔」はなぜ生まれたのか』筑摩書房
岡亮二編（一九七一）『教団改革への発言』永田文昌堂
柏原祐泉（一九九〇）『日本仏教史 近代』吉川弘文館
教学伝道研究センター編（二〇一一）「刊行にあたって」『浄土真宗聖典全書㈡』宗祖篇上、本願寺出版社
近藤俊太郎（二〇二一）『親鸞とマルクス主義――闘争・イデオロギー・普遍性――』法藏館
信楽峻麿（一九七七）「真宗における聖典削除問題」中濃教篤編『戦時下の仏教』講座 日本近代と仏教6、国書刊行会
末木文美士（二〇〇八）『鎌倉仏教展開論』トランスビュー
杉岡孝紀（二〇一三）「あとがき」岡亮二『浄土教の十念思想』法藏館
嵩満也（二〇二〇）「明治仏教の国際化の歩み」『国際社会と日本仏教』丸善出版
嵩満也（二〇二二）「比較神学的対話（Conversations in Comparative Theology）と真宗学――宗教間対話の経験をとおして――」『世界仏教文化研究論叢』第六〇集
龍溪章雄（一九八八）「日本教学研究所の研究（一）――その基本的性格をめぐって――」『真宗学』第七七号
龍溪章雄（一九八九a）「前田慧雲にみる近代真宗学形成の前駆的性格――方法論の定位をめぐって（上）――」『龍谷大学論集』第四三四・四三五号
龍溪章雄（一九八九b）「天皇制ファシズム期の真宗の一断面――西本願寺教団における「聖徳太子奉安様式」の制定――」『龍谷大学論集』第四三三号
龍溪章雄（二〇二〇）「誕生期「真宗学」の動向」『真宗学』第一四一・一四二号

谷川穣（二〇〇八）『明治前期の教育・教化・仏教』思文閣出版
棚瀬襄爾他（一九八〇）「付録　『伝道院紀要』（第一～第一五号）所載論文目録」『真宗教学研究』第二集、永田文昌堂
千葉幸一郎（二〇一一）「空前の親鸞ブーム粗描」五十嵐伸治・佐野正人・千葉幸一郎・千葉正昭編集『大正宗教小説の流行―その背景と〝いま〟』論創社
千葉乗隆・平松令三・名畑崇（二〇〇四）「記念講演　真宗連合学会の願いとその歩み」『真宗研究』第四八輯
辻善之助（一九二〇）『親鸞聖人筆跡之研究』金港堂書籍
同和教育振興会編（二〇一二）『講座　同朋運動――西本願寺教団と部落差別問題――』第一巻、明石書店
内藤知康（二〇一〇）「実践真宗学研究科設立の意義」『龍谷大学論集』第四七六号
内藤知康編（二〇一七）『親鸞教義の諸問題』永田文昌堂
仲尾俊博（一九九〇）『真宗と業論』本願寺出版社
中西直樹・吉永進一（二〇一五）『仏教国際ネットワークの源流――海外宣教会（1888年～1893年）の光と影――』三人社
中西直樹（二〇一二）「高輪仏教大学の設立経緯とその背景」『世界仏教文化研究論叢』第五九集
名和達宣（二〇一八）「山辺習学・赤沼智善『教行信証講義』再考――「『教行信証』の近代」発掘を目指して――」『近現代『教行信証』研究検証プロジェクト研究紀要』創刊号
名和達宣（二〇一二）「「往生」問題の行方」『近代仏教』第一八号
西田慎・梅崎透編（二〇一五）『グローバル・ヒストリーとしての「1968年」――世界が揺れた転換点――』ミネルヴァ書房

平野武・本多深諦（二〇一一）『本願寺法と憲法――本願寺派の寺法・宗制・宗法の歴史と展開――』晃洋書房
福島和人（一九七三）『近代日本の親鸞――その思想史――』法蔵館
村上速水（一九五〇）「終戦後の真宗学界」『龍谷大学論集』三四〇号
村上速水・信楽峻麿（一九六九）「あとがき」池本重臣遺稿『親鸞教学の教理史的研究』永田文昌堂
壬生泰紀（二〇二一）『初期無量寿経の研究』法蔵館
森田敬史（二〇一九）「龍谷大学における「臨床宗教師研修」に関する一考察」『龍谷大学論集』第四九四号
矢田了章（一九七〇）「昭和44年度学会展望」『真宗学』第四三号
龍谷大学三五〇周年記念学術企画出版委員会（一九九一）『人間・科学・宗教』思文閣出版
龍谷大学三百五十年史編集委員会編（二〇〇〇）『龍谷大学三百五十年史』通史編上巻、龍谷大学

真宗学誕生の前提
――宗学近代化の黎明期と前田慧雲――

明治三〇年前後の宗学界と前田慧雲

一九〇一（明治三四）年、前田慧雲（一八五七～一九三〇）によって発表された「宗学研究に就て同窓会諸君に白す」は、時代に合わせた研究の提唱とその明瞭な書きぶりから、龍大真宗学における宗学近代化の指標とされている。この論説で前田は、今後の宗学には哲学的組織的研究と歴史的研究が必要であるとして、次のように論じた。

(1) 此の理は如何、此の物、此の事は如何。即ち理そのもの、物そのもの、事そのものに就て、真理実相を研究することに改めたきものなり。一例を挙げて云へば、十劫久遠の如き、如何なる経文の証拠ありや、又は祖師の此の御言は如何なる意味ぞと云ふ研究よりは、寧ろ此の十劫久遠と云へる中に、如何なる真理を含有し居る乎と云へる研究を致したし。

(2) 三経は三経で解し、七祖は七祖で釈し、高祖は高祖で研究し、竪的の関係変遷を研究いたすことに改めたし。従来の研究では、七祖を解釈するも、高祖眼に映じたる七祖にして、七祖そのものの当分解釈にはあらざるなり。

(3)或る一の説に就いて、単に宗内相承の論釈中にのみその関係を求めずして、広く当時の事情に照らし、遍く当時の学説に照らして、その関係発達を研究することに改めたし。

(4)論題等は、個々別々に之を研究せずして、之を組織的に組立て、脈絡を明にし系統を立てて研究することに改めたし。(1)

このような方法論を示した背景には、宗学に対する前田の危機意識があった。龍溪章雄によると、当時の宗学界では、解釈の基準が宗祖親鸞の著作ではなく学派の師説に置かれ、その学派間の優劣を競うことがその大勢を占めていた。(2) さらに、花田凌雲(一八七三〜一九五二)による回顧録によれば、聖典全体や思想体系から真宗教義を読み解くのではなく、訓詁・論題研究を中心として、やや局所的な解釈方法に陥ってしまっていたようだ。

筆者などの学窓時代は三帖和讃などは辞句を会読して行つたものだが、其後は論題のみの討究で、仮令ば論註ならば相含三念とか三不三信とか、往還回向、起観生信といつた論題を討議して論註をすんだすんだですましたものである。成程これでは汽車の停車場か飛行機の着発場ばかりを調べたやうなもので、甚だ心元ない仕業である。(3)

ただし、花田は続けて、会読はやや局所的で時に屈執して無理な主張をするということはあるが、「説明の仕方や条理の整頓やそして義門をよく呑み込む」という点においては非常に重要だと説いている。

しかし時代が転換するなかで、前田は学派のみならず宗派の枠組を取払い、「広く世間の書も仏教各宗の書も読みて、その中の滋養分を取つて、宗学の身体内へ送り込」まなければならない、とより広い文脈で真宗の教えを考え直す必要性を主張し、先の研究方法を提起したのである。

「新たな仏教」運動と宗学批判

前田が方法論を発表した世紀転換期は、清沢満之（一八六三～一九〇三）とその門下による「精神主義」運動や、境野黄洋（一八七一～一九三三）・高島米峰（一八七五～一九四九）らを中心とする「新仏教」運動が起こるなど、近代仏教の確立期とされる。彼らの運動は伝統教団への批判がその中心をなしており、その一端には宗学に対する疑義があった。

前者の「精神主義」運動は、一九〇〇（明治三三）年に清沢と彼に傾倒する人々が共同生活を始め、その翌年に暁烏敏（一八七七～一九五四）の発案で『精神界』が創刊され、本格化していく(4)。中心人物である清沢は、一八八二年から一八八八年まで東京大学で宗教哲学を学んだ後、大谷派の教育機関である高倉学寮で西洋哲学史や宗教哲学の講義を担当していた。しかし、一八九七年に起きた大谷派の学事問題により、教団革新運動を展開していった。

清沢は、革新運動の機関誌『教界時言』第一二号（一八九七年一〇月）に「貫練会を論ず」を掲載した。そこで彼は、深励（一七四九～一八一七）や宣明（一七四九～一八二一）の解釈といった、いわゆる伝統を重んじる学者たちの組織・貫練会に対して、「宗祖の建立による宗義」と「末学の討究による宗学」を混同してはならないと批判した。そして、今日の宗学者達は仏教のみならず、科学や哲学をはじめとする一般諸学を媒介として、宗義を示さなくてはならないと論じた。

今日の宗学に努むべきは、他宗向対門に非ずして他教向対門なり、他教向対門に非ずして世間向対門なり、今日科学哲学に対し、世間共許の道理に拠りて宗義を論成するの必要なるは、猶昔日他宗に対し諸宗通談の法門に拠りて、宗義を論成するの必要なりしが如きなり、若し前者を以て宗義を改竄せんとするものなりと云はゞ、後者も亦宗義を破壊せんとしたるものなりと云はざる可らず、天下寧ろ此理あらんや、宗義は一定不易なり、宗学は此宗義を論成する所以のものに過ぎざるなり、故に宗学上の解釈一轍に出でずと雖ども、為に宗義の性質を変ずるものに非ざるなり、(5)

清沢の一連の著作を窺えば、時代思想と対話しつつ、真宗教義を哲学的に分析することで、社会一般に開いていこうとする姿勢が確認できる。こうした姿勢は、曽我量深（一八七五〜一九七一）や金子大栄（一八八一〜一九七六）といった人物に受け継がれ、「近代教学」を形成していくことになる。

一方、後者の「新仏教」運動は、古河老川（一八七一〜一八九九）らが創設した経緯会の理念を継承し展開した(6)。古河は、和歌山県の真宗本願寺派寺院の出身で、一八八六年に普通教校に入学するも、本願寺派の教育改革に反発し、東京に拠点を移す。その後、島地黙雷（一八三八〜一九一一）などの支援を受けつつ、紆余曲折しながら活動を続け、一八九五年に経緯会を創設、機関誌『仏教』を発刊し、その主筆をつとめた。そこで古河は、仏教教理を批評的・合理的に討究する必要を主張するとともに、仏教思想に基づき、社会に積極的に関わるべきであると論じた。

だが、古河は経緯会を創設した年の八月、結核を患い療養を余儀なくされた。その古河に代わって、『仏教』の主筆をつとめたのが、「新仏教」運動の中心を担った境野黄洋であった。彼は古河の意志を継ぎ、積極的に仏教研究に関わる論考を発表し、伝統仏教を批判した。

畢竟革新仏教徒、現今の境遇は、（一）全体に於て、宗教を軽侮する社会に起たんとするの困難なる位地にあり、（二）理論上の外敵としては、学者か仏教に対する問難批評の衝に当らざるべからず、（三）而して、内敵としては、自由討究の精神を発揮し、（A）仏教全体に於て、（B）各宗の所謂宗乗に於て⑴哲学的に、⑵歴史的に、厳密の研究をなし、旧派保守の習慣に反対して、仏教に付着せる、迷信謬妄を排除せざるべからず。(7)

このように、境野は「自由討究」の精神のもとで、仏教研究の領野にも哲学的・歴史的研究を導入しなくてはならないと論した。前田は、『仏教』の後継誌である『新仏教』に「自由討究について」（一九〇一年）と題して論説を掲載するなど、「新仏教」運動と近しい関係にあった。(8)

「宗学研究に就て同窓会諸君に白す」の背景

ところで、個別の著作や論稿に目を向ければ、宗学研究に新たな視座を導入する必要性については、明治二〇年代中頃より主張されている。にもかかわらず、なぜ一九〇一（明治三四）年に前田は先の論説を発表したのか。そこには、本山集会での建議案があったようだ。(9)

前田が「宗学に就いて同窓会諸君に白す」を発表する二か月前の本願寺派集会において、以下の建議案が、松島善海（一八五五～一九二三）から提出された。この建議は出版刊行物を事前検閲・認可制とするもので、教団当局による宗義研究の監視を意味した。

晩近社会ノ況勢ヲ察スルニ操觚者多ク詭論怪説ヲ主張スルヲ以テ学者ノ本領トスルノ傾向アリ宗教家モ亦彼風潮ニ侵サレ往々詭説ヲ骨頂シ相承ノ宗義ヲ壊乱セントス又異安心ノ徒類モ各地ニ潜伏シ時ヲ得テ邪幢ヲ翻ントス宗門ノ前途実ニ寒心ノ至リニ堪ヘス殷鑑不遠近ク隣山ニ在リ大乗非仏説仏教統一論ヲ始メ請求帰命等皆人ノ知ル所前車ノ覆轍ヲ視テ後者ノ戒トスヘシ由是速ニ出版条例ヲ設ケ派内僧侶ノ著述ニ係ル文書ノ出版ハ総テ原稿ヲ本山ニ出シ以テ認可ヲ受ケシメ若宗義ニ違反スルノ文書ト認ルトキハ直ニ其出版ヲ差止メ以テ其乱階ヲ戡尽スヘシ是最モ異解取締上必要ト認ルカユヘニ此建議ヲ提出スル所以ナリ(10)

ここに「大乗非仏説仏教統一論ヲ始メ請求帰命等」とあるように、この建議が提出された背景には、真宗大谷派で起こった村上専精（一八五一～一九二九）と占部観順（一八二四～一九一〇）をめぐる二つの事件があった。

村上専精の事件とは、近代仏教学の輸入にともない顕在化した大乗非仏説問題である。文明開化の風潮のなかで、日本の仏教者はヨーロッパで成立した近代仏教学の研究手法を学ぶために、ヨーロッパへ留学した。しかし、ヨーロッパで成立した近代仏教学の関心は釈尊に集中しており、その対象はサンスクリットやパーリ語仏典の読解を基礎とするものであった。そのため、東アジアで展開した漢訳仏典に基づく大乗仏教は非仏説である、と批評された。日本の仏教研究者のほとんどは、僧籍を有する大乗仏教徒であったため、この課題といかに向き合うかが問われていた。それに一つの回答を与えたのが、村上であった。

村上は一九〇一年に『仏教統一論』第一篇大綱論を、一九〇三年に『大乗仏説論批判』を刊行し、大乗非仏説を主張した。ただし、前者で「余は大乗非仏説と断定するも開発的仏教と信ずる」(11)と述べ、後者で具体的にこう論じているように、彼は大乗仏教の復権を目指していた。

大乗仏説論たるや、教理の方面にありては確乎として成立するにも係(ママ)はらず、歴史の方面にありては成立し難し、歴史の方面にありては成立し難しと雖も、教理の方面にありては明かに成立して動かざるなり(12)

歴史的にみると、大乗仏典は釈尊の死後数百年を経てから出現したことは否定できない。だが、教理から考えれば、仏説であることは疑いのないことである、と彼は主張した。この主張は、決して大乗仏教を否定するものではない。日本の仏教研究者は、村上の歴史的には非仏説、教理的には仏説という路線を踏襲して、その後、仏教研究を進めていった(13)。しかし、『仏教統一論』大綱論が大谷派当局の忌諱に触れ、村上は自ら僧籍を脱することになった(14)。

前田は『大乗仏教史論』を著すなど、大乗非仏説問題に正面から向き合っていた。したがって、彼にとって村上専精に対する教団の姿勢は見逃せないものであったと考えられる(15)。

他方で、占部観順の事件とは「タノムタスケタマヘ」の解釈をめぐる問題である(16)。この事件は、一八八一年に「タスケタマヘ」解釈をめぐる占部と雲英晃耀(一八三一~一九一〇)との対話から始まる。当時、大谷派の正統とされていたのは、いわゆる「請求」の義に基づく解釈であったが、占部は「信順義」を主張した。このため、彼は大谷派当局より召喚命令を受け、幾度にもわたり尋問された。そして、一八八二年に占部が意底書を提出し、一応の終結をみた。しかしこの事件は、一八九七年に再度論壇に上がることになる。

占部は意底書の提出後、大谷派の教育機関である大学寮教授や真宗大学学監などを歴任した。だが、一八八二年に教団行政の諍いのなかで、高倉大学寮のグループは占部の安心理解に対して疑義を提出、占部を排除しようと動いた。その結果、占部の著作は発禁処分になるとともに、真宗大学学監職の役をとかれ、最終的に大谷派から擯斥処分を受けたのである。

こうした教団当局の動きに対し、占部と同郷であり、彼を慕っていた清沢は、その問題性について厳しく迫った。その論者が先の「貫練会を論ず」である。

近頃宗意安心上の争点たりし「タスケタマヘ」の言の如きも、之を深厲師の説に索むるに、初め夏の御文を講ずるときには、請求の義に解したりと雖ども、其後改悔文、興御書等を講ずるに及び、並に信順の意を以て之を説けり、此の如くなれば深厲一師の説に於ても、精密に撿すれば重要なる点に於て往々一定の説有らざるに非ずや、一人の上に於て尚且つ然り、況んや多数の学者の間に於てをや、（中略）学問は発達変遷を以て其性とするものなればなり（然れども宗義の範囲外に出づ可らざるは勿論なり）、（中略）而して深厲師を正統と為す者も、宣明師を正統と為す者も、亦各自己の私見を尺度として判断を下すものに外ならず、是故宗学は末学の私見より出づるものにして変遷あるを免れず、否其変遷発達して能く時機に応合するは最も必要なる事にして、之を宗祖の建立に係る一定不易の宗義と混同すべきに非ざるなり、[17]

このように、占部事件を一つのきっかけに、清沢は「宗義」と「宗学」とを区分する必要性を主張し、大谷派における宗学のあり方を厳しく批判したのである。

以上のような、大谷派の様子を目の当たりにした本願寺派当局は危機感を抱き、建議案を提出した。それに対し、前田は「宗学に就いて同窓会諸君に白す」を発表したのである。しかし、前田の方法論には限界があった。論文を発表した二か月後、前田は『六条学報』に「『宗学研究法に就て』の弁」と題する論稿を掲載し、自らの方法論について弁明した。ここに、本願寺派における宗学近代化の一つの蹉跌があったのである。

前田慧雲の限界とその継承・展開

前田は「『宗学研究法に就て』の弁」において、次のように自らの方法論に補足を加えている。

但かの次に「他日に至てその邪義が又正義となるやもしれぬことなれば、新説を唱へる者ありとて、左まで案ずることは入らぬ」といへる語は、匆卒の際、筆の走り過ぎ且略なる所ありて、「新説を唱へるもの」と云へる句の上に、「安心を除て外義解なれば」と云へる句が不足したり。抑々安心に就ての権は、元来法主に属するものなれば、安心までを含めて如何なる新説も案ずるに及ばぬとは、末徒たるもの苟くも言ひ得べきことに非ず。[18]

ここで前田は、自ら提示した研究法はあくまで「解釈」の範囲に限定され、法主に帰属する「安心」には適応すべきではないと述べた。一八八六（明治一九）年に制定された「宗制」第一一章に、「宗意安心ノ正不ヲ判決スルハ伝灯法主ノ職任ナリ故ニ末徒ニシテ毫モ師教ニ違反スルコトヲ得ス」(19)とあり、安心は法主に帰属するものであると規定されている。そうした制約の中で、自由討究に基づく研究はこの範囲内で行うものである、と前田は述べたのである。

このように、前田の提示した方法論は、法主に帰属する「安心」を対象とすることには繋がらず、「安心」と「解釈」とが区分された。それは、その後の宗学研究に反映されていく。たとえば、一九一一年に西谷順誓（一八八四～一九四六）によって著された『真宗教義及宗学之大系』（興教書院）は、次のような目次となっている。

前期：教義史
　第一期　親鸞聖人の教義
　第二期　宗祖滅後一百余年間の教義
　第三期　中興時代の教義
後期：宗学史
　第一期　宗学の勃興
　第二期　宗学の隆盛
　第三期　宗学の沈滞

同著は仏教大学在学時に発表した論文をもとにまとめられたものであるが、歴代宗主の教学については「教義史」、その他の学説については「宗学史」という区分がなされている。

ただし、「解釈」の自由が容認されたことで「宗学史」が一つの分野として誕生した。それにより、これまで異安心とされていた学説が広く公開され、いわゆる「江戸宗学」が形成されていった。その象徴となるのは、石泉僧叡（一七六二～一八二六）であろう。藤永清徹が是山恵覚（一八五七～一九三一）への追悼文でこう述べているように、明治三〇年頃、石泉の書籍類は大教校および大学林の図書館に所蔵されていなかっただけでなく、異端的扱いを受けていたようである。

学林の蔵にはその一書をも存せず、石泉は殆んど邪説を以て目せられて居つた、その間にあつてよくその学説を紹介し後人をして石泉派を空華・豊前芸轍諸派と並んで認めしむるに至つたその功績は実に千載没すべからざるものである。／明治二十七年、先づ『正信偈要訣』の公刊を企て、その是非を前田慧雲和上に計られたが、時期尚早、必ずや世論喧しきものあつて累を和上に及ぼすであろうとのことであつたので、試に井東茂兵衛なる俗人の名を以て公刊し、私に世論の形成を見たが頗る平穏である、これはよし！と思うて、それから石泉の遺著を続々公刊し学林の蔵にも入れることにした、と話された(20)。

その後、是山恵覚により石泉の遺著が調査・刊行され、図書館に所蔵されていく。さらに大正初頭には『真宗全書』が刊行され、江戸期の宗学者の学説が、それぞれ一つの「解釈」として並列的に扱われるようになった。その結果、石泉やその他異端の烙印を押された学説も市民権を得ていったと考えられる。

例えば、やや時代は下るが、『本典研鑽集記』の編纂について、桐谷順忍（一八九五～一九八五）は次のように回顧している。

行巻に入つて、先づ行信論を論じて、石泉、豊前、空華の大要を示し、各〻に単評を加へて、善譲師の説を発展の極致に達したものと云つてある。（中略）信巻に於ては、信巻別序を置き給へる祖意に関しては、石泉氏の義によらないで、空華説を用ひてあるが、その外の三心一心、一念釋などは、寧ろ空華説に反対である。(21)

『本典研鑽集記』では江戸期の注釈書を参照し『教行信証』が紐解かれているが、いずれかの学説に依拠するのではなく、幅広く学説を分析し解釈の導き糸としている。こうした姿勢は、その後の本願寺派における真宗学の方向性を定めていったと考えられる。(22)

（内手　弘太）

註

（1）前田慧雲「宗学研究法に就て同窓会諸君に白す」（『六条学報』第六号、一九〇一年一二月、『前田慧雲全集』第四巻）、三一一～三一三頁。

（2）龍溪章雄「前田慧雲にみる近代真宗学形成の前駆的性格――方法論の定位をめぐって（上）――」（『龍谷大学論集』第四三四・四三五号、一九八九年）を参照。

(3) 花田凌雲「学窓閑談」（『宗学院論輯』第二六輯、一九三八年五月）、一九六〜一九七頁。
(4) 以下、龍溪章雄「真宗学方法論研究学説史――その一――」（『龍谷大学大学院紀要』第五号、一九八四年）を参照。
(5) 清沢満之「貫練会を論ず」（『教界時言』第一二号、一八九七年一〇月、『清沢満之全集』第七巻）、一一九頁。
(6) 以下、大谷栄一『近代仏教という視座――戦争・アジア・社会主義――』（ぺりかん社、二〇一二年）、第一部第二章参照。
(7) 境野黄洋「革新仏教徒」（『佛教』第一一五号、一八九六年六月、二葉憲香監修、赤松徹眞・福嶋寛隆編集『『新佛教』論説集』補遺編〈永田文昌堂、一九八二年〉）、七九三〜七九四頁。
(8) 岩田真美「明治期の真宗にみる新仏教運動の影響」（『真宗研究』第五八輯、二〇一四年）に詳しい。
(9) 龍溪章雄前掲「前田慧雲にみる近代真宗学形成の前駆」を参照。
(10) 「出版取締条例の執行を訴える建議」（提出者：松島善海、浄土真宗本願寺派宗会編『本願寺宗会百年史』史料編下〈浄土真宗本願寺派宗会、一九八一年〉）、二三三〜二三五頁。
(11) 村上専精『仏教統一論』大綱編（金港堂、一九〇一年）、四五九頁。
(12) 村上専精『大乗仏説論批判』（光融館、一九〇三年）、五頁。
(13) 川元惠史「木村泰賢――大乗仏教のゆくえ――」（嵩満也・吉永進一・碧海寿広編『日本仏教と西洋世界』〈法藏館、二〇二〇年〉）などを参照。
(14) 村上専精『六十一年――一名赤裸裸――』（丙午出版社、一九一四年）、三四九〜三五〇頁。
(15) 前田慧雲の大乗仏説論と宗学の方法論との関連については、拙稿「前田慧雲――本願寺派宗学と西洋の対峙」（嵩満也等編『日本仏教と西洋世界』法藏館、二〇二〇年）を参照されたい。

(16) 以下は、井上見淳『たすけたまへ」の浄土教――三業帰命説の源泉と展開――』(法藏館、二〇二二年)、第九～十章を参照。
(17) 清沢満之前掲「貫練会を論ず」、一一四～一一六頁。
(18) 前田慧雲「『宗学研究法に就て』の弁」(『六条学報』第八號、一九〇二年三月、『前田慧雲全集』第四巻)、三一四頁。
(19)『眞宗本願寺派宗制寺法』(一九〇〇年二月発行、龍谷大学図書館蔵)、六頁。
(20) 藤永清徹「是山和上を憶ふ」(『是真院恵覚和上』興教書院、一九三七年)、七三頁。
(21) 桐溪順忍「本典研鑽集記の刊行されて」(『龍谷学報』第三二〇号、一九三七年)。
(22) 末木文美士『親鸞――主上臣下、法に背く――』(ミネルヴァ書房、二〇一六年)一一二～一一三頁。

史上初の盛大なる降誕会
——普通教校の学生たち——

降誕会と創立記念日

降誕会は、宗祖・親鸞の誕生日を五月二一日として毎年おこなわれるお祝いの会である。そして本学は、遡ること一九二二（大正一一）年の五月二〇日、大学令によって単科大学として認可され、この時に名を「仏教大学」から「龍谷大学」へと改称した。その認可日の翌日がまさに「五月二一日」で親鸞の誕生日だったこともあり、今では龍谷大学はその日を「創立記念日」として全授業を休みにして祝いの日としている。本年度（二〇二二年度）はそこからちょうど百年の節目に当たっている。

さて降誕会は、コロナ禍前のことであるが、龍谷大学ではもちろんのこと、本願寺で行われる法要や祝賀行事に、例年、全国の門信徒や宗門学校の生徒たちなど多くの参拝者が集い、賑わっていた。そこでは祝賀能が行われたり、飛雲閣の記念公開があったり、音楽法要では堂内で仏教讃歌が斉唱されたりするなど様々なイベントが行われ、この時期特有の気持ちのいい気候も手伝ってか、境内は賑やかで楽しい雰囲気に満ちていた。そして、こうした祝賀ムードは龍谷大学、本願寺のみならず、いまや全国各地の寺院に広がっている。

ところで、遡ってみれば日本にはそもそも「個人の誕生日を祝う」という習慣はなかった。なぜなら正月に一斉に歳を一つ重ねる「数え年」で生きてきたからである。だから当然、降誕会も今のような明るく賑やかな催しとしては行われていなかった。ではいったい、いつから現在のような形へ変貌したのであろうか。それは、およそ百年前の龍谷大学の前身、普通教校の学生たちの、たった一夜の行動がもとになっている。本稿ではそのことを紹介したいのである。

誕生日を祝うということ

先にも触れたが、現在のように個人の誕生日を祝う習慣は、もともと日本ではあまり一般的なものではなかった。少し詳しく述べると、歴史的には、明治の近代化と共に「個人の誕生日」を大切にする考え方が徐々に知られるようになり、一九〇二（明治三五）年に「年齢計算に関する法律」が施行され、また一九四九（昭和二四）年に「年齢のとなえ方に関する法律」が施行されたことで、個人の誕生日を祝うという風習は一般的にも根付いたとされる。

ただし、そうはいっても宗門では伝統的に、たとえば「領解文」に、

> この御ことはり聴聞まうしわけさふらふこと、御開山聖人御出世の御恩、次第相承の善知識のあさからざる御勧化の御恩とありがたくぞんじ候ふ。（『浄土真宗聖典全書』第五巻、二一九頁）

とあるような、「御開山聖人（親鸞）御出世の御恩」を「ありがたく存じ候ふ」と受け止める心情は

昔からあった。それは「この御ことはり聴聞まうしわけさふらふ」という今があるのは、宗祖と仰ぐ親鸞の誕生、およびその生涯によって、万人の成仏道となる阿弥陀如来の救いの道が明らかになったからこそであると受け止め、そのことを謝しているのである。これは忌日法要である報恩講において親鸞の生涯に思いを寄せるのと同じような心情であるといってよい。

また江戸時代の後期頃から幕末・維新期の頃までは、親鸞誕生の地とされる日野別堂（現、日野誕生院。京都市伏見区）で法要が営まれるようになっていた。[1] しかしながら、これも同様の理由で、やはり今現在の毎年誕生日を祝うというようなものとは、感覚的にまた少し違っていたと思われる。

そもそも親鸞の誕生日は不明である。現在の五月二一日説は、江戸期の高田派の僧、五天良空（一六六九～一七三三）が著した『親鸞正統伝』（全六巻）における、

御誕生八、人皇八十代高倉院御宇承安三年癸巳四月朔日也。（『真宗史料集成』第七巻、三一六ページ）

とある、四月一日説を受け入れる形で制定されたものである。明治政府が一八七二（明治五）年に太陰暦（旧暦）から太陽暦（新暦）への改暦の詔書を発布したことに伴い、本願寺の第二一代宗主明如（一八五〇～一九〇三）が、一八七四（明治七）年に親鸞の誕生日を、従来の四月一日（太陰暦・旧暦）から、五月二一日（太陽暦・新暦）へと改めたのである。そしてこの年に初めて本願寺で降誕会が催された。ただし以後、しばらくは大々的に行われた様子はない。[2]

こうした流れの中で、一転して降誕会を盛大に行うきっかけとなった出来事が起こったのである。それが、先に触れたが、一八八四（明治一七）年に設立された普通教校の学生たちによる、若きエネ

ルギーに満ちた一夜の行動だったのである。

普通教校の設立

真新しい西洋文化の風が、日本社会に強烈に吹きわたった明治時代。大教団であった本願寺も全身にその風を強く受けた。

一八七九（明治一二）年には、本願寺は明治政府の教育制度改革にならって学制の変更をおこない、伝統的な宗学を教える「学林」を引き継ぐ形で「大教校」を設立した。そしてまた、それとは別に、一八八五（明治一八）年には僧籍の有無に関係なく入学でき、宗学のみならず普通学（仏教以外の数学・歴史・物理・体操等）を広く教える普通教校（現、東黌の地）をも設立したのであった。

外国人教師を招聘して英語教育に力を入れ、法衣ではなく洋服の採用にも踏み切ったこの学校は、清新の気に満ち、あたかも西洋の風を仏教界に取り入れる「窓」のような役割を果たしたのであった。

翌一八八六（明治一九）年には、その普通教校の学生たち一四名によって「反省会」が結成されている。背景には、いよいよ広がりを見せつつあったキリスト教の存在があった。前年の一八八五（明治一八）年、万国婦人矯風会の遊説員、レヴィット夫人が来日したことで、日本人キリスト教徒の間で、禁酒はもとより、廃娼、禁煙、女性の地位向上を目指す運動が拡大して、キリスト教は存在感を増していたのである。(3)

それに引きかえ、真宗を含めて仏教界全体は旧態依然としていた。そのすがたに危機感を募らせた普通教校の学生たちが、僧侶にも禁酒を始めとした生き方そのものへ自省を促すべく「反省会」を結成したのであった。彼らの出す「反省（会）雑誌」（一八九九《明治三二》年一月からは『中央公論』へ改題）は、やがて宗門内外に大変な評判を呼んでいったのであった。

ところで、その『反省（会）雑誌』の「一八九五（明治二八）年五月二五日」に、古河老川（勇）（一八七一〜一八九九）による「高祖降誕会〈その起源〉」という興味深い記事が載っている。[4] この記事をもとに、降誕会が盛大に行われるようになった経緯を以下に紹介していこう。[5]

降誕会の起源

一八八七（明治二〇）年、五月二十日の夜。普通教校の東寮第三号室に、学生八人が集まっていた。その時常光得然が、ふと「明日は高祖降誕の日なり。我々はこれを祝すべきや否や。またこれを祝すれば、果たしていかなる方法を以てすべきか」と持ちかけたのである。そこにいた他の七人には、後に世界基準の仏教学を日本に持ち帰り『大正新脩大蔵経』を編纂することになる大学者、高楠順次郎（当時沢井洵）の若き日の姿をはじめ、この記事を書いた古河老川、菅実丸、弓削正雄、堀小三郎、寺本静、梅田君造がいた。

話し合いは、次第に盛り上がってゆき、その結果、祝い文・演説・相撲・撃剣（剣術）・にわか狂言などが提案され、八人は、「ここはひとつ、皆で少年の無邪気なる遊びを披露して、親鸞聖人に見ていただくことで我々のお祝いとしようではないか」と決したのであった。

そこで八人は手分けして各所へ向かった。まずは教校の監事（管理責任者）であった里見了念に企画を相談してみると、許可のみならず、是非やりなさいと大喜びして金五円という資金まで提供してくれたという。また別の者は、大教校と普通教校の共有であった操練場の使用を大教校側に許可してもらう必要があるため、打診に向かった所、まったく差し支えないという返答を得た。

これで開催するための許可と資金と会場は確保できた。しかし具体的な内容についてはまだ何も決まっておらず、そもそも学生や教員への周知もまだである。しかもこの時点で、時計を見れば夜の九時！――時間はない。そこで八人は、教校生全員を本館講堂に集合させ緊急集会を開催したのであった。

夜でもあたたかな気候の中、おぼろげなランプの下、学生がぎゅうぎゅう詰めに座った。八人が中心となって企画を説明すると、具体的な内容についてあちらこちらから声があがり始め、誰が横笛が上手だとか、誰は浄瑠璃をよくするとか、何君は演説がうまいとか、某は相撲を取るがよいとか……、八人を中心に侃々諤々《かんかんがくがく》、議論はつづいたのであった。

そして、ようやく全体に関する話がまとまると、最後は全員が立ち上がり、明日の降誕会の成功にむけて、大声で万歳をしたという。そして各自、明朝の準備へ向けて走り出したのであった。嗚呼、準備はわずか一晩である。

盛大なる降誕会

翌朝十時。学生たちは徹夜の準備を終えて、いよいよ普通教校の学生による初の降誕会が始まった。

会場は、学生たちの持ち寄りで数十枚の毛氈が敷き詰められた。その北側には広々とテーブルが並べられ、その東側には演壇が一段高く置かれた。テーブルも毛氈で覆われ、重石《おもし》代わりなのか、アカデミックなオブジェのつもりなのか、テーブル上には日ごろ学生の頭を悩ませている洋書が十冊程度ずつ束にしてあちらこちらに置かれ、配置された。日光に照らされ、表紙は反り返っていったが、誰もそんなことは気にしなかった。その洋書の束の間に、金柑五升や蜜柑一〇箱、饅頭二八〇〇個が置かれ、来場者に配られたのである。

学外に向けては**「高祖降誕千秋万歳」**、**「奉祝降誕」**という二大旗が立てられ、入り口には**「高祖降誕大運動会」**という大旗を携えた人形が作られ置かれていた。

そして学内に入ってみると、演壇の裏に高くそびえる公孫樹《いちょう》の樹に**「奉祝高祖之誕辰」**と書かれた大旗と、その両脇に**「人間の住みしほどこそ　浄土なれ」「悟りて見れば　方角もなし」**という親鸞作と伝られる和歌を大書した旗が下げられた。このアイデアは高楠順次郎のものだったという。そして、その旗の間には、麦わら帽子と木製アレイと色紙《いろがみ》を組み合わせた、なんともいえない手作りの飾りが、「世間流行の球灯に代うる」ものとして、何十も飾り付けられて華やかさを添えた。これは菅実丸のアイデアだったという。

またその公孫樹の木から二、三歩離れた所に、一個のハンギングガーデン的高飛壇を作って大壺を大胆に据えた。そこに潔浄なる数枝の白躑躅《つつじ》を生けた所、その素晴らしさは来場者を大いに仰感させたという。

さらに会場を見渡せば、土俵、撃剣場、射的場、珍品の展示小屋、芸を披露する学生の楽屋が立ち並び、花火の点火場まで設置されていた。また土俵の四方には、白布と紅氈とで紅白の柱が立てられ、来場者の目を引いたのであった。

そして、いよいよ開式。招待された教員は、学生たちの尺八や横笛の演奏と共に入場してくるや、一夜で楽しげな会場へと大変貌を遂げた学内を見回して驚嘆し、日頃は毅然としている彼らも自然と相好を崩して、用意された席へと座っていった。

そこから学生の出し物が始まった。まずは祝い文が日本語と英語の両方で披露された。つづく演説では、ホクチ（火打ち石の誘火綿）を付け髭にして登場し、雰囲気たっぷりに演説する学生や、ユーモア溢れるスピーチを行う学生に、たびたび拍手喝采や笑い声が沸き起こった。そして日頃鍛えた英語での演説、対馬出身の学生による朝鮮語の演説、留学経験のある学生によるドイツ語の演説まであったというが、通訳を務めた学生がまるで理解しておらず、その適当な翻訳ぶりや、英語の通訳を務めた学生による滑稽な直訳によって、学生たちがこれまた爆笑して、それは大盛り上がりだったという。

こうして、一致団結した学生によって楽しく飾り付けられた会場の、至る所で学生たちの笑い声が響き、教員も学生も垣根を越えて、共に親鸞の誕生日を祝う素晴らしいひと時を過ごしたのであった。この記録者である古河老川は、次のようにまとめている。

以上は、まま滑稽あれども、尚まじめ中の滑稽なり。今や舞台一転して、一大滑稽界を現出せり。生徒一同、腹をかかえ、見物一同の膽をつぶせしもの、これより始まる。

と。これ以後、降誕会を賑やかに行う流れが生まれ、やがて全国へと弘まっていった。本願寺では、一八九七（明治三〇）年には京都府知事や京都市長、京都市地方裁判所、税務署役人、堀川警察署長、京都大阪神戸各駅長など広範に招待して降誕会は行われた。また一九〇九（明治四二）年には大活動写真（映画）・煙火（花火）も実施されるなど、一大行事へと発展していったのである。(6)

こうして発展していった降誕会であるが、それは現在の龍谷大学の前身、普通教校の学生たち、ほんの八人の思いつきから始まった出来事なのであった。

今も生きる親鸞

本年二〇二三（令和五）年は、親鸞御誕生八五〇年、立教開宗八〇〇年の記念法要を行う年に当たっている。

しかしながら、考えてみれば不思議なことである。日本では一般に、先立たれた方の「命日」は大切にされるが、「誕生日」がこれほど大切にされているということはあまりないことであろう。まして八五〇年も前に誕生した人物の「誕生日」を今でもお祝いしているというのは、考えてみればどういうことなのであろうか。

最後に少しそのことを考えてみるなら、それこそが、親鸞とは遠い過去に存在した偉人というより、今現に人々の間に生きているということを伝えているのではないだろうか。阿弥陀如来とともにこの親鸞も常にそばにいてくださっている――多くの僧侶、門信徒方が、どこかにそういう感覚をもっているのであろう。それはつまり親鸞によって開かれた教えが、令和の現在も多くの方々の間に「生きた教え」としてあり続けている証左といえるのかもしれない。

（井上　見淳）

註

（1）参考、山口篤子「知ろう！仏教讃歌（2）宗祖降誕会」（『本願寺史新報』二〇一六年五月一日号）

（2）『増補改訂　本願寺史』（第三巻、四九一～四九四頁）

（3）「久布白落実の研究―廃娼運動とその周辺―」嶺山敦子（関西学院大学博士論文《人間福祉》、二〇一三年）

（4）『反省（会）雑誌Ⅲ』三〇六頁。『反省（会）雑誌』（全三巻）は、福嶋寛隆、藤原正信、中川洋子編で龍谷大学仏教文化研究所より『龍谷大学仏教文化研究叢書』（一三）（一四）（一六）となって二〇〇五年に刊行されている。

（5）以下の本稿の内容は、かつて筆者が『本願寺新報』（二〇二一年五月一〇日号）にて「宗祖降誕会によせて」で「嗚呼、準備は一晩！史上初の盛大なる降誕会」として寄稿した記事を大幅に改訂したものである。

（6）『時を超える親鸞聖人像』、『増補改訂　本願寺史』（第三巻、四九四頁）

龍谷大学への改称と真宗学
——真宗学は何を対象とするのか——

龍谷大学への改称と真宗学の誕生(1)

一九二二（大正一一）年五月、仏教大学は大学令に基づく単科大学に昇格し、龍谷大学へと改称した。一九一八年に発布された大学令は、法律上で帝国大学のみが認められていた大学を公立・私立大学にも承認するというものであった。この法令が発布されると、専門大学令に拠っていた私立大学は、昇格に向け相次いで動き出した。仏教大学とその母体である西本願寺教団は、早速に臨時教育調査会を設置し、認可申請の準備を進めたのである。

一九二〇年四月には、仏教大学規則を改正。そこでは「本大学ハ佛教ヲ精究シ、兼テ之ニ関スル諸学科ヲ教授シ、並ニ其蘊奥ヲ攻究スルヲ以テ目的トス」とする第一条を、「本大学ハ仏教及ビ宗教・哲学・文学ニ関スル諸学科ヲ教授シ、並ニ其蘊奥ヲ攻究スルヲ以テ目的トス」と改めるなど、より広い学問の教授を標榜し、大学令に基づく体制へと整備していく様子が窺える。(2)

認可申請を行い、待つこと約二年。ようやく認可を受け、龍谷大学は誕生した。「龍谷」と校名を変更したのには、宗教宗派の名称を大学に付してはいけないという文部省側の指示があったようである。さて、龍谷大学の誕生にともない、従来の宗学に代わって新たに「真宗学」という講座名が採用された。この変更自体は、余乗学を仏教学に変更するのに歩調を合わせただけであったようだが、名称の変更は学としての性格を考えるきっかけとなった。当時の様子を、講座主任教授の一人として、誕生期の真宗学を支えた杉紫朗（一八八〇～一九七四）は次のように回顧している。

名称の変つたと云ふことは、其実質に影響を及ぼしさうであつた、これは実質に影響したと云ふ見方もあらうが、そうは考へたくない、併し影響あらんしたことは事実であり、少くとも気分だけは変らんとした。それは宗乗、宗学は全く我宗門の学であると云ふ立場であつて、そこには其学ぶ者は宗門の信者であり教徒であると云ふことがはつきり限定されてあつた。随つて学ぶ者の態度は明確に制約されてあつた。ところが真宗学は我宗門の学でなくて、真宗なるものを研究する自由な立場に立つところの学であるらしく、学ぶ者に考へられた。尤もこれはさう考へさせやうなどと意識して改められたものではない、唯学校全体が自由な学の立場に立つたから、宗学もそれを外れることが出来なかつた為に真宗学の名ができ、又真宗学の名ができたから、宗学、宗乗と異つた感じを不儀なく持たされたのであつた。(3)

大学への昇格は、真宗を学ぶ者たちに、宗門・宗派の学としての「宗学」から一般学問としての「真宗学」へ、と転換することを意識させた。こうしたなかで、一九二三年一〇月に雲山龍珠（一八七二～一九五六）を初代学会長として、龍谷大学真宗学会が創立し、真宗学の研究基盤が形成された。

野々村直太郎『浄土教批判』問題

真宗学は学として成立するのか。もし成立するとすれば、いかなる性質を有するのか。宗派の学からの脱皮が求められた、真宗学の誕生期では盛んに議論された。しかし、そこには純粋な学術的議論に収まらない宗門大学特有の問題があった。

龍谷大学は、龍谷大学財団によって設立された研究教育機関であり、法的には宗派から独立していた。とはいえ、財団の理事長を本願寺派執行長がつとめるなど、宗派の影響を受けざるを得ない状況にあった。また『学制百年史』によると、大学昇格に向けた財政基盤に関わる条件は非常に厳しいもので、その資金を西本願寺教団が集めており、実際のところ教団に支えられていた。(4) 一九二三(大正一二)年、このような宗門大学が抱える現実的な問題が早速に露呈した。

この年の五月、龍谷大学の宗教学講座主任教授であった野々村直太郎(一八七〇~一九四六)が『浄土教批判』を刊行した。同書は『中外日報』紙上で、同年一~二月にかけて連載された「浄土教革新論」をまとめたものであるが、そこで野々村は「往生思想は過去の思想であって、モハヤ現代及び将来に容られるべき思想ではない」(5)と記すなど、往生思想や浄土教の弥陀・浄土教説は客観的真理たり得ないと主張し、浄土教の革新を提唱した。

浄土教そのものを鋭く批判的に論じたこの著作は、『龍谷大学論叢』(第二五〇号)で「近来における一大快著」であると紹介されるなど(6)、学術書として好意的に受け止められ、誕生期の真宗学を大いに刺激するものであった。とりわけ、真宗学講座主任教授であった梅原真隆（一八五五～一九六六）は、綿密に野々村の学説に検討を加え、多くの論文を発表している。この梅原の批判に対し、野々村は精力的に応え、両者の間で活発な議論が交わされた。(7)だが『浄土教批判』は思わぬ方向へ、その波紋を広げていくことになった。

一九二三年八月、西本願寺宗門は野々村を宗義違背として奪度牒に処した。それとともに、龍谷大学に教授職を罷免するよう要求した。こうした宗門当局の強権的姿勢に対して、龍谷大学教授団は、学問研究の自由を阻害するものだと真っ向から反論し、梅原を中心に弁明書を発表した。(8)

（三）野々村氏がこの研究発表の結果、本願寺派の教権と牴触するため、一宗の宗侶としてその教権の制裁をうけられたことは、われらにとっても異議はありませぬ。けれども本願寺派の教権に牴触するとの理由で、龍谷大学の教授の地位を動かすことは不合理であります。かくのごときは、大学令に準拠りる龍谷大学を教権によりて支配せんとするもので、大学の生命たる自由研究を阻止することになります。故に野々村氏が本願寺の監正処分をうけられたとき、本山当局が龍谷大学の教授をも即刻罷免せんことを求めたけれども、そは不当なること、認めました。而してこの問題に対する文部省の指令の内容もわれらの意見と一致したのであります。

宗義違背として奪度牒に処することについて異論はない。しかし、大学令に基づいて龍谷大学が設立されている以上、自由な研究を宗門当局が阻止することはできないはずだ。したがって、教授職の罷免要求は越権行為である、と教授団は批判した。ただし、梅原らは決して「教権」を否定したわけではなかった。弁明書の第二条には、次のように示されている。

（二）教権に依憑する宗派において、か丶る自由研究を生命とする大学の有する使命は、教権の内容を研究の対象とすることによりて、いよいよ教権の真実性を確立し、大法の生命を開闡することであると信じます。われらはこの使命を果たすことによりて大法を護持し、一宗を荘厳すべきことを覚悟して居ります。故に自由研究は決して教法を破壊するものではありませぬ。また自由研究を拒否しなければ教権を擁護することができないと考へる如きは、かへって一宗の前途を危殆に導くものと考へるのであります。

つまり、梅原らにとって自由研究は決して教権を破壊するものではない。むしろ、教権の真実性を確立し、大法を広く明らかにすることにつながるというわけだ。そこにこそ、宗門大学としての使命があるのではないか。龍大教授団は、このように教権と自由研究との関係性を主張した。しかし、こうした訴えもむなしく、野々村は龍谷大学を去ることになったのである。

教権と自由研究の関係

では、なぜ自由研究によって教権の真実性が確立されるのか。以下では、弁明書の起草者である梅原真隆の主張から見ていこう。一九二六（大正一五）年二月に行われた真宗学会主催の講演会（「真宗学とは何ぞや」）で、彼は次のように述べている。

真宗学は教権といふ範囲内に於て行ふ学問であつて自由にまた無制限にやれないから、この意味に於て成立しないといふ論者がある。これはドグマの範囲に於て真宗学は成立するが、ドグマそのものを研究の対象としてはならぬといふ一種の護教学、弁証学である。而してこの論者は一面局外者が真宗学に対する憐愍の情を以てするのと、他面内部の熱烈な護教家によつて唱えらるるやうである。而してこの教権論者に対する私の意見は、教権そのものの意義を明かにすれば解決せらるるあつて、真の自由研究は決して教権を妨げるものではないと思ふ。すなはち教権とは教法の権威であつて真理以外にはないのであるから、真理に従ふことそれが自由研究であると共に教権を確立することである。この意味に於て我等が教権そのものを批判しその曇りを除去することが真宗学の使命であるのである。(9)

ここで梅原は、教権とは「教法の権威＝真理」であって、従来の教権解釈には誤りがある。そして、自由研究とは教権を確立する手段であると述べた。彼は、他の論稿で教権を次のように定義していた。(10) 一般に教権とは「教会の権能――法主・聖典・信仰箇条・教団・宗制寺法」という意味で用いられているが、これが本当に存立する内的必然は「教法の権威」にある。この「教法の権威」こそ教権の本質であって、「教会の権能」としての教権は、その形式的な発現に過ぎないと。こう教権を定義したうえで、梅原は自由研究に二つの役割があると主張した。

第一に、教権の本質を顕彰すること――。自由研究の意義は真実の探求にある。教権の本質が真実であるならば、「両者は背反するどころではなくて必然的に一致せずに居れないもの」である。そのため、自由研究こそ、正しく教権を顕彰する方法であり、教権こそ自由研究を支持しなくてはならない。

第二に、教権の内省機能として――。カトリックにおいてローマ法王は神聖だという「独断」から出発して、法王は決して誤謬を有しないという推断を導き出した。そして、その教示はあらゆる批判を超えて一切を裁く権能があるとし、その教権の下にすべてを制限することを企てた。しかし、法王の教示が誤りでないとするためには、「一切の誤謬を発言しないもの」とする「一種の法格」でなくてはならない。つまり、その法格は「果して教法の真実に純化されてゐるかを反省しなくてはならない筈」である。ここに「教権そのもの、内省機能としての自由研究が須要としなくてはならない次第」がある。

明治期において、自由討究（＝自由研究）は「教権＝法主の安心」の範囲外で認められていた。それが「真宗学」へと改称され、学の自立性が制度として認められる中で、教権そのものを研究対象とする必要が主張されたのである。梅原は、先の講演――「真宗学とは何ぞや」をこう結んでいる。

私は親鸞の教行信証――尤もかく言ったからとて教行信証一部六巻のみを指すのではなくて、親鸞聖人の述作全部を指すのであるが――が表現してゐる救済を、あらゆる宗教の上にあらはれゐるそれの様式と比較して、いかなる価値があるかをみるが真宗学であつて、かくすることによつて親鸞聖人の価値が公明に且つ深刻に見られるのである。

私は真宗の信者である。その意味に於て親鸞聖人の宗教思想を全人格的に肯定したいのであるが、それと同時に、更にそれが学的に肯定せらるることを要求するのである。ここに真宗学の研究が企てられるのであるが、而もその自由研究によって親鸞聖人の宗教的真理はおびやかされるものでないと思ふ。若し万一自由研究によっておびやかされるやうなれば親鸞の顕開せる事実は未だ究竟的でないことになる。この場合には公明なる真宗学によつて親鸞聖人の宗教が公明に批判されたことになるのである。真宗学は親鸞が真実であることを証明すべきための御用学でなくては、親鸞の宗教が果して真実なりや否やを公明に検討することによつていよいよ公開され成就されるのである。(11)

親鸞の宗教が有する「真理＝真実性＝教権」を自由研究によって検討し、その価値を公開していく。ここに真宗学の果たすべき役割があるはずだ。梅原は、学生の前で真宗学講座の主任教授として力強く語った。だが梅原らいわゆる自由研究派は、西本願寺教団の学長人事介入による混乱の中で、一九二九（昭和四）年、龍谷大学を依願退職したのであった。

真理とは何か(12)

教権とは真理である。梅原に限らず、自由研究派の人々はこう主張した。しかしながら、その理解は論者によって相違があり、誕生期の真宗学で問題になっていたようである。その一端を、ここで確認しておこう。

一九二五（大正一四）年二月、龍谷大学真宗学会大会が開催され、杉紫朗（龍谷大学）と金子大栄（大谷大学）、そして弓波瑞明（京都女子高等専門学校）といった、当時の真宗学会の錚々たる顔ぶれが研究発表を行った。その開会に際し、若手教員であった大原性実（一八九七〜一九七九）が「真宗学徒の使命――谷龍大学設立の精神に就て――」と題して挨拶した。この挨拶は、大会の五日後に『中外日報』紙で掲載されたが、この論説に龍谷大学の学生・脇本壽泉（?～?）が批評を寄せた。

大原・脇本ともに、自由研究の必要性を主張するところに変わりはない。しかし両者の間には、真宗学の対象とは何か。さらに、真理の位置づけをめぐる相違があった。

まず大原は、従来の宗学を「真宗教会の権威者である先聖の教義を対象とし、これを学術的に解明する学」であったと定義し、それでは「学としての真宗学」として不十分であると述べた。そして、今後の真宗学のあり方について、次のように主張した。

吾人の私見によれば、真宗学の対象は真宗の根本生命たる教権そのものであると思ふ、「教行信証」その他の仏典祖語は寧ろ教法の一素材なるが故に、それ等が法として最上の権威たるか否かを究むることこそ、実に真宗学の分野である、在来の宗学は「教行信証」その他の祖語を真宗学の直接対象と思考するが故にその上に無意識の独断を固定し、従つて自由研究てふ事を宛かも悪魔の手の如く畏怖した。（中略）換言すればその素材の真実性と客観的妥当性即ちその中に含まるべき真理の有無こそ正しく真宗学の対象であり、その真実性の顕彰即ち真理の発見こそ真宗学の目的であらねばならぬ、故に真宗学は宗祖親鸞聖人の教義（「教行信証」等に表詮せられたる）を素材としそれを内容としてしかもその上に超ゆべきである。(13)

『教行信証』などに示される親鸞教義は、真理を明らかにする教法の一素材にすぎない。大原は、その素材が指し示す真理を発見していくことに、真宗学の学としての目的があると論じた。次いで、その目的を達成するためには「予定観念と仮想概念の打破」が必要であり、その打破の模範的な方法こそが、『教行信証』に見られる親鸞の姿勢であると説いたのである。

『教行信証』は、親鸞が縦横無尽に経論釈を抜粋し組み合わせたものである。だが、その経論釈は当面の意味から離れて使用されている場合がしばしばある。大原はこうした親鸞の姿勢に、真宗学の方法的な模範があると述べ、我々は「あらゆる予定観念若しくは仮想概念なしに、最も自由に経・論・釈に向はねばならぬ、恐らく祖聖の教義そのものをも公明に研究の素材として取扱ふべきであ」ると主張した。つまり大原によると、真宗学の対象は経論釈であり、親鸞の教説はその経論釈に向う方法であるというわけだ[14]。このような考えは、一九五〇（昭和二五）年に刊行された大原の『真宗学概論』（永田文昌堂）で、より明瞭に示されている。

さて、この大原の真宗学論に対し、学生であった脇本は「「真宗学徒の使命」を読む」と題して、『中外日報』紙で次のように疑義を呈した[15]。

大原は、真理の発見にこそ真宗学の目的があるとするが、その標準となる真理とは一体何か。どこから借りてくるのか。また『教行信証』などの著作を「抜萃し組み合はせて、是を素材として、私達自己の信念を語らしめ以て茲に真宗教義の学術的研究」が成立するというのは、はたして学の立場から認められるか。それは、恣意的解釈に陥る危険性があり、もはや「真宗学」ではなく、「大原学、否大原宗」にすぎないのではないか、と。

脇本は、自由研究を否定したわけではない。しかし、学がいくら進展しようが、学の対象に「毫厘も斧鉞を加ふる権利は無い」と述べた。すなわち、あくまで真宗学の対象は親鸞の教語であり、ここに取捨を加えてはならないと主張したのである。

大原の問題は、学と学の対象を混同したことにある。真宗学の目的はあくまで自由研究を通して、親鸞が示した真実義の内実を明らかにすることであって、それを超えていくことではない。真宗学徒は「自己を没して、只々親鸞の言ふところに、公平に、無私に、素直に、耳を傾ければならら」ないはずだ、と脇本は論じた。そして、最後にこう論説を閉じた。

若し親鸞が学徒であり、その著が学的所産であり、その教義が学説であるならば、それは異日他より有力なる学者学説の出現によつて、倒壊し、倒壊せぬまでも無視せらるる日の無きを保し難いであろう。（中略）人をさばくことが大嫌ひで、大地にひれ伏してさめざめと泣く男であつたが、正法の前には断々乎として「主上法にそむき義に違す」と、感激の涙なくしては読過し得ぬ、威武も屈すること能はず、富貴も淫すること能はざるウナリをも立てる彼のあの力をも生ずる法が、果して末代の学徒の思索や検討によつて始めて樹立される様なみぢめなものであつたらうか。(16)

親鸞の著作を「一学徒」の学的所産であるとすれば、その教義はいつしか他の学説に取って代わられる可能性がある。真理である親鸞の教えは、決してそのような弱々しいものではない。それを真宗学としては見失ってはならない、と脇本は大原を強く批判した。

真宗学では、親鸞をいかに位置づけるのか。親鸞を「宗祖」と見るのか、あるいは「一学徒」として見るのか。(17) それは、学問として親鸞教義を考えるために、重要な論点であろう。

だが、それ以上に、若手教員・大原と一学生・脇本の両者からは、その是非はともかくとして、既存の教義解釈を捉え返していこうとする、誕生期真宗学の息吹が感じられる。

（内手　弘太）

註

（1）第一～三節については、主に龍谷大学三百五十年史編『龍谷大学三百五十年史』通史編上（龍谷大学、二〇〇〇年）、第二章第九節・第四章第四節（いずれも龍溪章雄執筆）、および龍溪章雄「誕生期「真宗学」の動向」（『真宗学』第一四一・一四二號、二〇二〇年）を参照。

（2）龍谷大学三百五十年史編前掲『龍谷大学三百五十年史』通史編上、六二四～六二五頁参照。

（3）杉紫朗「宗学漫語」（『宗学院論集』第二六号、一九三八年）、二〇三～二〇四頁参照。

（4）文部省『学制百年史』記述編（帝国地方行政学会、一九七二年）、四八七～四八九頁を参照。

（5）野々村直太郎『浄土教批判』（中外出版社、一九二三年）二二頁。

（6）「新刊紹介」（『龍谷大学論叢』第二五〇号、一九二三年六月）、八八～八九頁。

（7）梅原真隆は、「『浄土教批判』に対する私見（上）」（『親鸞聖人研究』第三五輯、一九二四年七月）、「二種深信は矛盾相なりや――「浄土教批判」に対する私見（中）――」（『親鸞聖人研究』第三七輯、一九二四年七月）「浄土教と弥陀神話――「浄土教批判」に対する私見（下）――」（『親鸞聖人研究』第三七輯、一九二四年八月）として批評を展開。それに対し、野々村は『中外日報』（一九二四一〇月一〇日～一二月五日）で、それに返答。その返答をまとめて、『浅きは深きなり』（内外出版、一九二五年一月）を刊行。さらにこの返答に、梅原は「野々村先生にささぐ」（『親鸞聖人研究』第四二輯、一九二五年三月）と、「矛盾相なりや一具相なりや」（『親鸞聖人研究』第四三輯、一九二五年四月）で応えている。
(8) 龍谷大学教授団「龍大教授団の弁明書――大学の性質と其の態度に就き」（『中外日報』第七三一八号、一九二四年二月六日）。
(9) 梅原真隆「真宗学とは何ぞや」（『龍谷大学時報』第三號、一九二六年三月一五日）、二頁。
(10) 梅原真隆「真宗学研究所の発生及び教権と自由研究の考察について――真宗学研究所開所式にのべた雑感――」（『親鸞聖人研究』第三九輯、一九二四年一一月）。
(11) 梅原真隆「真宗学とは何ぞや（下）」（『龍谷大学時報』第四号、一九二六年四月）、三頁。
(12) 本節は、川元恵史「島地大等の研究」（博士論文〈龍谷大学〉、二〇一八年）、第四章を参照。
(13) 大原性実「真宗学徒の使命（上）――谷龍大学設立の精神に就て――」（『中外日報』第七六三一號、一九二五年二月一九日）、一面。
(14) 大原性実「真宗学徒の使命（中）――谷龍大学設立の精神に就て――」（『中外日報』第七六三一號、一九二五年二月二〇日）、一面。
(15) 脇本壽泉「「真宗学徒の使命」を讀む(1)～(3)」（『中外日報』第七六四五～七六四七號、一九二五年三月七～一〇日）、八面。
(16) 脇本壽泉「「真宗学徒の使命」を讀む(3)」、八面。
(17) 井上善幸「如来の化身としての親鸞・一学徒としての親鸞」（幡鎌一弘編『語られた教祖――近世・近現代の信仰史――』〈法蔵館、二〇一二年〉）を参照。

十五年戦争下における真宗学・真宗教学

国家総動員体制と龍谷大学

日中戦争は、一九三七（昭和一二）年七月の盧溝橋事件によって拡大し、長期戦へと突入する。日本政府は一九三八年四月に国民総動員法を制定し、本格的に総力戦へ舵を切った。さらに、一九四〇年七月、第二次近衛文麿内閣が誕生すると、「新体制運動」が推し進められた。そのなかで、宗教団体への取締りが強化されていく。

平沼騏一郎内閣は、一九三九年四月に宗教団体法を成立させた（一九四〇年四月施行）。この法律が成立したことで、宗教団体を強権的に戦争へと動員できるだけの法的根拠が用意された。それを受け、西本願寺教団は、「新体制」に即応する僧俗一致の運動を展開すべく布教調査会を開催、興亜精神運動の在り方などを協議し、一九四一年三月には「宗制」を改正した。そこでは、王法為本を広め明らかにすることが真宗の立教開宗の本源であるとされるとともに、宗風として「国法遵守、臣道履践、皇恩感戴、敬神崇祖、報本反始、職域奉公」といった生活規範が教示されたのである。(1) 龍谷大学はこうした国家や西本願寺教団と足並みをそろえ、新体制に順応する姿勢を見せていく。(2)たとえば、学生の自治組織であった学友会は、「自治より統制への新段階を画す」とされ、次のように学長の統制下におかれることになった。

第一今般旧来の学友会を解散し明日より実施さるべき新学友会を取り急ぎ作った次第であります。今回の学友会則全体を通じての傾向は従来の自治体制からその趣を異にしてゐまして学長の統制のもとに会務を遂行致す事となりました。而し勿論自治の精神を尊重し会則の中に充分その精神を折込んだつもりであります。(3)

さらに、同会会則の第二条で、学友会の目的は「本学特有ノ精神ニ基キ心身ノ練磨ヲ計リ以テ国家枢要ノ人材ヲ涵養スル」ことであると記され、国防訓練部（馬術斑、射撃班、東亜研究班、健児斑）などが新たに設置された。その後、一九四一年六月には、「一千万信徒の総動員」を謳う西本願寺教団の宗門新体制と並行して、学友会は上意下達の厳格な一元体制へと移行し、その名称も学友会から報国会へと改められた。(4)

この頃になると、龍谷大学における戦時色は一層濃いものとなっていく。九月には「文部省訓令」（第二七号）に基づき、臨戦態勢に備えた龍谷学園報国隊を結成、一〇月一〇日に結成・動員式が実施された。(5)また、学生動員態勢を整えるために、文学部・専門部学生の卒業式を一二月に繰り上げ、一刻もはやく入隊できるようにした。(6)

太平洋戦争が開戦した一二月には学制を更改し、日本学を創設。翌年三月には「国体明徴の学術殿堂」たるために日本思想学が置かれ、さらに一九四二年一月には「大東亜新秩序の建設陣に社会教化及大東亜建設事業に従事する有為の人材を送る」ことを目的とした興亜科が設けられた。この学科では新たに寮を設置し、兵学校士官学校に準ずる生活を送るカリキュラムを組み、「身心一体大東亜戦争建設完遂の戦士育成」を目指した(7)。

その後も、学生たちは組織的に戦争へと動員されていく。一九四三年には、「学徒出陣」のもと、兵力不足から大学の学業を途中で中断し、戦場へと送られることになった。この学徒出陣に際し、龍谷大学真宗学会では一〇月一九日に壮行会を開催。そこでは、真宗学会長が「念仏者は無碍の一道なりの信念のもと華々しく出陣されんこと」と述べ、また学長が「深き責任を知れ、七生報国の精神に徹して死を超脱して重大なる責務のあることを心して奉公―仏廻向の力の偉大さをあほぎつゝ、あくまれ国の為に働け」と激励し、そうした送辞のもと、卒業前の学生達を戦地へと送り出したのであった(8)。

戦時教学の形成基盤

宗教団体法が成立した一九三九(昭和一四)年四月、文部省は大学の予科および高等学校の教科書の認可体制を強化した。それにより、文部大臣荒木貞夫(一八七七～一九六六)の名で、同年八月、龍谷大学予科における真宗学の教科書『真宗要義』巻下(中井玄道執筆)が、天皇に不敬な文言が含まれているとして厳重注意を受けた。大学は三五か所を削除・改訂して使用認可を申請し、改訂版を発行した。そこでは、「本願招喚の勅命」の「勅命」を「恩命」と改めるなど、教義の根底を揺るがすようなものもあった[9]。

その後も勧学寮が主体となり、真宗聖典に不適切な文言がないか、検討が進められた。そして、一九四〇年四月五日、教学担当の執行であった梅原真隆（一八五五～一九六六）を中心に「聖教の拝読ならびに引用の心得」を作成し、いわゆる聖典削除が実施された。この「心得」について、行信教校の利井興隆（一八八二～一九四六）らから撤回要求が出されている[10]。しかし、聖典削除に反対した側も戦争に邁進する国家への貢献が自明視された状況での批判であり、賛成派・反対派いずれも教団の戦時体制を進める一翼をなしていたことに変わりはなかった[11]。

一九四〇年代になると、研究機関が整備されていく。一九四一年五月、西本願寺教団は東京に日本教学研究所を創設した[12]。「日本教学」とは、教育や学術、文化の全体を『国体の本義』に基づき統制する教学刷新政策の中で登場した日本主義的な理念である。

日本教学研究所の開所式には文部省・厚労省の政府関係者を初め、大政翼賛会の代表者なども出席した。そこで、大政翼賛会総裁近衛文麿（一八九一～一九四五）から、「国民を大政翼賛の大義に挺身せしめ国運進展に邁進せしむるには、仏教の偉大なる教化力と指導力に俟つや大なるものがあると信ずる」と祝辞が寄せられている[13]。研究所所長・大谷光明（一八八五～一九六一）は、開所の挨拶でその設立目的を次のように述べた。

現下重大時局処理の大業を翼賛し教界新体制を確立する具体的方策につき慎重に検討したる結果、

この護国の正法と敬はれたる日本仏教精神に立脚し、教学の日本的具現を目指し、徒に時流に与せず我執に囚はれず、真に日本独特の思想、文化再編成を即行すべきことこそ教界に与へられた大使命なりと痛感し、教学の日本的開顕に精進すると共に、他の一面に於て天業翼賛の前衛として金剛不壊の信念を堅持し飽くまで真摯敢闘せんとする思想戦士を育成すべく、今般日本教学研究所の創設を企図いたしたのであります。(14)

このように、日本教学研究所は日本教学を仏教に基づき明らかにするとともに、天業翼賛の前衛となる思想戦士を育成し、高度国防国家建設の要件である思想国防体制を強化することを目的に創設されたのである。

さらに一九四一年一一月には、日本精神や国民精神の研究および当時の思想問題について調査・研究を進め、それを教団の姿勢に還元するための組織として、思想研究会を本願寺派宗務所内に創設。この研究会は、そもそも満州事変勃発後、日本精神や国民精神の研究・発表、および神道諸典に関する研究を行っていたグループで、龍谷大学教授団によって構成されていた。それが国内情勢の変化にともない、西本願寺教団と協議して組織化したようである。(15)

思想研究会には、真宗学講座の教員が参与・研究員として名を連ね、日本教学形成のための研究・調査を行っており、その成果として『神典の根本思想と真宗教学』(神子上恵龍著、本願寺情報課、一九四二年一月)や『真宗の日本的性格とその護国性』(普賢大円著、本願寺情報課、一九四三年一一月)といった小冊子が発行されている。一九四四年四月に戦時教学指導本部の新設にともない、研究会は廃止されたが、研究員の多くは、新設された本部の審議員および研究員として参加し、引き続き、戦時教学の構築に邁進していった。

日本教学化への道程と課題

では、日本教学としての真宗教学とはいかなる教学なのか。

日本教学研究所が創立する前年の一九四〇（昭和一五）年、西本願寺教団主催で「時局と教学の動向を語る」と題する座談会が開催され、龍谷大学の中堅教授陣であった玉置韜晃・高雄義堅・増山顕珠・藤永清徹・市田勝道・西光義遵・大江淳誠が、真宗学として時局にいかに対応していくべきかを議論した(16)。

玉置の進行のもと、この座談会では俗諦研究の必要性が主張されるとともに、『本願寺新報』の記者から、「八紘一宇と末世思想、皇国荘厳と厭離穢土の問題、勿論之等は少しでも仏教を学んだ者には完全に解決してゐる事ではあるが一般の者にも解るやうにハッキリさす必要があらう」との意見が提出された。それに対して、「現世か未来か、統一した真宗の最後の根底は何処に置くかを示すべき（大江）」、「現世の否定から肯定への転換の過程を理論的に示せればよい（高雄）」と、それぞれ応えたが、この内実については、座談会の場で深められることはなかった。しかし、この記者からの指摘は、日本教学としての真宗教学を構築するうえできわめて重要な課題であった。

一九三七年九月以降、一九四〇年五月一九日に開催された全神評議員会で、「英霊」の公葬をめぐって神仏間での抗争が続いていた[17]。例えば、津島神社の伊達宮司（一八九四～一九八八）は、「七度生れて陛下国家の御為御奉公しようという日本人の人生観に対して、仏教の如き他国に生れることを説く人生観は、全く反日本的といわねばならない[18]」と批判している。また一九四一年五月一六日に開催された宗教各宗派による第一回中央協力会議において、國學院大学教授松永材（一八九一～一九六八）から、

現在では敬神と崇祖とが多く分離し、公葬までが仏式で行はれることがある。これは国体に悖る。七生奉皇の観念は敬神と崇祖とが一体になることによって強化される。天国や彼岸の思想は惟神道にはない。死して彼岸に往くが如き教理は愛国心や敬神心を薄弱化する。氏神の祭と祖先の祭とが一致しなくてはならぬ[19]

と、英霊公葬の問題以前に、仏教特に浄土教の往生浄土を中心とする思想は、惟神の道とは相容れないと難じられていた。

日本教学の基底である『国体の本義』には、「敬神崇祖の精神が、我が国民道徳の基礎をなし、又我が文化の各方面に行き亙つて、外来の儒教・仏教その他のものを包容同化して、日本的な創造を展開してゐる[20]」と記されている。この歴史観のもと、浄土真宗も外来の仏教が日本的創造を遂げた姿として綴られている[21]。また、一九四一年改正の「宗制」には、「本派ノ宗風ノ要旨」として皇恩感戴だけでなく、敬神崇祖があげられている[22]。

よって松永らの指摘は、英霊公葬の問題にとどまらない、日本教学としての真宗教学を形成するう

えで解決しなくてはならない課題であった。そのため、教学研鑚の場でも広く意識されており、一九四一年七月に開講された夏季安居で、「先に問題となつた神仏論争を中心に種々検討判決をなし、科学講座も主としてその問題をとりあげて、聖戦下仏教の時局的検討を論議し」たと記録されている(23)。

日本教学としての真宗教学とその行方

では、具体的にいかに応えたのか。以下では、上述の問題が最も体系的に論じられている、普賢大円『神ながらの道と浄土真宗』（文化時報出版）を中心に確認しておくことにしたい。

一九四一（昭和一六）年九月に発刊された『神ながらの道と浄土真宗』は、新体制叢書の一冊である。同著は、そのはしがきで『国体の本義』の日本仏教史観に基づき、「神道と仏道とは全く性格的に合致するものであつて、仏道は神道によつて日本的純化を遂げ、神道は仏道によつて本性を磨出される。両者相よつてもつて日本精神は錬磨し発揚せられるといふのが筆者の見解である(24)」と示され、神道（＝神ながらの道）と仏教との関係性を論じることを目的としているが、その前提には松永からの批評があった。

普賢は松永に対し、「神ながらの道（惟神）」を宗教として捉えるところに、この問題の本質があると説いた。「神ながらの道」は、あくまで「わが国のあらゆる文化現象をして、日本的類型をとらしむる力」であり、言葉を換えれば、道徳・政治・経済・宗教といったあらゆる国民生活・文化の基盤である。よって、単なる宗教と断定することはできない。そのため、松永の提言は一見、神道を昂揚しているように見えるが、むしろ「不純ならしむる結果となり、悔を百年の後にのこすことになる」と批判した(25)。いわゆる神道非宗教論の立場から反駁したのである。

さらに普賢は、現世を批判的に把握する浄土教思想は国体に反するという論難に対して、次のように説明している。

こゝに一言付加して置かねばならぬことは、佛教の現実否定をもつて、神國たる國柄そのものまでも、穢土として批判し去るとする誤解についてである。佛教は決してわが國の國柄そのものまで否定し去るのではなく、その否定するのは、唯衆生業感の世界たる人生のみに止まる。尊厳極まりなき神國としての國體は、断じて穢土とするのではない。衆生業感の人生を穢土として否定するといふことは、それは神国の真面目を覆ふものではなく、却つてこれによつて人生を浄化し、もつて神国のあるべき相を顕彰することになるのである(26)。

確かに仏教・真宗は時代を末法とし、世界を穢土と捉えるなど、現実否定を思想的特色の一つとしている。しかし、あくまで「衆生業感の世界たる人生」を否定するだけで、それにより、国体を覆う妄雲を取除き、神国のあるべき姿をむしろ顕彰するのである、と普賢は論じた。

以上のように、普賢は神道非宗教論の立場から松永らの批判に反論した。とともに、真宗の現実否定的側面を認めつつ、その対象とする範囲を個々人の内面に留めた。そしてそれは、国体論の顕彰へとつながると主張し、両者を統合していったのである。だが、国体論との整合性を意識していった結果、真諦の領域までもが皇道へと回収されていくことになる。

一九四四年四月に創立した戦時教学指導本部では、（一）新道義の建設（二）皇道と真宗（三）死生観の三部会が設けられ、研究例会が行われた。この研究例会での審議結果は、それぞれ『決戦道義―理論編―前篇』『決戦道義―実践篇―後篇』、『皇国宗教としての浄土真宗』、『死生観』として発刊され、教団の布教研究会や寺院の常会などを通して、その徹底がはかられた。[27] そこでは、教義の細部にわたり、皇道と真宗、両者の一致が説かれた。

たとえば、『皇国宗教としての浄土真宗』では、日本臣民としてのあり方を強調し、真宗への信仰の有無とは関係なく、身命財を捧げて皇国に尽すことは当然である。真宗の信徒は、「更にこの上に皇室の庇護と国家の恩恵とにより遭ひ難き仏法に遭ひ、生死の大問題の解決を与へしめられたのであるから、その恩徳は実に筆舌にも尽し難い。ここに真宗の信徒は世間につけ出世間につけ被りし皇恩を感戴し天業翼賛の大業に粉塵しなければならぬ[28]」と、世間と出世間のいずれの立場においても、皇国の道に報謝し尽さなければならないとされた。さらに『死生観』で、こう論じられた。

真宗の死生観に基づく還相回向の思想は我が皇国に幾度も幾度も還来して思ひのままに御奉公申上げ、七生報国して悠久の大義に生きることが出来るのであるが、更に真宗信仰に基づく現実生活においても常に謹慎と歓喜との生活をなし粉骨砕身以て無極の皇恩を感戴して皇国民として臣道を実践するのである。[29]

一九四一年に改正された「宗制」（第二章　教義）では、

第五条　本派ノ教義ハ教行信証ノ四法ヲ立テ専ラ仏号ヲ聞信シ念仏相続シテ大悲ヲ念報シ獲信ノ

一念ニ摂取不捨ノ光益ヲ蒙リ現生ニハ正定聚ノ位ニ住シテ国法ヲ遵守シ臣道ヲ履践シ以テ人生ノ要務ヲ完ウシ当来ニハ必ズ浄土ニ往生シテ滅度ヲ証シ往還ノ二利ヲ満足スルニ在リ[30]

と記され、真俗二諦のもと現世での国法遵守と来世での浄土往生とが二元的に示されていた。しかし、日本の旗色が悪くなる中で、『死生観』で論じられているように、それまで保持されていた「来世での浄土往生」までが、皇道へと一元化されていった。これが真宗教学の戦争協力の結末である。[31]

以上のように、日中全面戦争が開戦して以降、国家による宗教団体への統制が厳しくなるにつれ、西本願寺教団の戦争協力の姿勢はより強固なものとなっていった。真宗学者は、真宗教学を日本教学化することを通して、そうした教団の体制を下支えし、後押ししていったのである。

（内手　弘太）

註

（1）赤松徹眞「総力戦下の神仏問題と本願寺派「宗制」」（『真宗研究』第五二輯、二〇〇八年）を参照。

（2）龍谷大学三百五十年史編集委員会編『龍谷大学三百五十年史』通史編上（龍谷大学、二〇〇〇年）、第四章第八節を参照。

（3）「学長挨拶」（『龍谷大学新聞』第一四二号、一九四〇年一〇月二五日）、四面。

（4）「報国会誕生近し　学友会の面目刷新」（『龍谷大学新聞』第一四六号、一九四一年六月二五日）、一面。

（5）「我に完し臨戦の備へ　龍谷学園報国隊結成さる」（『龍谷大学新聞』第一五三号、一九四一年一〇月二八日）、一面。
（6）「学生動員態勢へ　本年度卒業は十二月」（『龍谷大学新聞』第一五三号、一九四一年一〇月二八日）、一面。
（7）「専門部に興亜科を創設」（『龍谷大学新聞』第一六五号、一九四二年一月二八日）、三面。
（8）「学会彙報」（『龍谷学報』第三三五号、一九四四年三月）、七一～七二頁。
（9）「〝聖教拝読心得〟はかくして出来た」（『中外日報』第一二三三七号、一九四〇年六月六日）、二面。信楽峻麿「真宗における聖典削除問題」（中濃教篤編『戦時下の仏教』講座　日本近代と仏教6（国書刊行会、一九七七年）を参照。
（10）信楽峻麿前掲「真宗における聖典削除問題」および、梯実円「利井興隆と聖教字句改訂事件」（『親鸞と世界』第二号、一九八四年）を参照。
（11）近藤俊太郎『親鸞とマルクス主義――闘争・イデオロギー・普遍性――』（法藏館、二〇二一年）、第四章を参照。
（12）以下、赤松徹眞「本願寺教団における『戦時報国体制』の確立――所謂「中央協力会議・中央審議会・研究会など及び学識者」の役割――」（福嶋寛隆監修、「戦時教学」研究会編『戦時教学と真宗』第三巻（永田文昌堂、一九九五年）、龍溪章雄「日本教学研究所の研究（一）――その基本的性格をめぐって――」（『真宗学』第七七号、一九八八年）、同日本教学研究所の研究（二）――総力戦体制下の「真宗教徒錬成」の実践――」（『真宗学』第八六号、一九九二年）、近藤俊太郎前掲『親鸞とマルクス主義――闘争・イデオロギー・普遍性――』、第四章などを参照。
（13）「教学研究所開く――大政翼賛会近衛総裁祝辞――」（『本願寺新報』第九二八号、一九四一年六月五日）、一面。

(14)「教学研究所開く――所長式辞――」(『本願寺新報』第九二八号、一九四一年六月五日)、一面。なお、全文が「天業翼賛の精鋭を信念的に育成期す」(『文化時報』第四八七一号、一九四一年五月二七日)、三面に記されている。
(15)「〝思想研究会〟設置」(『龍谷大学新聞』第一五四號、一九四一年一一月二五日)、一面。
(16)座談会「時局と教学の動向を語る」(『本願寺新報』第八九二号、一九四〇年五月)。
(17)中西直樹「戦時体制下の「神仏対立」――「英霊」の公葬をめぐって――」(福嶋寛隆監修、「戦時教学」研究会編『戦時教学と真宗』第一巻〈永田文昌堂、一九八八年〉)を参照。
(18)「〝精動〟の根本要諦は国民信仰の帰一にあり」(『中外日報』第一二三三三号、一九四〇年五月二一日)、二面。
(19)松永材「第一回中央協力会議に於ける宗教関係議案(一)敬神崇祖を一体化する件」(内務省警保局編『社会運動の状況一三　昭和一六年』〈復刻版、三一書房、一九七二年〉)、一二二六頁。
(20)文部省編『国体の本義』(文部省、一九三七年)、一〇七頁。
(21)同前、一一三頁。
(22)津村雅量編『真宗本願寺派宗制』(真宗本願寺派宗務所文書部、一九四一年)、二頁。
(23)「夏季安居開講さる　時局的行事の異彩」(『龍谷大学新聞』第一五一號、一九四一年七月二五日)、一面。ちなみに、科学講座で梅原真隆が「仏教と敬神」と題して講義をおこなっている。
(24)普賢大円『神ながらの道と浄土真宗』(仏教新体制叢書第三輯、文化時報社、一九四一年)、はしがき。
(25)同前、九〜一三頁。
(26)同前、四六〜四七頁。この一文についての解釈は、近藤俊太郎前掲『親鸞とマルクス主義――闘争・イデオロギー・普遍性――』、第五章を参照した。

(27) 赤松徹眞前掲「本願寺教団における『戦時報国体制』の確立――所謂「中央協力会議・中央審議会・研究会など及び学識者」の役割――」を参照。
(28) 『皇国宗教としての浄土真宗』（西本願寺戦時教学指導本部、一九四四年〈福嶋寛隆監修、「戦時教学」研究会編前掲『戦時教学と真宗』第一巻所収〉）、三〇七頁。
(29) 『死生観』（西本願寺戦時教学指導本部、一九四四年〈福嶋寛隆監修、「戦時教学」研究会編前掲『戦時教学と真宗』第一巻所収〉）、三六七頁。
(30) 津村雅量編前掲『真宗本願寺派宗制』、一～二頁。
(31) 栗山俊明「戦時教学」（福嶋寛隆監修、「戦時教学」研究会編『戦時教学と真宗』第二巻〈永田文昌堂、一九九一年〉）を参照。

戦時下の浄土教理史研究
――特に中国浄土教研究に関して――

研究史の整理と課題

龍谷大学（以下龍大と略す）真宗学では、明治後期に前田慧雲（一八五五～一九三〇）により近代的な研究方法が提唱されて以来、歴史的・教理史的研究がおこなわれてきたとされる。ただし、その教理史的研究の内訳について昭和初頭までの傾向をみると、前田慧雲・杉紫朗（一八八〇～一九七四）らに主導され、法然とその門下に関する研究など、日本浄土教についての研究が大部分を占めていたと言える。(1)一方で本論が問題とする中国浄土教に関する研究は、佐々木月樵（一八七五～一九二六）がいた大谷派、望月信亨（一八六九～一九四八）を出した浄土宗に比べ、どうしても出遅れていた感が否めない。

そして、龍溪章雄氏(2)や中平了悟氏(3)によれば、教理史研究は戦後の真宗学において飛躍的な発展を遂げたとみられている。そして、中国浄土教研究もその潮流の中にあり、神子上恵龍（一九〇二～一九八九）の仏身仏土論や曇鸞研究、藤原凌雪（一九〇五～一九九八）による善導『往生礼讃』の研究、山本佛骨（一九一〇～一九九一）の道綽研究などがその代表と位置づけられる。(4) つまり、これまでの研究史では、真宗学における近代的な手法による中国浄土教研究は、戦前まではやや低調であり、戦後になって活発となったものとみられているようである。

この研究史の枠組みに大きな異論があるわけではないが、筆者はより小さな動きとして、十五年戦争中に既に真宗学では中国浄土教研究の気運が高まっていたのではないかと想定している。そこで、この小論では、戦中の龍大真宗学における中国浄土教研究の成果と、当時の真宗学を取り巻く状況について考察してみたい。また、従来十五年戦争中の真宗学の動向としては、戦時体制を翼賛するいわゆる戦時教学が注目を集めてきた。今回の小論は、それとは異なる戦中における真宗学の一側面を明らかにするという意義があるだろう。

戦時下における中国浄土教研究

一九三一（昭和六）年七月、上海にて対日経済制裁が発動され、対する日本側は関東軍が九月十八日に奉天で満州鉄道を爆破（柳条湖事件）し、これをきっかけとして満州事変が起こった。さらに、これが引き金となり、中国全土では激しい排日運動が巻き起こった。一方の日本側は陸海軍の派兵を決定し、第一次上海事変が勃発する。また、満州事変の後、一九三二（昭和七）年三月に日本軍が満州主要部を占領し、満州国を発足させるが、翌一九三三（昭和八）年三月に、リットンの報告により満州国は国際社会から不承認とされ、日本は国際連盟から脱退することとなった。以後日本は国際社会で孤立の道を歩み、中国国民党を中心とした中華民国に加え、連合国を向こうにまわした破滅的な戦争へと突き進んでいくこととなる。

そのような国家の状況もあり、その時期の日本人の生活はいわゆる「外地」と深く結びついたものであった。たとえば、中国大陸の移住者は毎年増え続け、ピークの一九四五(昭和二十)年前半には、二百万人以上に達していた。そして、大陸、特に満州への旅行(中高生の修学旅行がさかんにおこなわれた)がブームとなり、軍人や軍属の渡航も含め、当時七千万人の人口の内、二十人に一人は中国渡航経験者という状況であった。そのため、文学・歌謡・映画・漫画・建築・ファッションなどあらゆる文化が「外地」との関わりのなかで生み出された。(5)

そういった社会状況のなか、本願寺派を含めた仏教各派は戦争を賛美し、国策に協力的な活動を行ったことがよく知られる。東西の本願寺は大陸布教にも意欲的であり、多くの開教寺院が建設された。このような社会動向と教団の姿勢の下では、中国の信仰と思想とを研究対象の一つとする仏教学や宗学も当然、世潮と無縁でいられることはなかった。そこで、京都の学界と龍大関係者による中国浄土教研究の動きを概観してみたい。

まず、日華佛教研究会(6)の活動が注目される。当会は、十五年戦争中の一九三四(昭和九)年に設立された組織であり、十五年戦争終結直後の一九四六(昭和二十一)年ごろに活動を停止している。会を強力に牽引したのは、浄土宗僧侶で仏教学者でもある林彦明(一八六八～一九四五)である。その活動期間は短く、現在ではあまり知られていないが、当時の社会へもたらした影響は多大なるものがあった。外務省や興亜院といった国家機関と関係を持ち、補助金を獲得した上で、中国に交流視察団を派遣し、数多くの中国の仏教徒を日本に迎えて交流をおこなった。発起人や幹事には、当時の政財界の重鎮が名を連ね、会員には著名な仏教学者がずらりと顔を揃えている。特に活動の中心を担ったのは、京都に拠点を置く中国仏教研究者であった。資金面では、知恩院と東西本願寺が手厚い支援を行い、人的な面でも資金面でも浄土宗と東西の浄土真宗との関係が深い組織であった。

そのため、龍大、そして龍大真宗学との関係も浅からざるものがある。特に、仏教史学の教員陣は積極的に研究会の活動に参画していた。禿氏祐祥（一八七九～一九六〇）と高雄義堅（一八八八～一九七二）は、幹事として名を連ねており、禿氏は一九三五（昭和十）年の第一回訪華団に参加している。若手の小笠原宣秀(7)（一九〇三～一九八四）は、機関誌に何度も投稿している。そして、真宗学も研究会と無縁ではない。一九三五（昭和十）年の真宗学大会では、研究会を主導していた林彦明が「支那現今の念佛教義」と題した講演をおこなっている(8)。また、研究会の第二次訪華使節（一九三六〈昭和十一〉年）には、当時真宗学研究所所長であり、仏教大学学長をつとめ、のちに龍大学長となる足利瑞義（一八七二～一九四四）が加わっている。そして、『乙亥訪華録』(9)（一九三五年十二月発行）に収められている時点の会員名簿には、真宗学教員としては杉紫朗・花田凌雲が名を連ねている。

次に、支那仏教史学研究会の活動も重要である。この時期の京都の学界では、中国仏教史に関する研究の気運が高まっていた。高雄義堅は、塚本善隆（一八九八～一九八〇：東方文化学院京都研究所研究員）らとともに、毎週水曜日に塚本の自坊妙泉寺（京都三条大宮）で、『広弘明集』などの読書会を行っていた。この会には、大谷大学の道端良秀・野上俊静とともに小笠原宣秀も参加しており、これらの人々が中心となって、一九三七（昭和十二）年四月に支那仏教史学会が設立され、機関誌である『支那仏教史学』も創刊されることとなった。

日華仏教研究会の『日華仏教研究』、支那仏教史学会の『支那仏教史学』では、たびたび中国浄土教、そして曇鸞・道綽・善導に関する論文が掲載され、史学の立場から最新の方法論にもとづき、新出の文献、従来顧みられなかった文献を用いての研究が着々と進められていった。たとえば、一九三九（昭和十四）年十二月の『支那仏教史学』三巻二号は「支那浄土教の研究特輯」であり、塚本善隆・望月信亨・横超慧日・松本栄一など十五名の各大学、選り抜きの顔ぶれが寄稿している。龍大の仏教史学の教員もそのような動向の一翼を担い、中国浄土教に関する研究成果を次々と公表していた。

『宗学院論輯』の中国三祖特輯号の意義

前述のような世相と京都の仏教研究の状況の下、真宗学はどのような動きを見せたのか。本論で注目するのは、本願寺派宗学院の機関誌である『宗学院論輯』の三十一号（一九四〇）、三十二号（一九四〇）、三十五号（一九四二）に立て続けに出された三つの特輯号である。本願寺派宗学院とは、一九二五（大正十四）年に発足した教育研究機関であり、当時、講師は龍大真宗学・仏教学の教員陣もしくはその退職者からなり、院生は龍大真宗学の研究科を終えて所属する者がほとんどであった。宗学院は龍大真宗学とはもちろん別の組織ではあるが、その動向をみることで、龍大真宗学とその出身者の営為の一端を明らかにすることができるだろう。問題の特輯号は、「安楽集研究特輯号」「善導大師研究特輯号」「曇鸞大師研究特輯号」と銘打たれたものであった。これらには、通常の『宗学院論輯』より多くの論文が収録されており、龍大の真宗学・仏教史学の教員、宗学院の院生、卒業生が執筆者となっている。通常の『宗学院論輯』に仏教史学の教員が執筆する例がまったくないわけではないが、一号に何人も名を連ねているのは異例のことである。

一つ一つの特輯号を仔細にみてみたい。まず、一九四〇（昭和十五）年二月に出された「安楽集特輯号」である。執筆者は、高雄義堅・禿氏祐祥・宮﨑圓遵・徳澤龍泉・杉紫朗・大江淳誠・桐溪順忍・普賢大圓・神子上惠龍・水戸善英・藤末義城・八木昊惠・香川祐山・岸田覚心の十四名である。高雄義堅・禿氏祐祥・宮﨑圓遵といった龍大仏教史学の教員、杉紫朗・大江淳誠・桐溪順忍・普賢大圓・神子上惠龍といった龍大真宗学の教員、そして宗学院の院生たちという錚々たる陣容で、全三五五頁の大部なものとなっている。ちなみに二年前の一九三八（昭和十三）年八月発行の二十七輯では、紙代の暴騰と国策に順応するため、五十頁分の減頁をおこない、全二一八頁となっている。より戦局が深刻化した一九四〇（昭和十五）年にこれだけの大部の紙面とした点に、この特輯号の特殊性がうかがわれる。そしてそれぞれの論文のテーマは、道綽の歴史的な位置づけ、『安楽集』の書誌的な考察、教義的な論考、『安楽集』の注釈書の目録など、それぞれの専門分野を活かし、多岐にわたっている。そして、この特輯号を企画するに至った経緯が「宗学院雑記」に記されている。やや長文であるが、当時の真宗学を取り巻く状況と企画者の狙いとがみえる重要な資料であるので、以下引用する。

安楽集研究号が何故に革新的な意味を持つのか、と云ふことになると各位の御推察を待つ外はないので、然るべく好意を以ての御判断を御願いする次第である。然し乍ら本輯が強ち革新的な名に適したものと云ふのではない。ただ七祖聖教の一つを選んで研究号を作ったまでであるが、敢へて駄弁を弄するならば、今や我が国は未曾有の大業たる興亜の大精神に国を挙げて邁進して居る秋である。……されば宗学の本領に則りて国民として、宗学者として選んだものが安楽集の研究号であった。蓋し、興亜の大業が神聖なる目的完遂の第一歩は彼の大陸の正当なる認識に出発すべきであることが異論はあるまい。此の意味に於て吾人は、時代は既に千三百年も過去に属すとは云へ、彼の大陸に創めて隆興を来たし、廣く民衆の信仰する処となる弥陀浄土願生の真面目と、其の大智識道綽禅師の御己証を窺って、彼の大陸に流れた宗教意義の何たるかを明かし、以て興亜の大業に資する処るべきを欲するからである。道綽禅師は乃ち真宗相承七祖の御一人であり、其の唯一の著書安楽集一部に詮顕せらるる処極めて重要なるは云ふまでもなく、浄土教義に溢るる真実が如実に発揮せらるる処、支那民衆を指導する原理となり、之が新秩序建設に重大なる使命を帯ぶるであらうことは、蓋し日を睹るよりも明かである。(10)

この「宗学院雑記」は誰の手によって書かれたものかは不明であるが、前後の『宗学院論輯』をみると院生が執筆しているため、これもおそらく院生によって記されたものと考えてよさそうである。この特輯号が革新的とする自信に満ちた書きぶりから、この企画自体が若い院生の主導によって立ち上げられたものと予想される。七祖聖教の一つの特輯号であるため、真宗学として正当な内容であることを前置きした上で、大陸理解の一助となるとの意義を強調し、道綽の浄土教義が当時の中国の民衆を指導する原理となりうるとまで述べる。最後に、それが「新秩序建設」に重要な使命の一つと位置づけるが、これは一九三八（昭和十三）年に近衛文麿（一八九一～一九四五）が発表した「東亜新秩序」のことであろう。これによって、明確に社会の動向を意識して組まれた特輯であったことが知られる。また、興味深いのは、「宗学院雑記」に、軍に応召された院生の状況が記されていることである。のちに浄土教理史研究において多大な成果を示すこととなる石田充之（一九一一～一九九一）についても、中国での従軍の様子が記録されている。

続いて同年の十一月に早くも出版されたのが、善導大師研究特輯号である。執筆者は、禿氏祐祥・小笠原宣秀・花田凌雲・篠田龍雄・普賢大圓・神子上惠龍・水戸善英・香川祐山・西田實也・八木昊惠・岸田覚心の十一名であり、前の特輯号に引き続き、仏教史学・真宗学の龍大教員、そして若い院生たちと豪華な面々によって紙面は構成され、全三〇七頁の論輯となっている。テーマも、善導著述とその流伝、史料からみる生涯、行業論、機根論、浄土観、そして善導の関連書籍目録などと非常に多彩である。この号の「宗学院雑記」には、

安楽集特輯号を出したのを契機に、大陸への関心も含まれてここに再び特輯号として善導大師研究号を刊行した。真宗教義の立前から云つても、善導大師研究は忽緒にさるべきでもなく、又、日本文化の問題が高調されてゐる今日、真に日本文化を理解する意味に於いて、支那浄土教中、独明の師たる善導大師の研究は決して時勢に迂遠なものとは思はれない。(11)

とあり、「大陸への関心」から善導大師研究特輯号の刊行へ至ったとの動機を示し、また当時の情勢から日本文化を理解する意義があると位置づけている。ここからも、社会状況に応じた特輯号だったことが明らかである。

さらに戦局が悪化するなか、二年後の一九四二（昭和十七）年三月に曇鸞大師研究特輯号が発行されている。これは曇鸞千四百回忌に合わせて企画されたもので、執筆者は、小笠原宣秀・禿氏祐祥・藤野立然・水戸善英・佐々木徹眞・石田充之・戸須覚了・金海文雄・山本佛骨・西田實也・森脇一掬・土井忠雄・八木昊恵・河原静雄の十四名で、分量はややボリュームダウンして全二三六頁である。なぜか今号には龍大真宗学の教員が一人も執筆していないものの、仏教史学の教員では小笠原と禿氏の二名が寄稿している。真宗学教員の論稿がない理由は不明である。ただ前年の二学期にはこの特輯号に向けて、それまでの講義を変更して講師の雲山龍珠が『論註』の講義を毎週おこなっていた。また、中国の戦場で負傷し、前年の九月に復学した石田充之が早速執筆していることも興味深い。そして、この号の「宗学院雑記」は院生の土井忠雄が執筆している。そこには、

曇鸞大師滅後一千四百年にあたるといふ浄土教徒が記念すべき昭和十七年の初頭に、わが論輯はここに「曇鸞大師研究特輯号」をおくる。……本輯は特輯の気構へで院生の総動員に加ふるに、禿氏先生を初め小笠原・藤野両先生並に先輩水戸氏の玉稿を得て巻頭を飾り、尚ほ八木氏の力作と龍大文学部仏教史学専攻河原君の応援を得て大略特輯の面目を完うすることを得たのは感謝に堪へない。……世界史の大転換にあたつて真宗学徒に課せられた任務も亦非常に大きい。さしあ

たり真宗学入門第一課である三国七祖の伝承といふことも、或は国内東漸史といふ意味に理解せられねばならぬやうになるかも知れないと云ったほどの時代の推移ではある。昭南仏教大学真宗学講座の出現といふやうなことも、あながち単なる夢物語ではあり得ないと云へさうな歴史の転換ではある。(12)

とあり、ここでも特輯号と社会情勢とのつながりを強調し、企画した院生の意気盛んな様子が伝わってくる。

ところで、曇鸞千四百年忌法要は、中国山東省玄中寺で一九四二（昭和十七）年の十月四日より一週間の間、東西本願寺の関係組織と日本の外交機関や軍部が関与して、きわめて盛大に取りおこなわれた。その法要には、中国の人々に日本仏教を浸透させる宣撫工作の意図があったことが明らかにされている。(13)そして、その様子は、『中外日報』や『本願寺新報』で詳細に報じられ、この特輯号の執筆者の一人でもある小笠原宣秀も西本願寺を代表して法要に参加し、講演をおこなっている。ちなみに同年は大谷派の宗学院でも曇鸞に関する特輯号が発行されている。(14)そのような時代背景もあって曇鸞大師研究特輯号が組まれたのである。

また、道綽『安楽集』研究特輯号に始まる特輯号の順序も、当時の戦局を反映している可能性が高い。一九三七（昭和十二）年の末に山東省太原付近は日本軍によって占領されており、道綽ゆかりの土地である玄中寺も同様に日本占領下にあったのである。対して、善導ゆかりの地である西安（長安）は日本軍によって占領されることはなかった。曇鸞については千四百回忌に合わせて特輯号を出されたものとして、一般に真宗学では、道綽研究よりも善導研究の方が重んじられる傾向があるのにもかかわらず、道綽『安楽集』の特輯が、善導のそれに先んじて組まれた理由として、前述の戦況が関連しているものと推測される。

戦時下の浄土教理史研究とその後の展開

ここまで十五年戦争期の真宗学を取り巻く状況と、それに呼応したかのような『宗学院論輯』の三つの特輯号の概要をみてきた。この特輯号と、それを生み出す若き真宗学研究者の問題意識は、中国三祖（曇鸞・道綽・善導）研究の進展に寄与し、戦後の浄土教理史研究の活況に結びついたのではなかろうか。

たとえば、当時の院生であった山本佛骨は、前に挙げたように曇鸞大師研究特輯号に寄稿しているが、その前に善導大師特輯号の次号に「安楽集と五念門について」と題する論文を載せている。そこでは、真宗学における七祖研究の姿勢について再考すべきとの問題提起がなされている。[15] これはおそらく当時発表されたばかりの池本重臣（一九一三〜一九六八）による教理史の方法論研究[16]に影響を受けたものと考えられるが、同時に宗学院での中国三祖研究に刺激を受けていることも事実であろう。山本佛骨の研究は、一九五九（昭和三十四）年に『道綽教学の研究』として結実することとなる。その特徴は、近代以前の講録を見渡し、江戸宗学の成果を活かしながらも、三階教や慧瓚教団の実践など道綽の周囲にあった仏教の潮流に目を配り、『安楽集』の内容を緻密に考察することで、道綽自身の問題意識をあぶり出し、より深く『安楽集』を読み解くことに成功している。

また、仏身仏土論の研究でよく知られる神子上恵龍は、既に龍大の講師であり、宗学院は卒業していたものの、この特輯号に二度寄稿し、そのテーマは道綽と善導の仏土論であった。そして、この特輯号の前後に『龍谷学報』で、世親・曇鸞の仏身仏土論についての研究を発表している[17]。その成果は戦後、一九五〇（昭和二十五）年に『弥陀身土思想展開史論』としてまとめられることとなる。

ただし、この三つの特輯号が当時の世相に合わせた一面があったことは間違いない。東西の本願寺が大陸開教に力を注ぐなか、「宗学院雑記」には、中国や満州の統治に七祖の思想を役立たせようとする宣撫工作的な発想さえみてとることができる。『宗学院論輯』は、いつ応召されるかわからない若い研究者たちによって編集される雑誌であり、彼らは戦時という事態をより強く実感していたこともその理由の一つだろう。しかし一方で、総力戦体制が強まり、物資が不足し、仏教・宗学研究が憚られる風潮のなかで、なんとか社会の理解を得ることができるテーマによって宗学研究を続けるべく工夫したものと好意的にみることも可能ではないか。「宗学院雑記」には非常時であっても研究を継続する強い意志が示されてもいた。ともあれ、『宗学院論輯』は一九四二年の十月、三十六輯まで発行することができた。一方で、龍大真宗学の機関誌である『真宗学会々報』の方は一九四〇（昭和十五）年で刊行がストップしている。物資が不足するなか、出版が続けられなくなったものかと思われる[18]。

真宗学の諸分野のうち、浄土教理史は他分野との連携が特に重要となる。この三つの特輯号は仏教史学分野との連携という意味でそれを実現している。当時の龍大仏教史学は中国仏教そして中国浄土教の研究において最新の方法論にもとづき、画期的な成果を生み出していた。その連携を実現できたのは、当時の宗学院の環境が一因にある。そこでは、真宗学・仏教学・仏教史学を幅広く学ぶことが可能であり、その運営は若い院生たちが担い、自由闊達に意見を交わすことのできる場として機能していたのである。

（内田　准心）

註

（1）本書中の高田文英「龍谷大学の真宗学における法然門下研究の歩み」に詳しく整理されている。
（2）龍溪章雄氏が担当した『龍谷大学三百五十年史』（通史編・上巻、龍谷大学三百五十年史刊行委員会、二〇〇〇年）「真宗学の展開」七〇三頁。
（3）中平了悟「昭和二十～三十年代龍谷大学真宗学における「教理史的研究」の隆盛に関して」（『眞宗学』一四五、二〇二二）。
（4）本書中の「敗戦後における真宗学研究の動向」に整理されている。
（5）劉建輝「統制と拡張―戦時下日本文化の力学―」（劉建輝・石川肇編『戦時下の大衆文化―統制・拡張・東アジア―』〈KADOKAWA、二〇二二年〉所収）参照。
（6）日華仏教研究会については、齊藤隆信「日華佛教研究会顛末記」（『浄土宗学研究』三八、二〇一一年）。中西直樹「戦前期における仏教国際大会の変遷」（『戦時下「日本仏教」の国際交流』不二出版、二〇一九年）がある。本論にも大いに参考にさせていただいた。

（7）小笠原は昭和十四年（一九三九）に文学部講師となった。
（8）その講演録は、『龍谷學報』（三一五、一九三六年）に収録されている。
（9）日華仏教研究会編『乙亥訪華録』（日華仏教研究会、一九三五年）。
（10）『宗学院論輯』（三一、一九四〇年）三五六頁。
（11）『宗学院論輯』（三二、一九四〇年）三〇七頁。
（12）『宗学院論輯』（三五、一九四二年）二三六頁。
（13）藤井由紀子・小川徳水「山西省玄中寺の復興と「小笠原宣秀資料」について―「小川貫弌資料」の史料性をめぐって―」（『同朋大学佛教文化研究所紀要』三七、二〇一七年）。
（14）『宗学研究』（二六、一九四二年）。
（15）山本佛骨「安楽集と五念門に就て」（『宗学院論輯』三三、一九四一年）。
（16）水田（後に池本）重臣「真宗学研究法私見（特に教理史の地位に関して）」（『真宗学会々報』九、一九三八年）。
（17）神子上惠龍「天親・曇鸞の弥陀仏身思想の研究」（『龍谷学報』三二三、一九三八年）。同「天親の浄土観」（『龍谷学報』三三〇、一九四一年）。
（18）一方で『龍谷学報』は敗戦前年の一九四四（昭和十九）年の三三五號まで発行を続けている。

戦後における真宗学研究の動向
——教理史・教義学を中心に——

戦後の真宗学研究

一九四五（昭和二〇）年の敗戦後の真宗学は様々な課題を背負っていた。戦時下の国家主義的あり方から戦後の民主主義社会へという時代的価値観の大きな転換のなかで、戦時教学の見直し・新たな真宗倫理の提示・戦後の歴史学者・知識人による親鸞論への応答など時勢的な側面への対応を求められた。真宗の生活倫理や悪人正機に関する議論などの上には、こうした新たな課題に応答しようとする意識が見て取れる。しかし戦時教学やその支柱となった真俗二諦論が正面から問い直されるのは昭和四〇年代に入ってからのことであり、全体として見れば真宗学の変化は時代の変化に比すれば緩慢であったと言うべきであろう。

むしろ戦後の真宗学は、戦前からの純学問的な領域における学的蓄積の継承において豊かな成果を上げていった。とくに『龍谷大学三百五十年史』が戦後から昭和三〇年代までを「教理史の時代」(1)と評しているように、教理史研究の進展に目覚ましいものがあった。また教義学研究も一層精緻化するともに多角的な解明が試みられていった。この小論では、戦後の真宗学における動向のなかでも、これら教理史研究と教義学研究を中心としてその概略を述べることにしたい。

教理史研究の展開（経典研究・中国浄土教）

敗戦後、真宗学の専門科目を担当した本学教員のうち教理史を主な専門としたのは、高千穂徹乗（一八九九～一九七五）、神子上恵龍（一九〇二～一九八九）、藤原凌雪（一九〇五～一九九八）、石田充之（一九一一～一九九一）、池本重臣（一九一三～一九六八）である。このうち池本は経典研究を専門とし、神子上・藤原は中国浄土教を専門とした。一方、高千穂・石田は日本浄土教を専門とした。日本浄土教の研究に関しては後述することにして、ここでは池本・神子上・藤原の三氏の研究について概観する。

池本重臣は一九五八（昭和三三）年に『大無量寿経の教理史的研究』（永田文昌堂）を著した。それは、第一章 大無量寿経成立以前の仏教／第二章 初期無量寿経の研究／第三章 後期無量寿経の研究という構成となっている。本書は、無量寿経類の展開を〈般若経〉の影響前後で考えるという仮説を提示している。その分析の視点も説得力があり、現在にいたるまで批判が少なく、寿命の長い名作となる。豊富な仏教学的知識をもとに議論されており、戦後の『無量寿経』研究の土台を築くものとなった。

また、本書以後の池本の研究については氏の没後に『親鸞教学の教理史的研究』（永田文昌堂、一九六九年）としてまとめられた。池本の学問については、この二冊でほぼ完全に網羅することができる。池本のその他の著作には『真実の宗教』（永田文昌堂、一九六八年）がある。これは、五回連続講義（真実の宗教／縁起法について／阿弥陀仏について／他力廻向について／衆生の領受について）をまとめたものである。池本は急逝することになるが、その教理史の手法は山本仏骨・岡亮二・矢田了章・大田利生などによって継承されていく。(2)

次に神子上恵龍を見ていく。氏の初期の著作には、『弥陀身土思想展開史論』（永田文昌堂、一九五〇年。後に『弥陀身土思想の展開』に書名変更）がある。その序に示されているように、本書は仏身・仏土思想の変遷に着目したものである。方法論的に教理史の方法をとり、当時よく使われた言葉で言えば「竪的研究」を行ったものである。三経・七祖とその周辺の浄影・天台・嘉祥まで目を配り、時代順でその変遷をみている。この「仏身・仏土」というテーマは、真宗学においても主要なテーマであり、その後の学者によってより精密に議論が繰り広げられることとなる。

神子上はその後、一九六一（昭和三六）年に博士論文「他力廻向思想の研究（上・下）」を提出した。これは、親鸞教義の中心をなす「他力廻向」について経・論・釈の順に教理史的視点で研究したものである。また神子上は一九六九（昭和四四）年の安居本講の講本『往生論註解説』（永田文昌堂、一九六九年）も著している。本文の解説はもちろん、曇鸞の伝記から『往生論註』の研究史など、現代に通じるような体裁で作成されている。この時代の神子上の親鸞教義を語る著作としては、『真宗学の根本問題』（永田文昌堂、一九六二年）などがある。

藤原凌雪は主に善導とその周辺の中国浄土教を研究対象とした。『念仏思想の研究』（永田文昌堂、一九五七年）は、浄土教のもっとも中心となる関心事項である念仏思想の教理史的変遷を追求している。「念仏」の「念」という語は多義語であり、その詳細な変遷の解明には教理史的手法が有効である。このテーマは浄土教の最重要課題であり、本書以降も、現代まで「念仏」思想の変遷に関しては、より精巧化された論考が生まれ続けている。

『往生礼讃概説』（永田文昌堂、一九六二年）は善導『往生礼讃』の解説書であり、そこでは善導研究の蓄積された知識をもとに善導撰述著作の前後問題などが取り扱われている。藤原は、少し後になるが博士論文（英文）を執筆した（「善導教学における念仏の概念：成立と展開」一九七二年）。またハワイやアメリカ本土における浄土真宗の状況を報告する役割を担った。(3) この時代の藤原の親鸞教理に関する著述としては、『親鸞に生きる』（永田文昌堂、一九五三年）・『不滅の親鸞像』（百華苑、一九五九年）などがある。

この三教授は、それぞれの専門領域が少しずつ異なり、教理史を時代別に分け合っている。池本は経典時代、神子上は、天親・曇鸞という七祖のうちで時代的に早いもの、藤原は、善導を中心とした中国浄土教、そして、次に見る高千穂徹乗・石田充之は、源信・法然の時代という具合になっている。これらの教理史担当時期の棲み分けは、大枠を維持しつつ次の世代へも継承される。

この時代の教理史に共通する特徴がある。そこでは現在に比べ、親鸞研究へと直接的に結びつく重要なターム（本願、念仏、回向、仏身・仏土）が選ばれて分析されており、教理史研究の土台を築いていった。それぞれの概念を時代ごとに並べて段階的に分析していくという作業を通して、やはり従来の研究では見落とされてきたものが、明らかになることが示された。こうして徐々に教理史的手法が龍谷大学の真宗学の伝統となっていった。

またその一方で、それぞれ親鸞教義を分析した著書や法話集も積極的に出していることも、この時代の教理史分野の教員の特徴としてあげることができる。

教理史研究の展開（日本浄土教）

戦後の真宗学において、教理史のなかでも日本浄土教を専門としたのが高千穂徹乗と石田充之であった。

高千穂徹乗は戦前から真宗学の講座を担当した。真宗学における「浄土教理史」は、講義名としては一九二九（昭和四）年に杉紫朗担当の特殊講義で初めて登場した後、一九四二（昭和一七）年に普通講義科目として再登場するのであるが、その時の担当者が高千穂である。専門は法然研究を主とした日本浄土教であり、最初の著作は時宗研究の『一遍上人と時宗教義』（顕真学苑出版部、一九三〇年）である。また戦時下に刊行された『大乗精神の展開―日本浄土教の動向と原理―』（真宗典籍刊行会、一九四三年）は、菩提心を中心テーマとした日本浄土教の研究である。とくに法然門下の菩提心論が詳しい。『法然教学の特質と動向』（永田文昌堂、一九五四年）は安居の講本でありながら研究論文調であり、歴史学的な方面にも注意が払われている。高千穂の研究は歴史学や他宗の法然研究とも接合可能な学風を有しており、早くに健康を害して大学を去ったことが惜しまれる。

石田充之には多くの業績があるが、なかでも法然門下を中心とする鎌倉浄土教の教義研究において、他の追随を許さない体系的成果を残した。それらの成果は『日本浄土教の研究』（百華苑、一九五二年）、『鎌倉浄土教成立の基礎研究―法然門流初期教学を中心として―』（百華苑、一九六六年）、『法然上人門下の浄土教学の研究』上・下巻（大東出版社、一九七九年）にまとめられている。また東アジアの浄土教理史を通論した『浄土教教理史』（平樂寺書店、一九六二年）を著している。他にも『教行信証』の研究、宋代浄土教の研究など、親鸞と鎌倉浄土教を中心に広範な研究を行った。

石田の研究に代表されるように、本学真宗学の日本浄土教研究は源信・法然・親鸞という通史的な流れを追う研究とともに、法然門下研究を一つの強みとしてきた。そのもとは『西鎮教義概論』（龍谷大学出版部、一九二四年。後に百華苑から再刊）・『浄土三派の他力論』（興教書院、一九三七年）等を著した杉紫朗（一八八〇～一九七四）によって開拓された西山・鎮西・真宗の三派教義の比較研究にあると言えよう。杉の三派研究は教理史研究者のみならず、加藤佛眼の教義学研究など、その後の真宗学の方法論に広く影響を及ぼしている。なお杉から石田へと継承された法然門下研究の伝統は、その後石田の門下生であった浅井成海（一九三五～二〇一〇）によって引き継がれた。(4)

一方、石田以降の通史的な日本浄土教研究としては、普賢晃寿『日本浄土教思想史研究』（永田文昌堂、一九七二年）がまとまった成果として挙げられる。普賢は教義学・教学史の研究者のイメージが強いが、本書には例えば『往生要集』の「三想一心の称念」を従来の伝統的見方を離れて「観念成就の方便」と捉えるなど、各師の思想を歴史に即して捉えようとする意識が窺われる。

教義学研究の展開

敗戦後、真宗学の専門科目を担当した本学教員のうち教義学を主な専門としたのが大江淳誠（一八九二〜一九八五）・桐溪順忍（一八九五〜一九八五）・瓜生津隆雄（一九〇一〜一九九一）・加藤佛眼（一九〇一〜一九六九）である。また普賢大圓（一九〇三〜一九七五）と大原性実は教学史と教義学にわたってすぐれた研究をのこしている。

大江淳誠は近世の講録を踏まえた『教行信証』研究で知られた。その成果に『教行信証大系』（永田文昌堂、一九五〇年）がある。また『教行信証と仏教思想』（百華苑、一九五二年）を著し、親鸞思想が仏教一般の考え方を基盤としていることを論じた。この視点は戦前の雲山龍珠『仏教原理と浄土真宗』（顕道書院、一九二五年）とも共通する。大江の宗学院での本典講義は『教行信証講義録』（宗学院、一九八四年）として大江の最晩年に宗学院五十周年記念出版として刊行されている。

瓜生津隆雄は『安心決定鈔』に関する優れた研究（『空観所伝　安心決定鈔』龍谷大学内慶華文化研究会、一九五一年）をのこすとともに、『歎異抄』や『御文章』などについて真宗聖典の国語学的研究という従来見落とされがちであった領域を開拓した。その成果は『真宗典籍の研究』（永田文昌堂、一九八八年）・『続　真宗典籍の研究』（永田文昌堂、一九九二年）にまとめられている。(5)

加藤佛眼は自身の一連の研究を「王本願論」と名づけ、第十八願（王本願）こそ全仏教の帰結でありその本質を闡明にしたのが親鸞であることを論証するというスケールの大きな独特の学風を築いた。

加藤はその方法に教理史的な研究を用い、とくに法然門下の比較研究を通して真宗教義の真実性を論証しようとしている。代表的な成果として『王本願論―浄土仏教の基底―』（永田文昌堂、一九五二年）・『教行信証竪徹（王本願論第四　典籍篇）』（永田文昌堂、一九六七年）がある。

普賢大圓は教学史の研究として戦前に『真宗行信論の組織的研究』（興教書院、一九三五年。一九五六年に百華苑から再版）を著し、戦後に『真宗教学の発達』（永田文昌堂、一九六三年）を著している。前者は行信論、後者は如来論・衆生論を扱っている。また『真宗概論』（百華苑、一九五〇年）を著している。

普賢の研究は真宗教義の構造解明に関心が向けられている。『真宗概論』は「如来と衆生との交渉の仕方を明かにすることが、真宗学の根本命題」(6)であり、その交渉は「対立即包摂の関係」にあるという立場からあらゆる真宗学の諸問題を解釈しようとした書である。またその「交渉の仕方」ならびに「如来」と「衆生」について教学史的に扱ったのがさきの教学史研究の二著という関係にある。教学史研究を基礎としながら、構造への注目によって親鸞教義の本質に迫ろうとした。また真俗二諦論に関する研究である『信仰と実践』（永田文昌堂、一九五九年）を戦後に著していることも注目される。

大原性実は自身の主な研究を「真宗教学史研究」シリーズとして刊行している。その全六巻を列挙すれば、『真宗願生論の展開』（永田文昌堂、一九五二年）・『真宗行論の展開』（永田文昌堂、一九五三年）・『真宗異義異安心の研究』（永田文昌堂、一九五六年）・『真宗学概論』（永田文昌堂、一九六〇年）・『真宗教学の伝統と己証』（永田文昌堂、一九六五年）・『善導教学の研究』（永田文昌堂、一九七四年）である。「真宗教学史研究」とあるが、第一巻の願生論、第二巻の行論ともに親鸞以前の浄土教理史の範囲も扱われており、また第四巻は真宗教義の概論となっている。

この第四巻の『真宗学概論』は戦後の体系的な教義学研究の書として、普賢大圓『真宗概論』とともに注目される。その序では伝統的な宗学用語の「往生門（摂化門）」と「正覚門（摂化門）」を親鸞の信体験たる「体験の事実」とその体験を成立せしめる「先験の論理」（二回向四法）と捉え直し、真宗教義の把握には「先験の論理」の解明が重要であると論じている。なお大原の門下からは信楽峻麿（一九二六～二〇一四）・浅野教信（一九二九～二〇一九）・普賢晃壽（一九三一～）・岡亮二（一九三三～二〇〇七）という次世代を担った研究者が多く輩出している。

以上、この時代の教義学研究について概観した。大きな特徴としては、真宗学内部の成果である教理史・教学史の知見、ならびに国語学・哲学・歴史学などの一般諸学の知見を援用した多様なアプローチが行われていったこと、各論的に論ずるだけでなく教義の構造そのものの把握が試みられていったことが挙げられる。こうして教義学研究はより精緻なものとなっていった。

戦前から戦後へ

他にも論ずべきことは多いが一応ここまでとしたい。戦後の真宗学の一端を述べてきて改めて思われることは、一九二二（大正一一）年の真宗学誕生以来の歴史における様々な問題意識が、戦後の研究者たちにも引き継がれていることである。

それぞれの研究者は、真宗学の歴史のなかで自身の果たすべき役割を意識していた。それは真宗学研究の方法論に対して自覚的であったということでもある。そして自分なりの工夫や思いを加えながら研究成果をのこしていった。

（玉木興慈・高田文英・佐々木大悟）

註

（1）『龍谷大学三百五十年史　通史編　上巻』（龍谷大学、二〇〇〇年）七〇三頁。なお本書の第四章「単科大学時代」の「真宗学の動向（戦後）」（執筆、龍溪章雄氏）は、敗戦後の真宗学の動向を網羅的に述べた貴重な研究であり、本論はその成果に負うところが大きい。

（2）詳細は本書中の佐々木大悟「〈無量寿経〉研究の歴史　―特に龍谷大学真宗学を中心として―」を参照されたい。

（3）詳細は本書中の那須英勝「龍谷大学の真宗学と北米における真宗学研究・教育の展開―藤原凌雪先生とフィリップ・アイドマン先生の事績を中心に―」を参照されたい。

（4）詳細は本書中の高田文英「龍谷大学の真宗学における法然門下研究の歩み」を参照されたい。

（5）詳細は本書中の能美潤史「真宗聖教の国語学的研究の変遷」を参照されたい。

（6）普賢大圓『真宗概論』（百華苑、一九五〇年）序の五頁。

敗戦後における真宗学界の課題とその展開
――民主化・差別問題・改革運動――

敗戦後の西本願寺教団

一九四五（昭和二〇）年八月一四日、日本政府はポツダム宣言の最終的受諾を決定。翌一五日の正午、「終戦の詔書」がラジオを通じて全国に放送され、十五年戦争は終わりを迎えた。

日本が受諾したポツダム宣言には、大日本帝国陸海軍の解体（第九項）、戦争犯罪人の処罰、言論・宗教及び思想の自由、ならびに基本的人権の確立（第一〇項）、軍需産業の禁止と将来的な世界貿易への参加（第一一項）などが、改革項目として挙げられていた。この宣言に基づき、連合国軍最高司令官総司令部（ＧＨＱ／ＳＣＡＰ）のもと、日本の非軍事化・民主化が進められた。そこでは、神道指令や人権指令、宗教団体法の廃止ならびに宗教法人令の施行といった宗教法制に関わる改革が同時になされた。そうしたなかで、西本願寺教団は教団体制・組織の刷新が求められた(1)。

西本願寺教団は、一九四五年一一月一二～一三日に臨時宗会を開き、宗教教団として敗戦後の日本社会にいかに向き合っていくのか議論し、続く翌年二月に開かれた第九九回定期宗会で、「教務所長公選に関する建白」や「宗制更改に関する建白（民主的宗制審議機構設置ノ件）」などを採択した。
この採択を受け、早速に宗制基礎案を起草。宗制審議会および門末の意見の収集を経て、未定稿としながらも、新宗制・宗法の全条文を一九四六年七月二五日付の『本願寺新報』（第一〇四五号）に掲載し、さらに、内局が八月六日に会見を開き、宗門外に公表した。この新宗制・宗法は、第一〇〇回臨時宗会において議論された後、一九四六年九月一一日に発布、翌年四月一日に施行された。

さて、新宗法では「第一章 総則」に「本宗門は、浄土真宗本願寺派といふ（第一条）」と記され、真宗本願寺派から宗派名が変更されるとともに、第三章において法主が「門主」と改められている。そして、門主の権利として法灯を伝承し、安心裁断権を持つとしながら、裁断を実行するには勧学寮に諮問することが明文化され（第八条）、さらに、続けて「門主は、特に定められた宗務機関の申達によつて宗務を行ふ。／前項の宗務については、当該の宗務期間が、その責任を負ふ。／門主が、第一項の申達を拒み、又は干渉することはない（第九条）」と、その役割が抑止・縮小された。加えて、諮問機関として門徒会を新設し、門信徒の意見を収集する体制を整えるなど、民主的教団体制への移行が図られた。

このように、GHQの非軍事化・民主化改革のなかで、西本願寺教団は、民主的な宗法・宗制を策定していった。しかし、後述するが、半ば強制的に推し進められたこともあり、その内実には不十分な点が残った。

こうした非軍事化・民主化の動きは、戦時教学を形成して日本の戦時体制を下支えした真宗教学・

思想にも求められた。第九九回宗会では「教学ノ民主化ニ就テ」という質問が出され、また宗制制定の最中の一九四五年一一月二五日には、審議室部長であった安部大悟が『本願寺新報』に「民主主義の理解と仏教」という論説を掲載している。しかしながら、村上速水（一九一九〜二〇〇〇）がこう述べているように、議論が深められることはなかったようである。

時事問題、就中、民主主義、共産主義或はキリスト教と真宗との関係交渉は、現実に対決を迫られてゐる、極めて身近な問題であると思はれるにも拘らず、単行本論文ともに、宗学者の側から論ぜられたものが殆んどない、といふ事実は何を意味するものであらうか。私はそれを、学者の怠慢とか意識的な回避によるものではなく、戦争中に於て権力と時流とに充分抗し得なかつた学界全体の反省から来た慎重さであると見たい。だから悪い意味の超然主義ではなく、宗教は本来、世間的な政治、経済等の諸文化の上にあつて、それを批判し指導する原理たるべきものである、といふ、それ自身の本来的な地位を自覚しての態度であると思ふのである。(2)

真宗学者として、いかに敗戦後の社会・思想状況と向きあっていくのか、それは課題として認識されていたが、積極的に論じられることはなかった。村上は、戦時教学を構築したことへの反動をその理由としているが、当時の龍谷大学の状況も議論が深められなかった要因として考えられる。

『龍谷大学三五〇年史』によると、当時の大学は敗戦直後の紙不足や食料不足、電力不足によって本来の教育研究の場としての機能を維持することが困難であった。ただそれに加え、ＧＨＱによる教員適格審査がとりわけ真宗学の再出発に大きな影響を与えたという。龍谷大学は、十五年戦争に際し、戦時教学指導本部を設置するなどして、日本の侵略戦争を支えた。そのため、敗戦後の教育民主化政策で実施された「教職員不適格者の追放」において、多数の教員が調査・審査の対象となり、一九四八（昭和二三）年に佐々木憲徳・大友抱璞・普賢大圓・深浦正文・龜川教信・大原性實・高千穂徹乘・工藤成性・羽溪了諦・月輪賢隆が不適格者と判定され、教育の場から追放された。彼らの多くが新制大学移行委員の評議員であったことなどから、この判定は龍谷大学の再出発に影響を及ぼした。(3)

また、この処分は在学生にも大きな不安感を生じさせるとともに、適格審査に伴う支出の記録が不十分であったことや、朝鮮戦争（一九五〇年）などを背景とした「レッド・パージ」の影響を受け、彼らは審査結果に対し学内外で批判運動を展開した。(4) だがこうした混乱は、敗戦後の適格審査を会計問題に矮小化させ、本来審査を通して問われるべきである戦争協力や戦時教学に対する責任、および敗戦後の社会と真宗教学・思想との関わりの構築といった課題を見失わせることにつながった。

戦後改革のなかで、たしかに組織・制度の改編は進められたが、その内実はなかなか伴わなかった。そうした問題は、一九五四年の亀川事件をきっかけとする差別問題で露わになる。

差別問題とその取り組み

以下では、敗戦後の浄土真宗と差別問題について論じていくにあたり、その前提として戦前の状況から振り返っておきたい。

一八七一（明治四）年に「解放令」が発布され、法制的に封建的身分差別が廃止されたことで、本末制度や触頭制度など近世本願寺教団に見られた差別制度が撤廃された。だが、一八八二年の連枝制の復活や、一八九九年の列座事件および一九〇二年の差別説教に象徴されるように、その差別は依然として継続していた。(5)そうしたなかで、一九二二（大正一一）年三月三日、被差別部落民自ら差別を容認する社会の責任・不当性を告発する運動を行う組織として、全国水平社が創立した。

全国水平社は、その創立大会で、差別者への徹底的糾弾および月刊雑誌『水平』の発行といった運動指針を示すとともに、「部落民の絶対多数を門信徒とする東西両本願寺が此際我々の運動に対して抱蔵する意見を聴取し、その回答により機宜の行動をとる」という大会決議を採択した。(6)

こうした全国水平社に対し、東西本願寺は差別撤廃講演会を合同開催するなど、一定、差別問題に取り組む姿勢を見せた。(7)しかし、一九二二年三月二一日、西本願寺管長事務取扱であった大谷尊由（一八六六〜一九三九）が差別撤廃に関する「御垂示」のなかで、「性海平等ニシテ妄執差別ノ痕ヲ留メス。生仏一如ニシテ悉有仏性ノ光朗ナリ。シカモ縁起無尽ニシテ万象羅列シ迷悟境ヲ分テリ。然レバ則チ自他不二ニ法性自爾ノ真理ニシテ相依相立ハ社会組織ノ実相ナリ」と述べ、(8)さらに執行花田凌雲（一八七三〜一九五二）が「御垂示趣意演達」で、因縁所生による貧富貴賤の別を否定することは悪平等である、と現実の差別を肯定する発言をした。(9)そのため、全国水平社は東西両本願寺に対し募財拒否闘争を起こした。また、彼らに同調する人々によって、堂班制度や色衣制を中心とした階級制度を批判する黒衣同盟が結成された。

そうした状況や関東大震災後の水平運動・融和運動の全国的な高揚を受け、東西本願寺はそれぞれ一如会（西・一九二四年）と真身会（東・一九二六年）を発足し、融和主義に基づく運動を展開した。だが、その活動は啓発活動にとどまり、教団組織や構成員の差別的行為・意識の解消などといった抜本的な解決に至らず、不十分なものであった(10)。

その後、全国水平社の運動は、昭和恐慌などのあおりを受け、経済的運動へと運動の重心が置かれ、さらに日中戦争が拡大し国策として総力戦・総動員体制が敷かれるなかで、融和団体との提携を重視するようになるなど被差別部落固有の問題は矮小化されていった(11)。

さて、敗戦後、民主主義が各所で唱えられるなかで、部落解放運動は再出発を遂げ、一九四六（昭和二一）年二月一九日に部落解放全国委員会が結成した。この委員会の顧問として、戦前・戦中期における東西本願寺の融和運動の中心人物であった梅原真隆（一八五五～一九六六：西本願寺）や武内了温（一八九一～一九六六：東本願寺）が就任。また、西本願寺では一九五〇年に浄土真宗本願寺派同朋会を組織し、東本願寺では一九四七年に真身会が再結成して、部落問題に取り組む姿勢を打ち出した。

しかし、差別問題へ向き合う組織は結成されたが、その後も多数の「差別事件」が発生するなど、教団内の差別意識は依然として根強いものがあった。そうしたなかで、一九五四年、亀川村差別事件をきっかけに開催された研修会（七～八月）で、教学者が因果論や宿業論に基づく部落差別を認める発言をした。さらに、同年一〇月には宗会議員が同様の理解を示した(12)。

この発言を受け、西本願寺関係の教学者は業に関する論説を発表、あるいは研究会や座談会を開催するなど、浄土真宗と差別問題に関連する議論が多方面でなされた。たとえば、龍谷大学仏教学会では機関誌『仏教学研究』に特集を組み、「業思想と差別観念の可否」について説明（一九五五年一月）、また龍谷大学教授大友抱璞が中心となり、遊亀教授・普賢大円・福原亮厳が「業道思想と社会問題」と題する研究座談会（同年二月）を開催した[13]。さらに、一九五七年四月には西本願寺門主大谷光照が「同朋運動の御消息」を発布し、これを受け、龍谷大学教授陣も執筆に加わった『日本の民主化と業思想』（本部同朋会、六月）が刊行された。

このように、教団・大学など各所で浄土真宗と差別問題をめぐる議論がなされた。しかしながら、仲尾俊博が、当時の状況を「仏教の業思想、または真宗教義には差別思想がありませんということを強調するあまり、現実の部落の差別実態をみつめることから逃避してしまって」おり、「日本の民主化と仏教の業思想がどのように統一されるかあらわでない」と批評しているように、それは自身が有する差別構造や意識への自己批判を伴わないものであるとともに、現実と乖離したものであった[14]。

以上のように、一九五〇年代半ばにいたると、表面化した具体的な問題のもとで、教団や教学の体質・内実が問われていったが、なかなか進まなかったようだ。そうした体質を、自らの問題として、真宗学内部から厳しく問うたのが、信楽峻麿（一九二六～二〇一四）・岡亮二（一九三三～二〇〇七）を中心とした教団改革運動であった。

教団改革運動の立ち上げ

教団改革運動は一九七一（昭和四六）年十月から始まり、運動母体となった「教団改革をすすめる会」が解散する一九八一年を一応の区切りとして終結した、西本願寺教団の改革を目指す浄土真宗僧侶・在家信者による運動であった。運動の目的は、教団内の封建的な体制や権威主義的な体質を告発批判し、その改革をめざすことにあった。

十年以上にわたる運動で主導的な役割を果たしたのは信楽峻麿、岡亮二、西光義敞、矢田了章、嬰木義彦、浅井成海ら龍谷大学の真宗学を中心とした七名の教員であった。その背景には、伝統的な教団体制の支柱となる伝統的な教学を構築してきた真宗学という学問に対する強い自己批判の意識があった。そのことは、信楽峻麿が改革運動の機関誌『教団改革』創刊号で、「教団改革の道は、私にとってはより本質的には私自身の自己変革―信心成就の道であり、それはまさしく私自身の仏道にほかならぬわけである。」と語っているように、この運動は封建的な本願寺教団の改革を宗教的な自己変革をとおして実現しようとする信仰運動として出発した。ここでは教団改革運動の活動とその後の顛末、さらにこの改革運動が真宗学にどのような影響を与えたのかについてとりあげてみたい。まず教団改革運動の活動について歴史的に振り返っておこう。

改革運動の発端は、一九七〇（昭和四五）年春ごろに、信楽、岡、西光らが本願寺教団の現状を憂いて教団の改革を進めていこうとして行動を起こしたことに始まる。

本願寺教団は、その十年前に「親鸞にかえれ」というスローガンを立てて、現代に向かう新しい教団となることを謳って、親鸞聖人七百回遠忌法要を勤修するために、当時の金額で二十億円を超える募財をおこなった。ただ、さまざまな取り組みを行ったにもかかわらず、実際には封建的な教団の体制は変わらず、論題的なタテマエだけを重んじる教学体制が維持されたままであった。それにもかかわらず、新たに親鸞聖人ご生誕八百年・立教開宗七百五十年慶讃法要を一九七三年から実施することを計画し、現代との対決を謳い文句に再び二十億円にも及ぶ募財を開始しようとしていた。集まったメンバーは、そのような教団体制とそれを支えている真宗学という学問の責任について痛みを感じるとともに、教団の封建的な体質を残した組織体制の中で消えていく現場の多くの批判の声を集め、その中に込められた新しい教団への願いをすくい取ろうと決意したのである。

そこで連名で呼びかけ人となって、次のような言葉で始まる表明書を親しい人びとに送った。

本願寺教団の中で生かされ、育てられ、親鸞聖人のみ教えに究極的なよりどころを求め、浄土真宗の信心に真実の救いを見出しておられるあなたに、同行として呼びかけます。…教団の現状に、自責と痛みを覚えておられるあなたに同志として訴えます。(15)

さらに本文では、それぞれの人たちに教団の現状に対する告発、改革への思いを書き送るように呼びかけ、その意見を集約して教団改革の運動を開始すると宣言したのである。

そして、一九七一年八月に、これに賛同して寄せられた二十五人の意見文が掲載された『教団改革への発言』が出版されると、教団内外にさらに大きな反響を呼ぶことになった。これを受けて、同年十月に運動の母体として新たに「教団改革をすすめる会」が結成され運動が開始された。同会の活動はマスコミ等でも取り上げられる、新聞紙面では本願寺当局と勧学寮に対する「内部からの批判の声」あるいは「改革の火の手」があがったという言葉が見出しを飾った。同会はさらに本願寺派の末寺一万箇寺に対して教団改革運動のために立ち上がよう訴えを送るとともに、同年十一月には、運動に賛同する人々の意見交換の場として、機関誌『教団改革』を創刊した。ここにその後十年以上にわたり継続した教団改革運動が開始された。

教団改革運動の活動と反響

『教団改革への発言』の出版は、先に触れたように、戦後あまり内紛めいたことがなかった本願寺派内の事件として、新聞・マスコミでも取り上げられ、一九七三（昭和四八）年からの親鸞聖人ご生誕八百年・立教開宗七百五十年慶讃法要を二年後にひかえた時期に内外の批判の矢面に立たされた本願寺当局と勧学寮はこの動きを問題視するようになった。

そこで一九七一年十二月に「今日の課題」と題する座談会を開き、その中で「教団の立場からいたしますと、いずれ教学論争がありました場合には、どちらが正統であってどちらが異端であるかということ、いわば正統と異端の問題が生ずると思います。…教団の基盤そのものにふれるわけです。ですから私は論争なさるならなさるで結構ですが、非常にそういう論争なさる方は十分な覚悟を持ってなさるようにして頂かないと…」(16)と、教団改革運動の発言を教学的な正統・異端の問題と捉え、恫喝ともとれる発言を行った。

一方、「教団改革をすすめる会」側は、教団当局の権威主義的な発言を厳しく批判するとともに、教団の問題点について質問状を送り回答を迫った。また多くの改革に賛同する教団人の生の声を集め、『教団改革』第三号にそれを集約して次の三点にまとめ発表している。

(1)私たちの教団は、内外の要請に応える体制がとれていない。教団の本質である同朋性は封建的体質にすりかわり、封建的遺制を」ひきずっており、僧侶中心の中央集権的、閉鎖的教団になってしまっている。

(2)教団改革は「信心」を中核とし、現代社会に立って、教学の本質と教団の本質を問いなおす必要がある。

(3)自己の信を問い、自己を改革することが教団改革の出発点であり帰着である。自発的に運動が進められるかに運動の成否はかかっている。(17)

さらにこれを承けて、一九七二年の六月には「教団改革をすすめる会」の運動の趣旨として次のような綱要を公表した。

1．親鸞聖人の信仰を中心とし、教団を改革したいという念願で一つに結ばれる。①基本的に、親鸞聖人が志向されたものをもとめる信仰運動であった、政治運動ではない。②親鸞聖人を仰ぐ教団が、現実に矛盾を持っていることに痛みを持つものの運動で、改革への発言と行動に責任を持つ。

2. 会員ひとりひとりが主体的に行動を起こす改革運動である。
3. 自由な発言の場の確保につとめる　①信仰・教義・教団改革に関するホンネからの発言をはげましあい守りあう。②判断、解釈、見解の相違を排除しない。
4. 以上の三点をふまえた運動のなかで、仲間づくりをすすめていく。
5. 「教団改革をすすめる会」の当面の趣旨は、新しい運動の発展のなかから修正が加えられることも可能である(18)。

このように教団改革運動は、そもそも正統か異端かといった教学論争としてではなく開かれた信仰運動をめざすものであり、運動に参加する者一人ひとりの「自己変革」を根柢において、その活動を「運動に参加する人々の討議」からすすめていこうとする、いわば信仰運動という性格を持つものでもあった。

教団改革運動の顛末と真宗学

教団改革運動の具体的な活動は、大きく「教団の現場」でさまざまな改革運動に取り組んでいる会員間の相互交流と連帯事業、および、機関誌『教団改革』上における「教団の現状批判」と改革についての意見表明といった言論活動とに分けることができる。

会員間の相互交流と連帯事業については、全国大会が定期的に開かれ、世話人の役割を担った主に京都を中心とするメンバーと地方の活動家たちとの連帯が図られるとともに、「中央が旗をふらない」という方針に従って、地方の会員・活動家が中心となり全国大会が開かれることもあった。機関誌の『教団改革』の内容を見ると、教団改革運動の基本的な運動方針が確認された第三号以降では、たとえば第四号は山陰地区の活動が特集号として取り上げられただけでなく、雑誌の編集についても山陰地区が担当するというかたちで出版された。その後もそのような特集号が続けられたが、会員相互間の諸活動が共有されてくると、「儀礼」、「信仰と組織」、「天皇制」、「国王不礼論争」、「神祇不拝」、「同和問題」といったテーマ毎の特集号が組まれ、教団改革だけでなくさまざまな社会問題が会の運動として取り上げられた。また会の運営は会費とカンパにより維持され、全国大会以外に、各地で関連する勉強会や講演会が開催された。

このような会の運営方針は、自主的に草の根で連帯して活動をする市民運動的に性格と、異なった運動目標を持ちながら共闘した学生運動（全共闘運動）のような性格を併せもつものであった。日常生活における具体的で主体的な活動を重視するとともに、教団改革という目標を掲げつつも具体的な課題や統一した運動方針は定めなかった。けれども、このような現場の声を大切にする方針は、当初は運動の裾野を広げることでその強みにつながったが、運動が進むにつれて改革の焦点を拡散させることとなり、かえって弱点としてはたらくようにもなった。

一九七三（昭和四八）年二月以降、盛り上がる改革運動に対して、本願寺当局は親鸞聖人ご生誕八百年・立教開宗七百五十年慶讃法要を前にして「宗門への批判」の不当性について逆批判を展開した。それはこの運動が「自らの立場をぬきにした評論」であり「宗門の中にあって責任ある立場の人が、めぐまれた研究室の中から批判」しているもので、「門信徒の存在をぬきにした、手前勝手な職能的位相しか持たない改革論など、教団以上に犯罪的である」などと指弾した。すなわち、この改革運動の先頭に立った真宗学を中心とした龍谷大学の教員に対して批判を展開する。

その言うところは、先に取り上げた教団改革運動の趣旨に対してまったく理解を示そうとしないものではあったが、一方で露呈しつつあった運動の弱点を突くものでもあった。なぜならば、次第に改革運動は、『教団改革』の編集や会の実務を担当した真宗学の教員たちに担われるようになり、活動の中心も観念的な教義解釈の問題に重きが置かれるようになっていったからである。なかでも教義解釈をめぐっては、本願寺の宗会で、運動の中心に立っていた信楽と岡の念仏・信心理解が「信心正因・称名報恩」という宗意安心からすると異安心であるという批判が教団内で起こり、後に不問に付されることにはなったが、教団改革運動に対する批判が異安心問題として取り沙汰され、教団を改革するという当初の意図からは異なる方向へ議論が移ってしまった。また、現場からの声を大切にするという教団改革の運動方針は、教団の社会的責務や実践についてさまざまな問題を提起し、教団の民主化や靖国国家護持問題への対応や差別・平和問題などへの教団の取り組みにも大きな影響を与えたと言える。けれども、妥協を許さない実践論は、真俗二諦論的な現実の中で生活している現場住職や門信徒の生活感覚から乖離したものとなり、改革運動そのものを弱体化させたようにも見える。

このような状況の中で、会員数を増やしていた「教団改革をすすめる会」の勢いが次第に失われ、一九七八年ころからは会員数が頭打ちとなり、それまで年三冊発刊されていた雑誌『教団改革』が一九七九年には年二冊、一九八〇年と一九八一年には年一冊しか発刊されない状態になった。手弁当で

運動を支えてきた真宗学の教員や学生たちも行き詰まり、一九八一年十二月に刊行された『教団改革』第二十六号に

　これまでの運動を一度総括し…今日までの運動の成果をふまえつつ、新たに八〇年代に向かって、各人がそれぞれの立場を求めて再出発するために、この会を発展的に解散する。[19]

という一文が掲載され、教団改革運動の終結が宣言された。その後、一九八五年三月には、運動の総括として『教団改革』第二十七号が刊行されたが、その間、改革運動の活動は行われていない。ただ運動の終結は宣言されたが、実際に真宗学の教員を中心とするグループは、他大学所属を含む真宗学教室出身の教員間の研究交流の場として「真宗研究学会」を結成している。また、社会実践運動に関わった改革グループは、「樹心の会」を結成して活動を続けることになった。

（嵩満也・内手弘太）

註

（1）以下、平野武・本多深諦『本願寺法と憲法――本願寺派の寺法・宗制・宗法の歴史と展開』（晃洋書房、二〇一一年）を参照。

（2）村上速水「終戦後の真宗学界」（『龍谷大学論集』三四〇號、一九五〇年）、一一一頁。

（3）龍谷大学三百五十年史編集委員会編『龍谷大学三百五十年史』通史編上巻（龍谷大学、二〇〇〇年）、八九三～八九四頁。

(4) 同前、八二九～八六二頁を参照。
(5) 同朋運動変遷史編纂委員会編『同朋運動史年表――西本願寺教団と同和問題』(浄土真宗本願寺派出版部、一九八〇年) 本願寺史料研究所編『本願寺史』第三巻(本願寺出版社、二〇一九年)、第九章を参照。
(6) 「水平社宣言」　九二二年三月三日(『西光万吉著作集』第一巻、濤書房、一九七一年)、六頁。
(7) 「差別撤廃大講演会――両本願寺合同して開催――」(『教海一瀾』第六六九號、一九二二年三月二五日)。
(8) 大谷尊由「垂示」一九二二年三月二一日(『教海一瀾』第六六九號、一九二二年三月二五日)。
(9) 花田凌雲「垂示趣意演達」(『教海一瀾』第六七〇號、一九二二年四月二六日)。
(10) 吉田證『親鸞教団と同和問題』(解放出版社、一九八七年)、第五章参照。
(11) 藤野豊『水平運動の社会思想史的研究』(雄山閣、一九八九年)を参照。
(12) 同和教育振興会編『講座　同朋運動――西本願寺教団と部落差別問題――』第一巻(明石書店、二〇一一年)、一八一～一八三頁参照。
(13) 大友抱璞・遊亀教授・山崎昭見共著『転換期の仏教』(永田文昌堂、一九五五年)所収。
(14) 仲尾俊博『真宗と業論』(本願寺出版社、一九九〇年)、第四章参照。
(15) 岡亮二編『教団改革への発言』(永田文昌堂、一九七一年)、四頁。
(16) 「今日の課題」『宗報二月号別冊付録・宗務情報』(本願寺出版社、一九七一年二月)、一三頁。
(17) 『教団改革』第三号(教団改革をすすめる会、一九七二年七月)、三～四頁抄出。
(18) 同右第三号、四一頁。
(19) 同右第二六号、一　〇頁。

一宗学徒の真宗学研究への思い

一宗学徒の惑い

岡亮二（一九三三〜二〇〇七）は、五五歳で急逝された池本重臣（一九一三〜一九六八）追悼号として一九七〇（昭和四五）年に発行された学会誌『真宗学』第四一・四二合併号に、「一宗学徒の惑い―真宗学の方向性について―」と題する論文を発表する。この年四月、岡は文学部真宗学専攻の助手兼講師から一般教育部の助教授に就任したばかりであった[1]。

本論文は、「（学術）論文」と呼ぶには些か感傷的で悲壮感が漂う主観的な論説になっている。しかしその内容は、岡が冒頭に述べるように、諸先哲の心血滲む絶え間ない研鑽によって伝承されてきた宗学を汚すことになるのではないかという不安と、同時にいかなる批判も甘受して受けるという強い意志に貫かれて書かれた、いわば覚悟をもって発表された真宗学研究の方法論となっている[2]。岡の生涯にわたる真摯な研究姿勢は、つねにここに回帰する形でなされていたと言える。

さて、岡のこの論文の背景には、学園紛争において問われた建学の精神という問題がある。六〇年代後半の学園紛争が起こった根本には、学生数の急増による教育環境の悪化、学費の値上げ、大学の管理・運営に対する自治権の問題が共通の理由としてあった。そしてこの運動が長期化し全国に拡大するに従って、やがて体制批判の性格を強く持つ過激な政治闘争へと拡大していく。その波が、龍谷大学にも押し寄せることになったのである。一九六九年六月には、大学改革を要求する全共闘学生によって深草学舎が封鎖され、九月には本願寺権力の大学介入反対を掲げて本願寺に押しかけ、御影堂に突入を図るという出来事が発生した。

岡によれば、龍大の学園紛争の特殊性は直接的な理由の他に、建学の精神が問い直されたという点にこそある。暴徒化した一部の学生による聖なる御影堂への乱入も、またそれを押しとどめようとした僧侶や学生も、共に親鸞精神の原点への復帰を主張した。ではこの問題はその後、どのような展開を見るに至ったのか。残念ながら建設的な解答はまだ得られていない、と岡は述べる(3)。

宗学と真宗学

龍谷大学はこのように学園紛争によって、建学の精神、すなわち親鸞の精神を通して、その精神たりえているかを厳しく問われたのである。が、しかし龍大人全体が建学の精神を主体化することは実質的には容易なことではない。岡は、本学の核となるものとして真宗学の学問体系があるのだと理解する。すなわち、真宗学は親鸞精神の形骸化に陥っていないか。親鸞思想を常に自己の問題として探究しているか否かが問われたのだというのである。そして、次のような疑問が掲げられる。

真宗学ではこのような時、議論を重ね新しい思想を生もうと努力をしないのだろうか。それは本来宗学そのものが、そのような対話のない世界に置かれているがためであろうか。…安心論題における議論は、一つの枠のなかでの解答であるのに対し、これは、その枠そのものの当否を論ずることを意味しているからだ。詳言すれば、宗学がいま必要視されていることは、宗学を現代という坩堝に入れて、それに堪えうる思想に再生することであり、さらにそれを超えて、現代を導く新しい理念を生み出すことだといいうる。(4)

ここで岡は、現代において宗学の沈滞は「安心論題」に象徴されるように、宗学の重点が予め公式と解答が用意された問題を解く研究方向の中に置かれており、未知の世界に新たなものを創造していく力がないというところに原因があると指摘する。そして、先の文に続いて次のように述べる。

安心論題必要性の有無を問うことは、現時点において、親鸞の「信」に正しく即しているか否かを問うこととなる。だから、この論題有無の追求は、なにも真宗における「信心」の必要性の有無を論ずることではなくて、真宗における真の「信心」とはなにかの論及となるのだ。…（安心論題の必要性を主張する者は）いわば諸先哲によって、親鸞のエキスが、ここに集約されたというべきものである。したがって、逆にいえば、安心論題を通してこそ、はじめて真の親鸞的「信」が開眼されるといいうるのだ。かくて安心論題必要性の有無の論争は、宗学の本質を根本より問い、ゆさぶることとなる。(5)

岡自身は、安心論題に重点を置いた真宗学研究を批判し、いままでの宗学を一度否定することが必要だという立場を表明し、しかし安心論題の必要性の有無は宗義上の大問題であるため、一概に結論が得られるという性格のものではないとも述べる。ここには、岡が宗学と真宗学とは違う学問であるという譲ることのできない見方が根底にある。(6)

すなわち、一九二二（大正一一）年五月に大学令により、仏教大学が龍谷大学に昇格改称されたことに伴い、「宗学」「宗乗」に代わって新たに「真宗学」の名称が誕生した。この時の「真宗学」の名称は「宗学」と同義であり、そこに新しい意味はない。しかし「真宗学」への名称変更は学問論・方法論をめぐる議論を喚起せしめ、宗学の学問的性格に自己変革を促す契機となっていく。すなわち、宗学は教権からの独立を求め、一般諸学と比肩し得る普遍的な真理探究の学に構築することを目指す真宗学という学問へと変わったという認識である。そして、この時から宗学と真宗学との間には、単なる感情的な批判ではなく、健全で活発な学問的論争が生まれてこなければならなかった。そして、何よりこのような学問的な論争があることこそが、新しい宗学の方向性を期待させることになるのだと述べている。(7)もちろん、現在では論題研究のもつ意義が見直され、仏教研究における論議の重要性との関係からもその精緻な議論は一概に否定されるべきものではない。(8)しかしながら、少なくとも学園紛争を機に建学の精神が問われた時代において、岡が安心論題研究の必要性の有無を課題として掲げたことは、後の真宗学研究の方向性に少なからず影響を与えるものとなった。

岡の研究方法の転換

岡自身はこの時、研究の方法を変えたのであろうか。岡の生涯の研究課題は一貫して念仏思想の研究であった。しかし、この学園紛争を機に方法論を転換している。岡の大学院生時代の指導教授は大原性実（一八九七〜一九七六）であるが、真宗学の研究方法に関して大きな影響を受けたのは、自由研究派の梅原真隆（一八八五〜一九六六）であった[9]。梅原は「真宗学とは何ぞや」の中で、

真宗学は親鸞が真実であることを証明すべきための御用学でなくて、親鸞の宗教が果たして真実なりや否やを公明に検討することによっていよいよ公開され成就されるのである[10]。

と述べている。岡は梅原が教権に抗して創設した「顕真学苑」の学風を受け継いだ研究者の一人である。梅原の研究態度に学びつつ、また岡は、池本重臣がディルタイ等の哲学的解釈学を視野に入れつつ、真宗の浄土教理史を探究した方法論を継承しようとした。

私見によれば、真宗学の近代化は大谷大学では清沢満之（一八六三〜一九〇三）の影響のもと西洋哲学を媒介とした主体的、あるいは実存的な研究として展開されていったのに対し、龍谷大学の場合は主として歴史学を基盤とした客観的・実証的な研究方法を採用する形でもって進められてきたところに特徴がある。そして岡も認めるように、その研究成果の一つの到達点が池本重臣の『大無量寿経の教理史的研究』（永田文昌堂、一九五八年）と遺稿となった『親鸞教学の教理史的研究』（永田文昌堂、一九六九年）であったと見ることに異論はないであろう。

岡の研究課題は、浄土教理史の中でも特に往因思想、特に十念思想の研究にあった。当時すでに仏教学的観点から、サンスクリット本の文献学的な研究が進展し、『無量寿経』の十念の「念」は念仏の「念」とは異なる願生心の相続を意味するという説が提示されていた。浄土教理史上、十念往生を課題として最初に論じたのは曇鸞だと考えられるが、真宗学では従来の宗学の枠内にとどまって、それが観念か憶念か、それとも称名かという議論に終始していた。岡はそうした難点を批判し、歴史的・思想史的方法論に基づいた十念の研究を試みようとしたのである。[11] そして一九六〇年から一九六八年の間に、この問題に焦点を合わせた論文を一三篇発表している。学会誌『真宗学』に掲載された最初の論文も「十念の研究」（一九六七年）であった。

真宗学研究の方法

念仏と十念の教理史的研究を精力的に行ってきた岡は、学園紛争を機に「私にとって念仏とは何か」「自己にとって信心とは何か」を問われ、研究の中心を『教行信証』へと移していく。結果として、この分野における多くの著書・論文を発表することになった。この頃の岡の行論は、大別すれば所行派の法体大行説に分類することが可能である。[12] しかし信因正報義に疑問を投げかけ、親鸞には宗学が定義づけるような称名と名号の区別はないという岡の主張は、勧学や諸先哲から自力念仏を説く異安心の学説として厳しい批判を受けることになる。[13] また岡と同様に教団改革を訴えていた信楽峻麿（一九二六〜二〇一四）も自力念仏を説いたとして異安心の評価がなされたが、信楽の場合はあくまで石泉の能行派の行信理解を主張するものであり、岡と信楽両者の行信論を同一に批判することは適当ではない。さらに、岡は晩年に、第十七願の大行とは「善知識の行を象徴的に示すもの」だという独自性の強い学説を主張するに到る。その成果は、学位論文でもある『『教行信証』「行巻」の研究―第十七願の行の解明―』（永田文昌堂、一九九六年）に結実し、また一般読者向けに『教行信証　口述五〇講』（教育新潮社、一九九三〜二〇〇七年）を刊行するなど、宗学の枠を超えて親鸞思想の現代的な解釈に努めたことはよく知られる。岡は前掲の論文の中で自身の方法論の特徴を次のように述べている。

（私の『教行信証』研究の特徴は）「行巻」の流れを重視して、「諸引文」を文献学的観点から論考した点である。従来この角度からの研究はほとんどなされていない。そこで殊に次の二点に注意を払うことにした。一は、親鸞独自の読み方を、如何に解するかという点である。この親鸞独自の読み方に関しては、従来の宗学においても、非常に注意が払われていることはいうまでもない。…親鸞の表現で意味の通りにくい部分が生じると、無意識的に読み方を原意にもどして、原文にそった解釈を施しているのである。この点私は、どこまでも親鸞の読み方に即した解釈をなすべく試みたのである。…二は、一つ一つの引文を独立させて読むのではなく、各々の引文に有機的な関連を見、「行巻」の流れにそって、諸引文の引意を窺った点である。(14)

岡に従えば、『教行信証』はそれ自体が独自の時間と思想の流れをもって撰述されている。「『教行信証』には親鸞の「獲信」の一瞬の構造が論理的、体系的に説かれている」のであり、「信巻」を中心に各巻は同時的に関わっているという構造をもつ。したがって、体系的に記された『教行信証』の文章はいずれも必ずそれ以前の文章を受けて述べられているのであって、その思想的流れを無視してはならない。また、例えば「行巻」を読む時には未だ読み進めていない「信巻」の問題をもちこんで議論してはならないことを指摘する。さらに、原典と異なる親鸞独自の訓点が施されている引用文の解釈にあたっては、どこまでも文字を文字の如く読み進め、親鸞独自の解釈とその原意が如何に異なるかという点を見ることこそが重要であり、それらすべてに他力回向義を打ち出して読むことや、原典の意に戻して解釈してはならないと述べる。(15)

こうした理解については、例えば内藤知康（一九四五～二〇二二）は「行巻」称名破満釈を論じる中で、岡の方法論を取り上げて、次のように根本的な疑問を呈している。

一部の書物を読むに当たって、大きく二つの読み方があるであろう。一つは、岡博士の提唱するように、その書物の論理が整然と積み重ねられているとして、叙述の先後を重視し、叙述の順序として、後に叙述されている内容に基づいて先の叙述を解釈するべきではないとする見方である。今一つは、論理展開は体系的ではあるが、一つの事態（『教行信証』についていえば阿弥陀仏の救済活動）が多面的に明かされているとして、叙述の前後は必ずしも論理の前後を意味せず、先の叙述をふまえて後の叙述を解釈するのは当然として、後の叙述に基づいて先の叙述を明確にすることも許されるという見方である。…『教行信証』の叙述がどちらの形式であるのか、岡博士のように前者の形式であると決めつけるのはいかがであろうか。…親鸞教義の根幹を理解するためには、まず、親鸞の著作全体（『教行信証』全体の内容）を踏まえる必要があるのではないだろうか。[16]

ここで内藤が述べる後者の読み方は、本願寺派の宗学でいわれる「文によって義を立て、義によって文をさばく」という基本的な方法論に立脚する。「文によって義を立て」とは、親鸞の著作の全体的な理解に基づいて一応、真宗教義を確定することを意味する。「義によって文をさばく」とは、その一応確定された真宗教義に基づいて聖教の文を解釈することをいう。その過程において修正が必要となった場合、適宜修正が施されて教学が構築され、また学派間において論争がなされていくということになる。

岡論文が今なお問いかけるもの

岡、内藤共に聖教の文字を正しく読むことの大切さを主張されているという点では一致している。だから議論が成立するのであるのであり、いずれも文献学的観点を重視する研究者であることに違いはない。なお、内藤が指摘する方法論上の批判は古来、解釈学における難問として議論されてきた根本問題、すなわち解釈の循環証明法のことに他ならない。私たちの場合、親鸞が聖教において使用している言葉は単文の中で理解されなければならないし、また単文はその言葉の意味を理解することによってよく理解することができる。単文は複文と、複文は各節と、各節は各章（釈）と、各章は各巻と各巻は全体と、そしてさらに他の聖教との関係の中でというように、この循環は果てしなく廻るのである。[17]内藤は、岡を批判して親鸞教義の根幹を理解するためには、まず『教行信証』全体の内容を踏まえる必要があると述べる。実に理の通った見解であろう。しかし、結局は両者共に全体が先か部分が先か、というウロボロスの環に陥らざるをえない。両者は文献に忠実な解釈の重要性を語りながらも、解釈の前提に予め「正しい解釈」を仮にせよ置くのか否かという点、そして自らの理解を「解釈」であると自覚しているか否かという点に違いがある。そして、何より両者は安心論題研究の必要性の有無について反対の立場にあった。しかし、岡が『真宗学』第四一・四二合併号で述べるように、こうした学問的な論争があることこそが、新しい宗学の方向性を期待させることになると言えるのかも知れない。

若き岡が五〇年前に、宗学という底の見えない深い池に向かって、惑いつつも力一杯に投げ込んだ小石はどうなったのであろうか。石の波紋はすでに消え去ったのか。それとも今も、池の表面に着実に広がりつつあるのであろうか。

（杉岡　孝紀）

註

（1）『真宗学』第一〇五・一〇六合併号（二〇〇二年）「岡亮二教授略歴並主要論文著述目録」参照。
（2）時をほぼ同じくして福島寛隆は『宗報』（一九六九年九月号・一〇月号）に二回に亘り、「新しい教学樹立のために」と題する論文を発表した。これに対し、勧学の大原性実から「新進学徒の弄言」との厳しい批判を受け、その後両者の間で議論となった。福島は岡の論文に対しても疑問を呈しつつ、しかし討論の可能性があると述べている。『歴史のなかの真宗―自律から従属へ』（永田文昌堂、二〇〇九年）三九八～三九九頁。伝道院研究部編『真宗教学研究（第一集）』（一九七一年）初出。

（3）岡亮二「一宗学徒の惑い―真宗学の方向性について―」（『真宗学』第四一・四二合併号、一九七〇年）、九三頁。

（4）同右、九四頁。

（5）同右、九六頁。

（6）岡亮二「龍大真宗学と勧学制度」（信楽峻麿著『教団改革への発言』（永田文昌堂、一九七一年）、一二三頁から一二九頁。

（7）岡「一宗学徒の惑い―真宗学の方向性について―」、九八～九九頁。

（8）内藤知康「浄土真宗における問答と教育の方法」（マルティン・レップ・井上善幸編『問答と論争の仏教―宗教的コミュニケーションの射程―』法藏館、二〇一一年）参照。

（9）岡亮二「梅原先生の生涯」（『親鸞に出遇った人びと（第三巻）』同朋舎出版、一九八九年）参照。

（10）梅原真隆「真宗学とは何ぞや」（『龍谷大学時報』第四号、一九二六年）参照。

（11）岡亮二著『浄土教の十念思想』（法藏館、二〇一三年）、「あとがき」参照。

（12）岡亮二著『親鸞の信と念仏』（永田文昌堂、一九七七年）所収論文を参照。

（13）例えば、稲城選恵『最近における真宗安心の諸問題―龍谷大学・信楽教授の所説に問う―』（百華苑、一九七九年）、紅楳英顕「親鸞における疑蓋无雑について」（『印仏研』第二六巻第一号、一九七七年）。五十嵐大策「「信因称報」の否定批判」（『印仏研』第二九巻第一号、一九八〇年）。

（14）岡亮二著『『教行信証』「行巻」の研究―第十七願の行の解明―』永田文昌堂、一九九六年）、五頁。

（15）岡亮二著『教行信証　口述五〇講　第一巻（教行の巻）』（教育新潮社、一九九三年）、一三七頁。

(16) 内藤知康「「行文類」称名破満釈の解釈について」(『龍谷大学論集』四七九号、二〇一二年)、三三〜三五頁。
(17) 拙稿「真宗学の〈解釈と方法〉をめぐる課題」(「近現代『教行信証』研究検証プロジェクト研究紀要」第三号、二〇二〇年)、一二一〜一三頁。

実践真宗学研究科の設置趣旨
——宗教実践の基本姿勢——

実践真宗学研究科の原点—文科省認可『実践真宗学研究科設置の趣旨』

龍谷大学大学院実践真宗学研究科（Graduate School of Practical Shin Buddhist Studies, Ryukoku University）は、二〇〇九（平成二一）年、初代研究科長内藤知康教授（一九四五～二〇二二）のもと、文部科学省の認可を受けて設置された。『実践真宗学研究科設置の趣旨』にこう記されている。

> 本研究科は、現代社会の諸問題に対して、宗教がいかにしてその使命を果たしうるか、という課題に応えるために、諸科学との学際的かつ総合的・融合的な研究の推進とともに、より実践的な宗教研究を行う研究教育機関として、親鸞の教えを建学の精神とする龍谷大学において、実践真宗学研究科を設置するものである[1]。

実践真宗学研究科は、「現代社会の諸課題に対して、宗教がいかにしてその使命を果たしうるか」という原点に立ち返り、宗教的実践者として、世界のさまざまな困難に向き合い、その解決への道をともに考え、希望をもって挑戦しつづける研究科である。困難な時こそ、この原点に返って立ち止まり、再び踏み出すことが、大いなる慈しみに支えられて歩む道を開くにちがいない。

宗教が果たしうる役割とは何か

では、現代社会の諸問題に対して、宗教が果たしうる役割とは何であろうか。本質的に、宗教が社会の安穏のために献身しようとする実践であれば、その形にとらわれることなくすべてに意義があるだろう。世界の人々が期待している宗教実践には、宗教儀礼、聖典解釈と伝道による心の平安、真心のこもった葬儀とグリーフケア、宗教者間協調（interfaith partnership）、非暴力と慈悲による世界平和の構築、生命の尊さを伝える宗教教育、人権擁護、医療福祉機関や被災地などの公共空間で個々人の物語や信仰を尊重して生きる力を育む臨床宗教師養成、医療と社会福祉と仏教のチームによって患者と家族を支えるビハーラ活動、自殺予防と自死遺族ケア、過疎化地域の寺院支援、首都圏都市開教、国際伝道者養成、犯罪抑止と矯正保護の教育、保護司や教誨師の育成、災害復興支援ボランティア、縁起的生命観に基づく生命倫理、環境保護などがある。

実践真宗学研究科の特色

（一）理論研究と臨床実習を統合した総合的・融合的研究の推進

理論と臨床を融合して学べるように三年間の履修プログラムとなっている。

①理論研究では、実践真宗学・伝道学の基本を知り、教えの厳しさ、ぬくもり、力強さを修得する。大乗仏教論、真宗人間論、布教伝道論、仏教伝道史、宗教教育学、カウンセリング論、精神保健学、生命倫理論、地域活動論、環境論、現代宗教論、人権・平和論、生命倫理論、臨床心理学、矯正保護論、国際伝道論などの諸科学の理論に学ぶ。また、宗教法人の実務や法律を学び、社会に開かれた寺院活動を考える。

②臨床実習では、現場に立って初めてみえてくる知見と感動を尊重する。保育園、幼稚園、児童福祉施設・高齢者福祉施設、病院、被災地、日本各地の寺院、USAのHawaii州、California州の寺院を訪問し、宗教の役割を学ぶ。慚愧と感謝の心で、世界の平安のために尽くす宗教的実践者を育成している。

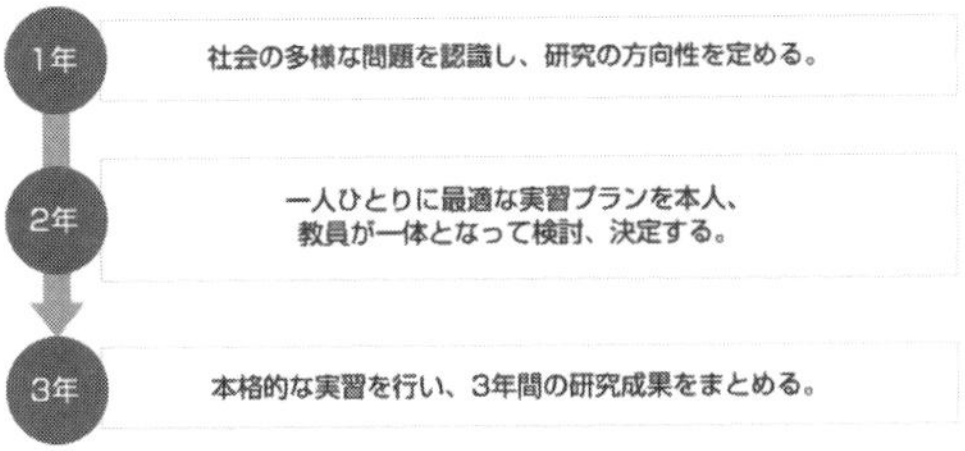
1年
社会の多様な問題を認識し、研究の方向性を定める。
2年
一人ひとりに最適な実習プランを本人、
教員が一体となって検討、決定する。
3年
本格的な実習を行い、3年間の研究成果をまとめる。

一年次の総合実践演習では、本研究科の教員がチームを組んで、それぞれの研究成果を大学院生に還元するとともに、大学院生の研究課題を一人ずつ聞いて応援する。二年次の演習は、宗教実践演習Ⅰ、Ⅱと社会実践演習Ⅰ、Ⅱの両方で学ぶことができ、教学面からの助言指導と医療や社会福祉の臨床面からの助言指導を受けて、自らの研究を進めることができる。三年次前期は、各自の実習計画に基づいて、学外での臨床実習に赴く。三年次後期の演習は、宗教実践演習Ⅲ、社会実践演習Ⅲにおいて、自らの理論研究と臨床実習を融合して、修士論文にまとめていく。特に、秋の実習報告会や修士論文中間発表大会は、大学院生が研究成果を教員と仲間の前で発表して、その実りをわかちあう時である。こうした大学院生の成果概要は、『龍谷大学大学院実践真宗学研究科紀要』に掲載されて、後輩たちに受け継がれている。

（二）宗教実践分野と社会実践分野の両面からのバランスのとれた教育

①宗教実践分野では、幅広い視野と実践力を身につけて、全国各地の寺院に帰ってきて地域の安寧に貢献し、立派な後継者、住職になる者を養成する。

②社会実践分野では、学校、医療福祉機関、官公庁、宗務機関等において、ぬくもりとおかげさまの心で、人々の生きる力を育む宗教的実践者を養成する。

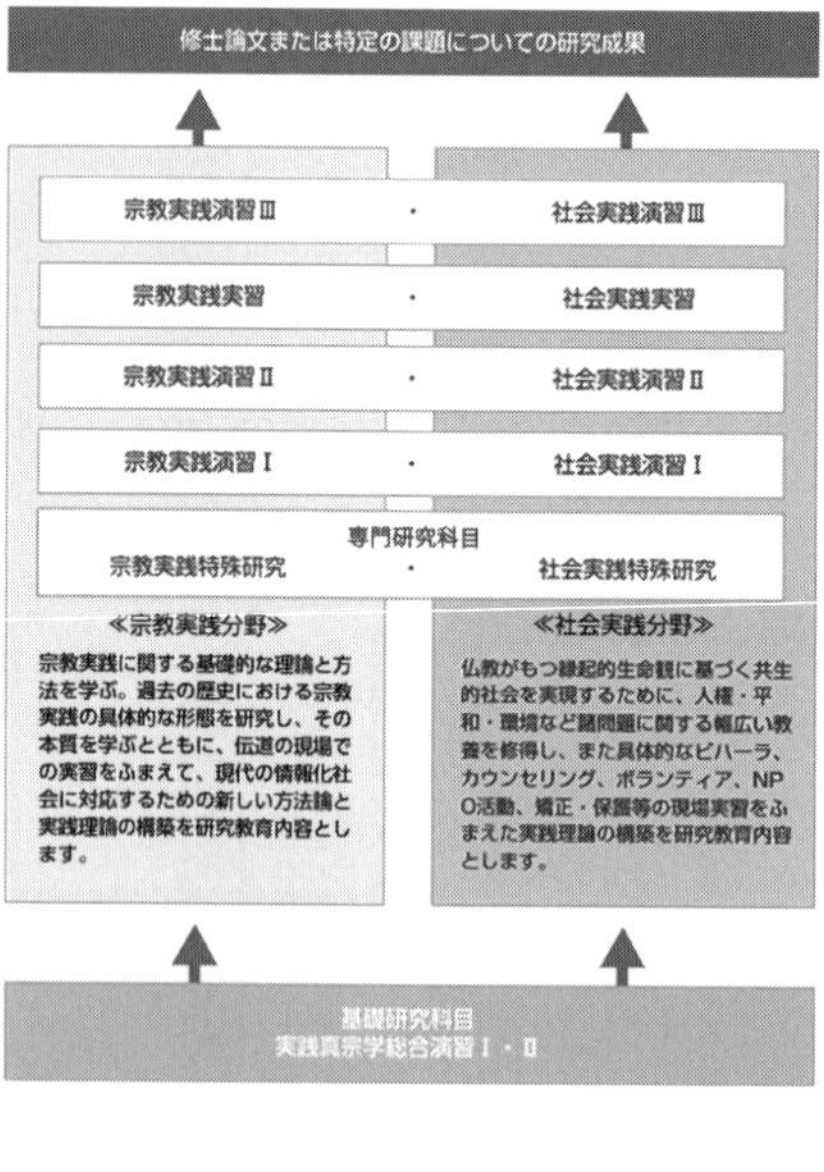
修士論文または特定の課題についての研究成果
宗教実践演習Ⅲ・社会実践演習Ⅲ
宗教実践実習・社会実践実習
宗教実践演習Ⅱ・社会実践演習Ⅱ
宗教実践演習Ⅰ・社会実践演習Ⅰ
専門研究科目
宗教実践特殊研究・社会実践特殊研究
≪宗教実践分野≫
宗教実践に関する基礎的な理論と方法を学ぶ。過去の歴史における宗教実践の具体的な形態を研究し、その本質を学ぶとともに、伝道の現場での実習をふまえて、現代の情報化社会に対応するための新しい方法論と実践理論の構築を研究教育内容とします。
≪社会実践分野≫
仏教がもつ縁起的生命観に基づく共生的社会を実現するために、人権・平和・環境など諸問題に関する幅広い教養を修得し、また具体的なビハーラ、カウンセリング、ボランティア、NPO活動、矯正・保護等の現場実習をふまえた実践理論の構築を研究教育内容とします。
基礎研究科目
実践真宗学総合演習Ⅰ・Ⅱ

(三) 実践真宗学研究科のめざす人材育成

次に、本研究科はどのような人材を育成しようとするのか。『実践真宗学研究科設置の趣旨』にはこう記されている。

本研究科は、その設置理念・目的のもとで、次のような人材育成に取り組む。

①仏教的人間観・世界観を基盤とし、世界的視野に立って広く相互に理解し合い、人間存在の意味を見出し、生きる力を育んでいくことができる宗教的実践者。

②日本全国の各地域における宗教組織・施設等が、地域社会活性化の一拠点として総合的に有効に機能し、地域社会活性化の一翼を担うことができるようにするために、幅広い活動能力を備えてリーダーシップを発揮することができる宗教的実践者。(2)

ここで重要なことは、「宗教的実践者」とは、僧俗を問わず、宗教宗派を超えて協力し、苦悩をかかえた人々に全人的に向き合い、生きる力を育んでいこうとするものであり、仏教の縁起的生命観や親鸞教学をよりどころにして、宗教組織や施設を地域社会の活性化のために役立て、心の平安を願って実践するものを指していることである。このように本研究科は、相互に理解しあい、自他ともに心豊かに生きられる平安な社会を築いていこうとする宗教的実践者の育成をめざしている。

(四) 本研究科開設以降に誕生した資格認定とその教育プログラム

これまでの十三年間で、本研究科で誕生した資格認定に結びつく教育プログラムは、宗教実践分野では、浄土真宗本願寺派教師資格、布教使課程（布教使任用申請資格）、教職課程専修免許状（宗教）、図書館司書、社会実践分野では、臨床宗教師・臨床傾聴士研修教育プログラム、海外の開教使育成につながる国際伝道論研究の開講などである。また、相愛大学、大谷大学、京都女子大学からの龍谷大学大学院本研究科への推薦入試制度も導入された。

（五）修了生の主な進路先

大学院修了生の進路先は、浄土真宗本願寺派や仏教各宗派の宗務機関、全国の寺院後継者、京都女子学園教員、大谷学園教員、龍谷大学、上智大学、大阪府、福井県、岐阜県警、奈良県教育委員会の職員、京都府あそかビハーラ病院、岐阜県沼口医院、福岡聖恵病院、特別養護老人ホームビハーラ本願寺、常清の里などの医療福祉機関の臨床宗教師、大阪市東淀川区中部地域包括支援センター職員として活躍している。また大学院博士後期課程に進学して研究を志す者もいる。

（六）大学院生の新しい宗教的実践

大学院生たちの新しい実践が誕生しつづけている。グチコレ（グチは世界を救う）、フリーペーパー「ののさま」、Jissenjya Project、影絵ともしえ、LIFE SONGS（いのちをテーマにお寺で音楽ライブするプロジェクト）、お笑いコンビ「三千大千世界」、Death Café（死を縁として人生を見つめあうカフェ）、東日本大震災や西日本豪雨災害などにおける災害復興支援ボランティアなどがある。さらに、京都自死・自殺相談センターSotto、あそかビハーラ病院緩和ケア施設や特別養護老人ホームビハーラ本願寺などでの社会実践などがある。

生きづらさを感じている人々にとって、安心して悩みを話せる人となり、安心していられる居場所を作れるように心がけている。とりわけ本研究科の大学院生や修了生が、先輩の宗教的実践を継承して独自に発展させていることを心から誇りに思う。宗教的実践とは、世界の安穏を願って取り組む挑戦と継承であると確信する。

実践真宗学研究科における宗教実践の基本姿勢

（一）寄り添う・伝わる・深く聞く

宗教実践は、第一に、寄り添うスピリチュアルケアである。スピリチュアルケアとは、まず相手の思いを尊重し、思いもかけない困難に直面して「どうしてこんな目に遭うのか」「自分の人生の意味は何なのか」と悩む時、その人の支えとなるものを確認し、生きる力を育む援助である。相手の悩みを傾聴し、その問題解決をともに考え、家族や専門職と協力して、その人が生きられるように援助することである。第二に、伝わる宗教的ケアである、宗教的ケアとは、相手の希望を確認し、生死を超えた宗教的な教えをわかちあうことである。暗闇に光がさすと、ぬくもり

を感じるように、罪や悲しみをそのまま照らしいだく教えを宗教者が伝道することである。どこまでもその人が自らの生きる道を見出せるように心を寄せてそこにいることが基本である。

（二）御同朋として人々の悲しみと喜びを共にする

親鸞は、ひとえに御同朋御同行の精神で人々とともに歩んだ。上下の人間関係で相手を支配するのではなく、阿弥陀如来の本願にいだかれた同じ仲間として接した。曇鸞は『往生論註』にこう記している。

同一に念仏して別の道なきがゆえに、遠く通ずるに、それ四海のうちみな兄弟とするなり（『往生論註』巻下、「証文類」に引用『聖典全書』二巻一三五頁）

親鸞は、「弟子一人ももたず候」（『歎異抄』第六条、『聖典全書』二巻一〇五七頁）と説いたとされる。では、なぜ親鸞は「弟子一人ももたず候」と言われたのか。親鸞はこう答えたとされている。「つくべき縁があれば一緒になり、離れるべき縁があれば離れていくものなのに、『師に背いて、他の人にしたがって念仏するものは往生できない』などと脅かすのはいけないことである。阿弥陀如来からいただいた信心を、まるで自分が与えたものであるかのように、わがもの顔に、弟子から取り返そうとでもいうのだろうか。そのようなことはあっては決してならないことである。本願の自然なはたらきにかなうなら、おのずから仏の御恩もわかり、また師の御恩もわかるはずです」（『歎異抄』第六章意訳(3)）

このように親鸞は、権威をふるって、人を操作するという姿勢をとらなかった。なぜなら、自己も相手も、阿弥陀如来に恵まれた信心に生かされているからである。また、親鸞は、門徒に宛てた手紙の中で、明法房弁円の回心の事実を伝え、造悪無礙の異義を誡めた手紙がある。その手紙の終わりに、親鸞はこう記している。

としごろ念仏して往生をねがふしるしには、もとあしかりしわがこころを　おもひかえして、とも同朋にねんごろにこころのおはしましあはばこそ、世をいとふしるしにてさふらはめとこそ、おぼえさふらへ。(『末灯鈔』十九通、『浄土真宗聖典全書』二巻八〇九頁)

この文は、「長い間、念仏して浄土往生を願う明らかなしるしには、かつての悪に染まっていた自分の心をあらためて、つきそう同朋に親しむ気持ちをもつようになることこそ、この濁世をいとう姿であろうと思います」という意である。(4)

実践真宗学における宗教実践は、仏教・浄土教の人間理解を依りどころとする。親鸞はただ念仏して、仏の光に照らされて、自らの愚かさをふりかえり、すべての人を同朋として平等に尊重した。この親鸞の姿勢に学び、仏教徒は、すべての人を同朋として悲しみに寄り添い、困難にあえぐ人のそばにいて耳を傾け、相手の人生の全行程をまるごと認めるところから宗教的実践が始まるといえるだろう。その意味で、伝道実践とは、同朋として互いに支え合い、自らの悪を省みることであり、様々な面を持つその人の人生の物語をそのままに受けとめて、苦境の中で相手が示す優しさや真心に学ぶことだろう。

（三）宗教儀礼の尊重―如来の大悲にいだかれて仏徳を讃嘆し自己を見つめる

礼拝の時間は、忙しい日常の中で自己をふりかえり、忘れている大切なことに気づかせてくれる。実際、東日本大震災以降、遺体安置所や各地域での追悼法要は、被災者の心を落ち着かせる時間となった。追悼法要は、苦楽をともにした家族縁者が集まり、仏前に手を合わせて、故人を追慕し、聖教を読誦して仏徳を讃嘆し、報謝の大道を歩む推進力となる。法要は、遺族が悲しみや無念さを仏前において表出し、そのままだきとめる大いなる如来の大悲に感謝する時間である。宗教実践、ケアとは、第一に、相手の思いをありのままに尊重して聞き、その問題解決をともに考え、家族や専門職と協力して、その人が生きぬけるように努力することである。また第二に、相手の希望を確認したうえで、生死を超えた宗教的な教えをわかちあい、自己の生きる意味をともに考えることができるだろう。ただし、どこまでもその人自身が自らの生きる意味を確認することができるように寄り添うことが基本である。

（四）非暴力と平和への願い

仏教の社会倫理は、世俗価値を超えた仏教の縁起的生命観に支えられている。釈尊は慈悲と非暴力についてこう説かれている。

一切の生きとし生けるものは幸せであれ。（『スッタニパータ』一四七偈）

すべての者は暴力におびえる。すべての生きものにとって生命は愛しい。己が身にひきくらべて殺してはならぬ。殺さしめてはならぬ。（『ダンマパダ』一三〇偈）

実にこの世においては、怨みに報いるに怨みをもってしたならば、ついに怨みの息むことがない。怨みをすててこそ息む。これは永遠の真理である。（『ダンマパダ』五偈）

また、親鸞は同朋の念仏者が弾圧を受けた時、次のように手紙を仲間に記した。

善導の御をしへには、「悪をこのむ人をばつつしんでとほざかれ」（散善義・意）とこそ、至誠心のなかにはをしへおかせおはしまして候へ。（『末灯鈔』十六通『聖典全書』二巻八〇三頁）

念仏せんひとびとは、かのさまたげをなさんひとをばあはれみをなし、不便におもうて、念仏をもねんごろにまふして、さまたげなさんを、たすけさせたまふべしとこそ、ふるきひと（善導）はまふされさふらひしか。（『御消息集』九『聖典全書』二巻八三五頁）

世のなか安穏なれ、仏法ひろまれ。（親鸞『御消息集』七、『聖典全書』二巻八三〇頁）

したがって釈尊や親鸞が明かしたように、仏教徒は、悪を好む人から遠ざかり、怨みに怨みを返さずに、すべてのいのちを慈しむ。非暴力と平和な社会の実現を願うことが、仏教徒の宗教実践の基本である。

（五）多様性を尊重する

仏教の社会倫理は、多様性を尊重し、社会的包摂を推進する。社会的包摂とは「全ての人々を孤独や孤立、排除や摩擦から援護し、健康で文化的な生活の実現につなげるよう、社会の構成員として包み支え合う」という理念である。親鸞は、おほよそ大信海を案ずれば、貴賤緇素を簡ばず、男女老少をいはず、造罪の多少を問はず、老少男女をとわず…尋常にあらず臨終にあらず、多念にあらず一念にあらず、ただこれ不可思議不可称不可説の信楽なり。

（『教行証文類』「信文類」、『聖典全書』二巻九一頁）

と説かれたように、尊卑賢愚や出家在家によって区別せず、老少男女に関係なく、罪の多少を問わず、平生も臨終も、いつも救わんとはたらきかける弥陀の本願力によって、誰もが平等に金剛信心をめぐまれて、ともに浄土に往生できると教えている。こうした教えを鑑としながら、弱く小さな存在を大切にする寛容さ（tolerance）を養う。

（六）報恩感謝

伝道実践の姿勢について、親鸞の教えに基づいて確認したい。唐代の善導は『往生礼讃』に、「自信教人信、難中転更難、大悲伝普化、真成報仏恩」と記し、親鸞は「大悲をもて伝へてあまねく化する」と読んでいる。他面、親鸞は、その文を『教行証文類』「信文類」と「化身土文類」の二か所に引用し、智昇編『集諸経礼懺儀』に掲載された善導の『往生礼讃』の文によって、「大悲伝普化」を「大悲弘普化」と書き直している。それは、親鸞が善導の真意を伝えるために、智昇編『集諸経礼懺儀』に載っている『往生礼讃』の文を『教行証文類』に引用したと理解できる。

みづから信じ、人を教へて信ぜしむること、難きがなかにうたたまた難し。大悲弘くあまねく化する。まことに仏恩を報ずるになる。（「信文類」真仏弟子釈『聖典全書』二巻一〇一頁、「化身土文類」真門釈、『聖典全書』二巻二〇九頁、「大悲弘く　弘字、智昇法師『懺儀』文也」と註書きされている）

このように「大悲をもて伝へてあまねく化する」という『往生礼讃』を、「大悲ひろくあまねく化する」と親鸞は読み取った。それはどういう意味であるのか。

「大悲弘普化」は、他者に寄り添う伝道実践を示す重要なキーワードである。私の行為が大悲なのではない。如来の大悲が弘（ひろ）くすべての人々を教化すると親鸞は受けとった。自信教人信の自信とは、「一人がため」に寄り添う如来の大悲が自己に「伝わり」、教人信とは「一切衆生」をひろく照護する大悲のなかで、自己が「伝える」ことである。如来の大悲に支えられて、自分にできることを精一杯することが、仏恩に報謝する実践になるといえるだろう。

如来の大悲に照らされて自己を省みると、「小慈小悲もなき身にて　有情利益はおもふまじ」（『正像末和讃』、『聖典全書』二巻五一九頁）と親鸞が明かしたように、自己の慈しみの無力さに気づかされる。しかし、そのような無力な自己を見捨てずに摂取する大悲を知る時、「如来大悲の恩徳は　身を粉にしても報ずべし」（『正像末和讃』、『聖典全書』二巻四九八頁）と親鸞が力説したように、如来の大悲にいだかれていることに感謝しておのずと報恩に尽くしたいという思いがあふれてくるだろう。(5)

宗教的実践の原動力

宗教的実践の原動力となった大切な言葉がある。浄土真宗本願寺派第二十四代門主大谷光真様の言葉が、被災地や医療福祉機関において宗教者が実践する際の原動力となっている。

阿弥陀如来の慈悲に救われていると知ったものが、自分の不完全さから目をそらさず、自らができることをする。私の行為が慈悲なのではなくて、阿弥陀仏の慈悲の中で、今何ができるかということです。聖道の慈悲を「自力」、浄土の慈悲を「他力」といってもいいのですが、他力だから何もしないで惰眠を貪っていていいわけではありません。不完全な存在であるという自覚のもとにできることからやるのです。(6)

「小慈小悲もなき身にて」だから、何も為しえないと言っているのではないのです。（中略）自分の行動は「小慈小悲」や「有情利益」と呼べるものではない、とつねに厳しい視点から問い直しているのです。真の意味で相手の身になるのはそれほど難しい。善意であればあるほど難しい。他者の苦悩に対する感受性が鈍るひとと人を傷つけることに直結します。善意が一番厄介です。自分自身が善である、善人であるという思いが問題なのです。（中略）まず自分の愚かさを認めることからはじめないと、現代社会において一切衆生は容易に恢復されません。(7)

ここに親鸞における「常行大悲」の真意が示されている。自己の行為が大悲なのでない。自らの行為の不十分さを反省しつつ、如来の大悲に支えられて、なおも相手を想って精一杯できることをする、そこに常行大悲の姿勢があるだろう。

こうした応援メッセージは、現場でどうすることもできずに立ち尽くし、それでもその場にいて人々の悲しみに寄り添いつづける宗教的実践者を奮い立たせるものである。

実践真宗学の宗教姿勢とは

以上のような宗教実践は、「如来に願われ、多くの人々や自然の恵みに支えられていることを知り、報恩感謝の心で支え合う」「決して見捨てられることのない如来の大悲にいだかれて、自らを慚愧し、愚者の自覚をもちながら、御同朋として人々の悲しみに心寄せる」という仏教精神に基づいている。

実際に、学生は、自らの課題を見つけて研究し、教員に相談し、仲間とともに切磋琢磨して実践している。大学院生全員が、大悲の中で素直に自己をふりかえり、世の安穏を願って努力する仏の子である。

宗教的実践者には、人々の不安を聞き、その人の支えとなるものとのつながりを再確認して、生きる力を育む援助が期待される。如来の大悲にいだかれて、自らの無力さを省みつつ、一人ひとりの解決のつかない課題に向き合い、相手と共に悩み、共に解決の道を探求する人間を育成しつづけたい。


（鍋島 直樹・那須 英勝・杉岡 孝紀・殿内 恒）

註

（1）『龍谷大学大学院実践真宗学研究科実践真宗学専攻（修士課程）の設置の趣旨』二頁、二〇〇九年
（2）『龍谷大学大学院実践真宗学研究科実践真宗学専攻（修士課程）の設置の趣旨』二～三頁
（3）『浄土真宗聖典 歎異抄（現代語版）』一一～一二頁参照、本願寺出版社、二〇一四年
（4）『浄土真宗聖典 親鸞聖人御消息・恵信尼消息（現代語版）』一五頁参照、本願寺出版社、二〇〇七年
（5）玉木興慈「大悲伝普化と大悲弘普化」三四二頁、『親鸞と浄土仏教の基礎的研究』所収、永田文昌堂、二〇一七年
（6）大谷光真『愚の力』一八一頁、文春新書、二〇〇九年
（7）前掲書一八三頁

龍谷大学における「臨床宗教師研修」小史

臨床宗教師研修の創設と龍谷大学

日本版チャプレンである臨床宗教師の研修は、東日本大震災発生後の二〇一二（平成二四）年四月、東北大学大学院文学研究科実践宗教学寄附講座（以下、寄附講座）[1]が設置されて始まった。同講座による「臨床宗教師研修」（以下、東北大学「臨床宗教師研修」）は、国立大学初の宗教者による「心のケア」に関する専門講座として、社会から大きな注目を集めた[2]。東北大学は臨床宗教師の名称を独占せず、また臨床宗教師養成について各教育機関の独自性を認めた。この東北大学の姿勢によって、仏教系大学を中心に臨床宗教師養成が次々と始まった[3]。

大学機関として東北大学に続いたのは龍谷大学だった。二〇一四年四月に龍谷大学大学院実践真宗学研究科「臨床宗教師研修」が開始された。現在は「臨床宗教師・臨床傾聴士研修」と名称が変更されて実施されている（以下、同大学院は実践真宗学研究科と略し、特に「臨床宗教師・臨床傾聴士研修」と表記すべき箇所を除いて、便宜的に龍谷大学「臨床宗教師研修」と表記）。龍谷大学「臨床宗教師研修」

については、毎年一月の研修生募集に際して、詳細な龍谷大学「臨床宗教師研修」履修カリキュラム・募集要項がホームページに公開される。また、その内容は開設当初から研修主任を務める鍋島直樹や、二〇一八年四月に実践真宗学研究科へ着任した森田敬史の論考が詳細に論じている。(4) 本稿では紙数の都合で割愛するところが多いため、研修内容についてはそれらの論文も参照いただきたく思う。

さて、筆者は、常清の里相談員（ビハーラ僧）として二〇一一年から実践真宗学研究科院生の実習を受け入れ指導にあたり、縁あって二〇一三年度から二年間、東北大学「臨床宗教師研修」でも指導の機会を得ていた。その期間に龍谷大学でも臨床宗教師研修が始まったことから、一時的に両大学の臨床宗教師研修に関わった経験を持つ。その後、二〇一五年四月から龍谷大学に着任して龍谷大学「臨床宗教師研修」に直接関わることになった。本論はそのような経緯を持つ筆者の視点と所蔵資料を活用しながら、龍谷大学「臨床宗教師研修」について、開設の経緯から新型コロナウイルス感染症の感染拡大期を含めた現在までの約一〇年間をまとめた小史である。

開設までの経緯―東北大学「臨床宗教師研修」との連携

実践真宗学研究科では、東北大学「臨床宗教師研修」開設の翌年から臨床宗教師研修の実施に向けて始動した。二〇一三年三月以降、所属教員が東北大学へと足を運び、寄附講座主任の鈴木岩弓教授・高橋原准教授・谷山洋三准教授（肩書きは当時。以下敬称・肩書き共に略す）から教示を受けた。二〇一三年五月二九日、龍谷大学大宮学舎での龍谷大学実践真宗学研究科ＦＤ委員会（当時、深川宣暢委員長）へ招かれた谷山によって「臨床宗教師養成の取り組みの意義と目的」と題して臨床宗教師が紹介された。また同日に谷山は大宮学舎清風館において、鍋島が担当する「ビハーラ活動論研究」特別講義として「「臨床宗教師研修」養成の目的と意義―グリーフケア・スピリチュアルケア」を講義している。

同年七月に、龍溪章雄（当時、実践真宗学研究科長）らが東北大学の鈴木・高橋・谷山らを訪問し、協議の結果、龍谷大学「臨床宗教師研修」を東北大学との連携によって開設する方向性が確認された。二〇一三年七月一〇日、実践真宗学研究科委員会において、東北大学との連携による龍谷大学「臨床宗教師研修」を二〇一四年度から実施することが承認された(5)。

筆者の手元に残る第四期東北大学「臨床宗教師研修」全体会資料によれば、二〇一三年一〇―一二月に開催された第四期東北大学「臨床宗教師研修」に、鍋島と堀靖史（当時、実践真宗学研究科実習助手）らがオブザーバーとして参加している。この時、現在の龍谷大学「臨床宗教師研修」副主任である森田（当時、長岡西病院ビハーラ病棟常勤ビハーラ僧）と筆者（当時、常清の里相談員〈ビハーラ僧〉）は、東北大学側のスーパーヴァイザーとして、臨床実習やグループワークなどの指導をしている。

二〇一四年四月二四日に、龍谷大学「臨床宗教師研修」開設記念シンポジウム「寄り添うスピリチュアルケアと伝わる宗教的ケア」が龍谷大学大宮学舎清和館三階大ホールにおいて開催された。上智大学グリーフケア研究所の高木慶子特任所長（当時）が登壇し「悲しみを乗り越える力」と題して基調講演を行った。続くシンポジウムでは杉岡孝紀のコーディネートのもと、谷山と鍋島がそれぞれ提言を行い、さらに髙木特任所長と黒川雅代子（当時、短期大学准教授）を加えたパネルディスカッションが行われている。[6]

龍谷大学「臨床宗教師研修」最初の全体会（臨床実習）は、二〇一四年五月二〇—二二日に宮城県石巻市法山寺などを会場とした第五期東北大学「臨床宗教師研修」第一回全体会（東北大研修生一九名）へ参加する形で始まった。実践真宗学研究科からは教員三名（鍋島・杉岡・堀）と院生一一名が参加し、総勢三〇名の研修生による東北大学と龍谷大学合同「臨床宗教師研修」が実施された。

二〇一五年度以降も、東北大学「臨床宗教師研修」研修指導者である高橋や谷山らの講義や会話記録検討会が実施されている。また、二〇二三年度からは東北大学大学院文学研究科死生学・実践宗教学専攻分野が主催し、実践真宗学研究科と世界仏教文化研究センターが共催となり、大宮学舎を会場として「臨床宗教師指導者養成プログラム」が行われる。[7] このように「臨床宗教師研修」に関する東北大学との連携は継続・発展している。

龍谷大学「臨床宗教師研修」教育プログラムの概要

東北大学「臨床宗教師研修」の協力によって始まった龍谷大学「臨床宗教師研修」教育プログラムは、既存および新設の大学院科目の講義で学ぶ理論面と、新設された実習とグループワークを中心とする「臨床宗教師実習」[8]からなる二年間の教育プログラムとして構成された。開設時の資料に拠れば、その内容は（1）必修科目と（2）選択必修科目からなる。（1）には、①「臨床宗教師研修」に特化した科目として既設科目「ビハーラ活動論研究」および新設科目「臨床宗教師実習」「グリーフケア論研究」[9]があった。また②「臨床宗教師研修」の基盤となる講義には、既設科目の「実践真宗学研究」「真宗人間論研究」「ビハーラ活動論研究（二〇一七年度以降「ビハーラ・スピリチュアルケア論研究」）」があった。また（2）選択必修科目には「臨床宗教師研修」に関連した科目として「現代宗教論研究」「宗教心理学研究」「宗教教育学研究」「生命倫理論研究」「人権・平和論研究」「カウンセリング論研究」「地域・寺院活動論研究」「臨床心理学研究」「精神保健学研究」があった。（2）へは二〇一八年度に「社会実践特殊研究C（二〇二三年度より臨床宗教教育研究に名称変更）」、二〇二一年度に「社会実践特殊研究D（看護と仏教の連携による地域包括ケア）」が加わった。若干の科目名称の変更はあったものの、大枠の変更はなく現在に至っている。なお、（1）のうち①②の単位修得は必須であり、（2）のうち二科目四単位以上の修得が求められた。

実習とグループワークを中心とした「臨床宗教師実習」は、全体会（全体実習）と特別実習（臨床個人実習）によって構成された。開設時の二〇一四年度を例にそれらの内容を挙げると、全体実習は東北大学との合同研修後に仙台別院に会場を移して浄土真宗本願寺派（以下、本願寺派）の被災地支援を学んでいる。さらに、本願寺派関係の医療福祉施設「あそかビハーラ病院・ビハーラ本願寺（京都府城陽市）」「常清の里・ビハーラこのみ園（大阪府内）」での臨床実習、子どもと高齢者に同時に関わる全体実習「橘保育園・橘デイサービスセンター（宮崎市）」、「広島平和祈念資料館訪問と被爆者との交流（広島市）」があった。また、特別実習として「阪神淡路大震災被災者講話と交流（神戸市）」

や、葛野洋明（実践真宗学研究科教授）による「ＮＣＣ宗教研究所ドイツ人神学生との宗教間対話と交流（京都市）」が実施された。二〇一五年度からは、京都府健康福祉部福祉・援護課との連携事業「きょうのもんく」を通して自殺対策への関わりや行政との連携を学ぶ特別実習が始まった。さらに二〇一七年度に独立型緩和ケア病棟のあそかビハーラ病院（五日間）、二〇一八年度から高齢者総合施設常清の里（三日間）での特別実習（臨床個人実習）が加わった。どちらも宗教者が勤務している施設であり、臨床宗教師の役割を肌身で感じながら経験が積めるようになった。

実習先の充実には、実践真宗学研究科が培ってきたつながりに加えて、「臨床宗教師研修」指導者や修了者および各地臨床宗教師会との人的ネットワークも活用された。詳しくは後述の龍谷大学「臨床宗教師研修」と日本臨床宗教師会および各地臨床宗教師会との項で述べるが、特別実習（臨床個人実習）の開始にあたっては、特に医師の大嶋健三郎（当時、あそかビハーラ病院院長）と本願寺派僧侶の花岡尚樹（当時、あそかビハーラ病院ビハーラ室室長）ら関係者の熱意と尽力があった。

以上、龍谷大学「臨床宗教師研修」教育プログラムを概観してきた。龍谷大学「臨床宗教師研修」は、開設当時から他の臨床宗教師教育プログラムにはない多岐にわたる実習先があった。いずれの実習も老病死に代表される苦の現場である。その中で、研修生は患者・利用者やその家族をはじめ支える医療スタッフの苦悩、遺族や被災者・被爆者の悲嘆に直に触れる。そして、時に宗教者として無力さも痛感する。研修先で出会うすべての人を「先生」とし「生きている人間の出来事に学ぶ」こと、そして自己を内省し、グループワークやスーパーヴィジョンを受けて更なるケア能力向上に向けた研鑽に励む。それが龍谷大学「臨床宗教師研修」の特徴である。

龍谷大学「臨床宗教師研修」研修生の推移と宗教的背景

周知の通り、龍谷大学は本願寺派を背景とした大学である。だが、龍谷大学「臨床宗教師研修」は、開設時から本願寺派以外の宗教者にも門戸を開いて研修生を募集した。二〇一五年度の真宗高田派の研修生の参加をはじめ、これまでに天台宗・浄土宗・臨済宗の僧侶や、臨床傾聴士を目指す無宗教者や留学生も参加している。また二〇一八年度から実践真宗学研究科教授に着任した森田は融通念佛宗の僧侶であり、研修担当教員の所属宗派も多様化した。龍谷大学「臨床宗教師研修」では、教員も研修生も多様な信仰や価値観を尊重しあい、研修全体を通して互いが学びあう。このような学びは、特に臨床宗教師の教育目標にある「宗教間対話」「宗教協力」に欠かせない。同じ浄土真宗でも各派によって教義解釈や宗教儀礼に差異があり、宗派が異なればより違いは大きくなり、その分、学びも豊かになる。本願寺派以外の研修生受け入れは、その基盤となったと言える。

また、開設初年度こそ実践真宗学研究科に所属する大学院生のみの参加であったが、二〇一五年度から社会人の宗教者も受講申込みが可能となった。受講許可された者は科目等履修生登録を行って教育プログラムに参加することとなった。以下に、これまでの龍谷大学「臨床宗教師研修」の研修修了者の人数と宗教的背景、主な研修スタッフならびに関連事項をまとめた一覧（表1）を示す。

龍谷大学「臨床宗教師研修」年表（表1）

研修年度	研修スタッフ※ 研修主任（主） 副主任（副） 実習助手（助）	修了者総数＊ （うち社会人）	本願寺派以外の研修生数	関連トピック
二〇一四年度（第一期）	鍋島直樹（主） 杉岡孝紀（副） 堀　靖史（助）	一一名 （〇名）	〇名	・龍谷大学「臨床宗教師研修」開始 ・記念シンポジウム開催 ・第五期東北大学「臨床宗教師研修」との合同研修実施
二〇一五年度（第二期）	鍋島直樹（主） 杉岡孝紀（副） 打本弘祐（副） 中平了悟（助）	一一名 （一名）	高田派一名	・社会人受講生受け入れ開始 ・京都府連携事業「きょうのもんく」開始 ・日本臨床宗教師会設立（二〇一六年二月二八日）
二〇一六年度（第三期）	鍋島直樹（主） 杉岡孝紀（副） 打本弘祐（副） 中平了悟（助）	六名 （四名）	大谷派一名、浄土宗一名	・実習日誌導入
二〇一七年度（第四期）	鍋島直樹（主） 打本弘祐（副）	一三名 （二名）	高田派一名、天台宗一名	・あそかビハーラ病院個人実習開始 ・日本スピリチュアルケア学会「人材養成講座」

	中平了悟（助）			に認定（二〇一七年九月九日） ・臨床宗教師資格制度開始（二〇一八年三月に第一回認定証授与式）龍谷大学「臨床宗教師研修」からは七名が認定
二〇一八年度 （第五期）	鍋島直樹（主） 森田敬史（副） 打本弘祐（副） 金澤　豊（助）	五名 （三名）	大谷派一名、 興正派一名	・常清の里個人実習開始 ・日本臨床宗教師会主催第四回全国フォローアップ研修会が大宮学舎で開催（二〇一九年三月四―五日） ・具体的目標に「理論と臨床の統合」が追加
二〇一九年度 （第六期）	鍋島直樹（主） 森田敬史（副） 打本弘祐（副） 金澤　豊（助）	一〇名 （三名）	木辺派一名	・「社会実践特殊研究C（臨床宗教教育研究）」を夏期集中講義に変更
二〇二〇年度 （第七期）	鍋島直樹（主） 森田敬史（副） 打本弘祐（副） 金澤　豊（助）	四名 （一名）	〇名	・新型コロナウイルス感染症の感染拡大 ・日本臨床宗教師会主催第五回フォローアップ研修会が新型コロナウイルス感染症拡大のため中止 ・日本臨床宗教師会より「教育プログラムに関する申し合わせ」が出る ・オンラインでのグループワーク開始

二〇二一年度（第八期）	鍋島直樹（主） 森田敬史（副） 打本弘祐（副） 伊藤顕慈（助）	七名（一名）	大谷派一名、東本願寺派一名、無宗教二名	・臨床傾聴士教育プログラムがスタート ・「臨床宗教師・臨床傾聴士研修」教育プログラムに名称変更 ・臨床傾聴士二名認定（うち一名は留学生）
二〇二二年度（第九期）	鍋島直樹（主） 森田敬史（副） 打本弘祐（副） 伊藤顕慈（助）	四名（一名）	大谷派一名、臨済宗一名	・修了生が臨床スピリチュアルケア師に認定（一名） ・日本臨床宗教師会主催第七回フォローアップ研修会を龍谷大学がホスト校としてオンライン開催（二〇二三年三月五―六日）
二〇二三年度（第一〇期）	鍋島直樹（主） 森田敬史（副） 打本弘祐（副） 伊藤顕慈（助）	四名		・東北大学主催「臨床宗教師指導者養成プログラム」を実践真宗学研究科と世界仏教文化研究センターが共催となり、大宮学舎を会場として開催（一年間）
		計七五名（一六名）		

※二〇一五年度から黒川と筆者が研修スタッフに加わった。その他、歴代の実践真宗学研究科科長をはじめ大学院科目担当者ら大学内の研修協力者、島薗進（東京大学名誉教授、元・日本臨床宗教師会会長）ら学外協力者（アドバイザリーボード）、沼口諭（沼口医院院長、日本臨床宗教師会理事）ら医療福祉機関協力者および金田諦應（日本臨床宗教師会副会長）ら日本臨床宗教師会協力者については、各年度の「臨床宗

教師研修」履修カリキュラム・応募要項を参照のこと。

＊実践真宗学研究科は、二〇一五年度に三名（杉岡孝紀、花岡尚樹、山本成樹）を新たに臨床宗教師の指導者として認定した[10]。二〇一六年度には龍谷大学「臨床宗教師研修」研修に実習助手として二年間参加したことから「研修修了に相当する者」として一名（中平了悟）を臨床宗教師として認定している。報道資料等によっては、以上の四名を含めた認定者数が記されているが、本年表では研修を焦点に当てたため、正確な研修修了者数のみを記載した。そのため上記四名を含めていない。なお、二〇一七年度の実際の研修生は一二名であったが、二〇一六年度修了予定の研修生が諸事情により二〇一七年度の認定になったため、二〇一七年度の修了生は一三名となっている。

龍谷大学「臨床宗教師研修」と資格

龍谷大学「臨床宗教師研修」教育プログラムの要件を満たして修了した研修生には、実践真宗学研究科から「臨床宗教師研修修了証書」が授与された。だが、現在、龍谷大学「臨床宗教師研修」修了のみでは臨床宗教師と名乗ることはできない。二〇一八年三月五日より始まった日本臨床宗教師会による資格制度により「日本臨床宗教師会および各地臨床宗教師会へ所属↓フォローアップ研修等の受講↓所定の書類を日本臨床宗教師会へ提出↓日本臨床宗教師会の認定審査」を経て「認定臨床宗教師」の資格が付与されるようになった。

加えて、龍谷大学「臨床宗教師研修」は、二〇一七年九月九日に日本スピリチュアルケア学会「認定教育プログラム」として承認された。それを受けて、二〇一八年度以降は、スピリチュアルケア師の資格取得を目指す実践真宗学研究科に在籍する医療福祉等関係者が「臨床宗教師研修」を受講できるようになった。研修修了者は宗教者の資格の有無を問わず、同学会の資格審査を経て「認定スピリチュアルケア師（現在、臨床スピリチュアルケア師）」の資格が付与されるようになった。

二〇二一年四月からは、実践真宗学研究科に所属する宗教者以外の院生が「臨床宗教師研修」に参加し、所定の要件を満たすことで同研究科が認定する「臨床傾聴士」を取得できるようになった。[11] あわせて教育プログラム名が「臨床宗教師・臨床傾聴士研修」教育プログラムに変更された。二〇二二年三月には、実践真宗学研究科によって「臨床傾聴士」二名が初めて認定されている（うち一名は留学生）。

龍谷大学「臨床宗教師研修」とメディア

臨床宗教師は、当初からメディアから好意的な反応を得ていた。龍谷大学「臨床宗教師研修」に関しても、開設前から産経新聞・毎日新聞・京都新聞・佐賀新聞・本願寺新報・中外日報・佛教タイムス・文化時報などの新聞各紙や、読売テレビや毎日放送などで報道された。特に産経新聞記者であった小野木康雄（現在、文化時報社社長兼主筆）は、二〇一七年度龍谷大学「臨床宗教師研修」の実習のほとんどに帯同するなど精力的に取材を重ねた。

こうした報道は、実践真宗学研究科や臨床宗教師の認知度を高めることにつながった。他方、超高齢多死社会が抱える課題や、被災者支援、遺族支援、自死問題など、人びとが抱える苦悩に宗教者が積極的に関わる姿勢を世間に示し、宗教者による「心のケア」という新しいケア文化醸成の一助となった。[12]これらメディアによる龍谷大学「臨床宗教師研修」に関する多くの報道をまとめた年次報告書を一覧表にして示しておく（表2）。

龍谷大学「臨床宗教師研修」の報道に関する資料（表2）

報道年度	収載雑誌名
二〇一四―二〇一五年度	龍谷大学人間・科学・宗教オープン・リサーチ・センター 『仏教・浄土教を機軸としたグリーフサポートと救済観の総合研究報告書』
二〇一六年度以降	世界仏教文化研究センター応用研究部門 『龍谷大学世界仏教文化研究センター応用研究部門研究活動報告書』

龍谷大学「臨床宗教師研修」と新型コロナウイルス感染症

二〇二〇年度以降、日本でも拡大した新型コロナウイルス感染症（以下、新型コロナ）に伴う緊急事態宣言やまん延防止等重点措置の発出によって、全ての教育機関の「臨床宗教師研修」が影響を受けた。特に、医療福祉機関における実習や対面でのグループワークの実施が難しくなった。その状況に対して二〇二〇年五月五日に日本臨床宗教師会から「教育プログラムについての申し合わせ」が出された。この「申し合わせ」によって、実習時間と演習（グループワーク）の臨時特別措置がとられた。実習については、資格申請にかかる「公共空間での実習」時間数（三〇時間）のうち、二〇時間までは家族や親族を除く信徒などへの電話やオンラインでの対応を実習時間に含めること、残りの一〇時間に関しては、新型コロナの収束状況に応じ、教育プログラムが責任を持って公共空間での実習を実施することが認められた。またグループワークに関しても、指導者と研修生間の電話やオンライン会議（リアルタイム）での実施が認められるようになった。このように研修が持続可能になるよう柔軟な対応が採られた。

迅速に「申し合わせ」が出されたものの、実際には医療福祉機関を中心に実習受け入れが困難となったため、ほとんどの教育機関で「臨床宗教師研修」の中止が余儀なくされた。龍谷大学「臨床宗教師研修」も新型コロナの影響を受け、一部の実習が中止となった。だが、厳しい状況の中でも、東日本大震災被災地の本願寺派仙台別院および同派専能寺（仙台市）や、広島被爆寺院の真宗大谷派超覚寺（広島市）、医療福祉関係機関ではあそかビハーラ病院、神戸赤十字病院、常清の里での実習が行われた。実習先の理解と協力によって、龍谷大学「臨床宗教師研修」は開設から現在まで途切れることなく研修修了者を輩出している。

龍谷大学「臨床宗教師研修」と日本臨床宗教師会および各地臨床宗教師会

二〇二二年度の時点で「臨床宗教師養成教育プログラム」として認定された機関を順にあげると、東北大学「臨床宗教師研修」、龍谷大学「臨床宗教師研修」、高野山大学密教実践センター、種智院大学臨床密教センター、武蔵野大学臨床宗教師・臨床傾聴士養成講座、愛知学院大学、大正大学、ＮＰ

〇法人日本スピリチュアルケアワーカー協会、上智大学臨床宗教師養成プログラムがある。[13]これらの教育プログラムを認定するのが、一般社団法人日本臨床宗教師会（二〇一七年二月一七日登記）である。この（一社）日本臨床宗教師会の前身にあたる任意団体日本臨床宗教師会は、二〇一六年二月二八日に龍谷大学大宮学舎清和館三階大ホールにおいて設立された。このことは龍谷大学と日本臨床宗教師会双方の歴史に刻まれている。[14]また設立以来、日本臨床宗教師会には龍谷大学から多くの人物が関わっており、深川宣暢（二〇一七年—二〇一九年）、杉岡孝紀（二〇一九年—現在）、黒川雅代子（二〇一七年—現在）が理事に就任している。また、事務局次長に鍋島（二〇一七年—現在）、事務局として森田（二〇一八年—現在）と筆者（二〇一七年—現在）が名を連ねている。

龍谷大学「臨床宗教師研修」と各地臨床宗教師会との関係について述べておく。主な研修担当教員は関西臨床宗教師会に所属し、理事などの要職についている。なかでも森田は二〇二三年四月に関西臨床宗教師会会長に就任した。研修修了者は関西臨床宗教師会に所属する場合もあるが、実践真宗学研究科を修了して地元に帰るなどして、その地方の臨床宗教師会に所属する場合がある。いずれの臨床宗教師会に所属するかは、各自の判断に委ねられている。

龍谷大学「臨床宗教師研修」への各地臨床宗教師会の協力についても触れておこう。二〇一五年度の東日本大震災被災地全体実習から、東北臨床宗教師会（当時は、北海道・東北臨床宗教師会）の協力を得ている。本願寺派仙台別院内では曹洞宗僧侶でありカフェ・デ・モンク主宰の金田諦應（日本臨床宗教師会副会長）から「カフェ・デ・モンク」の講義を、認定臨床宗教師の吉田裕昭と髙橋悦堂から方言を含めた地域文化および曹洞宗の宗教儀礼を学んでいる。加えて宮城県気仙沼市では金光教気仙沼教会を会場に、金光教教師の奥原幹雄から金光教の宗教儀礼を体験する機会を得ていた。新型コロナの感染拡大以前は、東北臨床宗教師会会員と龍谷大学の研修生との交流会が仙台市内で催され、懇親を深める機会もあった。また特別実習（広島）では、龍谷大学「臨床宗教師研修」修了生である和田隆恩（真宗大谷派僧侶・中国地方臨床宗教師会会員）が住職を務める超覚寺を会場に、被爆寺院と地域復興の歩みや自死遺族ケアの研修が行われている。その際に桝野統胤（臨済宗僧侶・中国地方臨床宗教師会会長）、堀靖史（元実践真宗学研究科実習助手・中国臨床宗教師会会員）らの協力を得ている。

龍谷大学「臨床宗教師研修」開設の意義と展望

龍谷大学真宗学会一〇〇年の歴史の中で、最も新しい動きである臨床宗教師研修についてまとめてきた。稿を閉じるにあたり、筆者の視点から実践真宗学研究科における龍谷大学「臨床宗教師研修」開設の意義と展望を述べておきたい。

実践真宗学研究科は臨床宗教師が登場する以前から教育理念として「宗教的実践者としての能力の養成」を掲げていた。大学院として研究者育成はもちろん、宗教的実践者養成のために宗教実践分野では本願寺派布教使養成の一端を担ってきた。一方、多岐に渡る社会活動実践分野では、本稿と関わる領域として本願寺派が継続してきたビハーラ活動が講義と実習の両側面から教育されてきた。理論的な座学はもちろん、両分野を実践的に学べることが実践真宗学研究科の特色であった。筆者も両分野の臨床実習先として要請を受けて、毎年常清の里で院生を受け入れてきた。このような実践真宗学研究科の歴史は、他大学に先駆けて「臨床宗教師研修」を開始できるだけの土台となっていた。その歴史はさしずめ〈龍谷大学「臨床宗教師」前史〉と言えよう。

だが、宗門大学単独かつ自校完結で臨床宗教師養成を成り立たせることは容易ではなかった。臨床宗教師の特徴でもあり、教育目標に「宗教間対話」「宗教協力」を掲げる教育プログラムの実施は、超宗教超宗派の要素を担保する必要があった。加えて宗教者として公共空間で活動した実務経験を有し、なおかつ研修の柱であるグループワークやスーパーヴィジョンを担当できる人材は非常に限られていた。そのため龍谷大学が「臨床宗教師研修」を始めるにあたって、宗教的に中立な国立大学である東北大学との協力・連携を模索し、研修初年度の合同研修から現在に至るまでの継続的な関係性の構築は重要な鍵であった。「臨床宗教師研修」開設以降の龍谷大学真宗学関係の人材雇用においては、東北大学「臨床宗教師研修」でグループワークなどを担っていた筆者を文学部に専任教員として、同じく森田を実践真宗学研究科教授へ採用してきた。特に融通念佛宗僧侶である森田の教授としての着任は、内外に少なからぬインパクトを与えた[15]。

臨床宗教師をめぐる龍谷大学の関係構築は、民間組織である日本臨床宗教師会にも及んでいる。団体設立時やその後の運営、また継続研修である全国フォローアップ研修に際しても、人的資源や会場を提供している。他方、この関係性が、日本臨床宗教師会による臨床宗教師の資格化の際に、実践真宗学研究科の科目受講者の履修選択次第で「認定臨床宗教師」の資格取得が可能になるという付加価値をもたらした。

そもそも臨床宗教師の存在とその資格化は種々議論があるところではあるが、成熟した結論を待つ余裕はなかった。医師であった故・岡部健の命名によって生まれた臨床宗教師は、当初から超高齢多死社会を迎える日本の医療や福祉分野で期待され、メディアの好意的な報道に後押しされてきた(16)。臨床宗教師の登場以前から医療福祉分野で活動してきた筆者の肌感覚としても、臨床宗教師の登場とその資格化によって、臨床にいる宗教者の認知度と社会実装は加速度的に進んだ(17)。龍谷大学「臨床宗教師研修」の修了者の中からも資格を取得し、すぐに医療福祉分野で雇用されるケースが出てきている。このことを鑑みると、外部の民間組織によって認定される資格取得が可能となったことはやはり大きかった(18)。その反面、一定の力量を示す指標として資格が付与されるだけに、それに見合う教育とフォローアップ研修を実践真宗学研究科が行う責務が生じた。その責務を今後も果たしていくことは、結果的に学問の還元や社会貢献を求められる現代の大学の使命を果たすことにつながるだろう。

ただ、以前より増加しているものの、龍谷大学「臨床宗教師研修」研修修了者のうち「認定臨床宗教師」取得者は二五％程度である。研修修了後に数年が経過してから資格の必要性を改めて感じて取得する者もいるが、現状の龍谷大学「臨床宗教師研修」の研修生は、必ずしも資格取得を目的としている訳ではない。教育機関における専門資格取得者数が可視化された成果として学内外で語られる昨今、実践真宗学研究科が資格取得者数を重視するならば、状況分析を十分に行い、資格取得者増加に向けた取り組みが必要となる(19)。一方で森田が指摘しているように、資格を取得せずとも研修修了者一人ひとりが「臨床宗教師的な素養を身につけた宗教者」として広く社会的実践に参画していると捉える視点も重要である。龍谷大学「臨床宗教師研修」を経験した者が、様々な在り方で、人びととの苦悩に共(響)感する宗教者となり、他者の苦を支え分かち合う共同体をそれぞれの場所で形成しつつある。その意味では現状のままの研修継続も一つの方向性であろう[20]。

どちらかへ向かうのか、あるいは両者のバランスを上手く取っていくのか、社会状況の影響を受けやすいこともあり、龍谷大学「臨床宗教師研修」の今後を現時点で予測することは難しい。いずれにせよ開設へ動き出してから一〇年目を迎える龍谷大学「臨床宗教師研修」が、今後も大学機関や民間組織との連携・協力を保ち、実践真宗学研究科が掲げる教育理念である「宗教的実践者としての能力を養成」する一つの契機として持続していくことを望みたい。そして実践真宗学研究科が「認定臨床宗教師」もしくは「臨床宗教師的な素養を身につけた宗教者」の養成を長く担い続けていく中で、およそ一〇〇年の歴史を持つ米国の臨床牧会神学のように、真宗学における臨床宗教師の在り方やケア理論、より良い臨床宗教師教育の議論が深化していくことだろう[21]。

【謝辞】 執筆にあたり、鍋島直樹先生、森田敬史先生から種々ご教示をいただいた。また、当時の状況確認のため、中平了悟先生(元実践真宗学研究科助手・龍谷大学非常勤講師)と中川結幾さん(京都自死・自殺相談センター)から情報提供をいただいた。末尾ながら紙面をお借りして感謝を申しあげる。

（打本　弘祐）

註

（1）この寄附講座は二〇二二年度をもって終了した。臨床宗教師やスピリチュアルケア師を養成する履修証明プログラム「臨床宗教教養講座」および「臨床宗教実践講座」は、引き続き東北大学大学院文学研究科死生学・実践宗教学専攻分野によって開講されている。なお本稿では便宜上、これらの履修証明プログラムを含めて東北大学「臨床宗教師研修」と表記している。

（2）東北大学「臨床宗教師研修」や臨床宗教師については、鈴木岩弓「「臨床宗教師」の誕生」（磯前順一・川村覚文編『他者論的展開　宗教と公共空間』ナカニシヤ出版、二〇一六年）をはじめ、高橋原「宗教者による心のケアの課題と可能性―臨床宗教師養成の試み」（『宗教時報』第一一七号、二〇一四年）および谷山洋三「「心の相談室」のその後と臨床宗教師」（『宗教と現代がわかる本　二〇一三』平凡社、二〇一三年）などが発表されている。

（3）二〇一三年にNPO法人日本スピリチュアルケアワーカー協会が、宗教を前面に出さずにスピリチュアルケアを提供する宗教者を臨床宗教師とし、同協会の養成講座修了者を臨床宗教師として認定を開始している。なお、各大学などによる臨床宗教師養成講座開設の動きは、宗教情報センターの藤山みどりによって書かれた『臨床宗教師―死の伴走者』（高文研、二〇二〇年）に詳しい。

（4）鍋島直樹「臨床宗教師研修の目的と特色：東北大学大学院の協力による実践真宗学研究科「臨床宗教師研修」構想」（『真宗学』一三二号、二〇一五年）、同「ビハーラ活動と臨床宗教師研修の歴史と意義—親鸞の死生観を基盤にして—」（『日本佛教学会年報』八一巻、二〇一六年）、森田敬史「龍谷大学における「臨床宗教師研修」に関する一考察」（『龍谷大学論集』第四九四号、二〇一九年）。

（5）龍谷大学実践真宗学研究科「二〇一四年度新設臨床宗教師研修」の目的と意義—東北大学大学院との連携協力による大学院教育プログラム—」参照。また、ネイサン・慈心・ミション（Nathan Jishin Michon）は、日本の仏教系大学のチャプレン養成の一つとして龍谷大学「臨床宗教師研修」に関する文献調査と鍋島や筆者を含む当時の指導者へのインタビュー調査を行い、積極的な評価をしている（Michon, Nathan Jishin. "Awakening To Care: Formation of Japanese Buddhist Chaplaincy." PH.D Diss. Graduate Theological Union, 2020.）。

（6）「臨床宗教師研修を開始—龍谷大学」『文化時報』二〇一四年四月三〇日付参照。

（7）このプログラムは臨床宗教師およびスピリチュアルケア師の指導者を輩出している臨床スピリチュアルケア協会（代表・谷山洋三）の協力を得て行われる。

（8）開設当初「通年集中二単位」であったが、二〇一五年度からは「通年集中四単位」、二〇一七年度より「通年集中八単位」となった。なお、二〇一七年度から「臨床宗教師総合実習」、二〇二三年度から「臨床宗教師傾聴士実習」に科目名称が変更された。

（9）新設時より担当する黒川雅代子（龍谷大学短期大学部教授・日本臨床宗教師会理事）は、龍谷大学「臨床宗教師研修」の特別実習（神戸赤十字病院）に携わっている。また黒川は「グリーフケア論研究」の中で受講生同士のロールプレイを取り入れており、その際に森田や筆者が陪席することがあった。

（10）「四人の臨床宗教師誕生—修了生以外に三人認定」『佛教タイムス』二〇一六年一月二八日参照。

（11）武蔵野大学も「臨床宗教師・臨床傾聴士養成講座」を開設し、講座修了者へ臨床傾聴士を授与している。また、上智大学グリーフケア研究所は「グリーフケア人材養成課程」の修了者へ資格として臨床傾聴士を認定し、同研究所が独自に定める臨床傾聴士に関する「内規」や「行動規範」の遵守を求めている。
(12) 毎年一月に、龍谷大学「臨床宗教師研修」に関連する新春シンポジウムが開催され、学外協力者（アドバイザリーボード）である谷山からの提言、研修生による総括、鍋島による当該年度の研修の様子を編集した報告動画が公開される。それらの様子は、龍谷大学世界仏教文化研究センター応用部門によって記録（DVD化）されている。
(13) 日本臨床宗教師会ホームページhttp://sicj.or.jp/を参照（二〇二二年九月一三日時点）。なお、二〇二三年三月をもって高野山大学密教実践センターによる臨床宗教師養成課程は閉鎖となった。
(14) 詳しくは日本臨床宗教師会ホームページhttp://sicj.or.jp/を参照のこと。
(15) 高橋原は各大学における臨床宗教師養成を論じる中で、臨床宗教師養成講座が抱えるもっとも難しい問題の一つとして「教育・指導担当者の確保」を挙げる。そして浄土真宗本願寺派を背景とする龍谷大学が「常勤の専任教員を補充採用」したこと、そして他宗派僧侶の森田を雇用したことを「臨床宗教師研修の取り組みへの並々ならぬ意欲が現れている」と評している（高橋原「大学における臨床宗教師養成」『シリーズ大学と宗教Ⅲ　現代日本の大学と宗教』法藏館、二〇二〇年）。なお、二〇二三年四月現在、森田は東北大学と大正大学、筆者は種智院大学の臨床宗教師研修にスーパーヴァイザーとして協力している。
(16) 日本医師会元会長の高久史麿は臨床宗教師について「宗教活動や布教活動を行うわけではなく、医療・福祉関係者とチームを組んで被災者や遺族の悲しみに寄り添い、生きる力を育むケアを行います」と発言している（M-REVIEW インタビュー「テーマ：超高齢社会の終末期医療（後編）本人の望む最期を～変わる終末期医療」二〇一八年一一月、https://med.m-review.co.jp/drinterview_detail?dr_interview_id=2　二〇二二年九月七日最終閲覧）。

(17) かつて拙稿でも論じたように、医療現場で求められていたスピリチュアルケア提供者としての宗教者へのニーズを見逃すことはできない。また、臨床宗教師の誕生以前から医療現場でケアを担ってきた宗教者の在り方にもう一度目を向ける必要がある。それについては、森田敬史・打本弘祐・山本佳世子編著『宗教者は病院で何ができるのか―非信者へのケアの諸相』（勁草書房、二〇二二年）を参照。

(18) 一つの現場で長く活動してきた森田は、臨床現場での実践経験から「認定臨床宗教師」の資格は「通行手形」であり、この効力が増せば資格を持った宗教者が公共空間に出現しやすくなると表現している。複数の現場で実務経験がある筆者もその表現に共感する。また、筆者はかつて宗教者が関わっていなかった現場を開拓した際に、学会資格である心療回想士やスピリチュアルケア師を有していたことで活動を許された経験がある。

(19) 更新制である「認定臨床宗教師」資格取得は、臨床現場に関わり続け、ケア能力を高める研鑽の道を歩み続けること、そして共に切磋琢磨する臨床宗教師の共同体へと身を投じる「宣言」でもあると筆者は捉える。

(20) 森田前掲論文参照。筆者は、米国の臨床牧会教育の歴史が、資格化を含めた臨床宗教師養成のジレンマへ導きを与えてくれるように思う。

(21) 直近の議論として、日本佛教学会第九二回大会における筆者の発表（病者に向き合う仏教者の養成―龍谷大学「臨床宗教師研修」の試み）と、コメンテーターの吉水岳彦（浄土宗）とのやりとりを挙げておく（いずれも『日本佛教学会年報』第八七号に掲載予定）。

人間・科学・宗教オープン・リサーチ・センターの目的と実績

人間・科学・宗教オープン・リサーチ・センターの目的と実績

（1）建学の精神に基づいた研究教育の拠点

龍谷大学は建学の精神に基づき、生きとし生けるもの全てを迷いから悟りに転換させたいという阿弥陀仏の誓願を依りどころとし、その願いに生かされ、真実の道を歩まれた親鸞の生き方に学び、「真実を求め、真実に生き、真実を顕かにする」ことのできる人間育成をめざしている。そのために「人間・科学・宗教」の三領域が融合する新たな知の創造に努め、平等、自立、内省、感謝、平和に結びつく研究に取り組んでいる。人間・科学・宗教オープン・リサーチ・センターは、それを具現化しうるセンターである。「人間・科学・宗教」の融合的研究は、一九八九年、信楽峻麿学長のもと、真宗学とハーバード大学との連携による創立三五〇周年記念シンポジウム「世界の中の親鸞」に始まった。二〇〇二年、人間・科学・宗教オープン・リサーチ・センター「仏教生命観に基づく人間科学の総合研究」が、文部科学省私立大学学術高度化推進採択事業として採択されて、龍谷大学の常設研究センターとなった。

（2）「人間・科学・宗教」の連携による学際的研究と新たな知の創出

およそ「人間」とは、仏教において生きとし生けるものの一員、衆生であり、迷いと罪業を重ねて生死輪廻する凡夫でありつつ、自己中心的な傲慢さを反省し、世界の安穏を願って生きようとする菩薩的存在でもあるとされる。

「科学」とは、現象の構造や法則性を解明し、その成果を社会の技術や政策に反映させるための知見である。その科学の応用には、生活向上や生命の保護に寄与する光の側面と、核兵器や環境破壊などに悪用される闇の側面がある。

「宗教」とは、窮極的危機に際して、自己を照らし生きる意味に気づかせ、人類の歩むべき方向を示す羅針盤のような働きを有する。宗教とは自己の姿を映す鏡であり、大悲に照らされて、人類の光と闇をふりかえり、宗教と科学とが対話協力しながら世界を安寧に導いていくことが求められる。

ふりかえってみると、二十世紀における「科学」的成果は高度な文明を生み出し、世界の経済的発展をうながした。人間・科学・宗教オープン・リサーチ・センターは、二十一世紀まで「科学」的成果がもたらした光の側面とともに、環境破壊、核兵器、戦争などに象徴される闇の側面をふりかえり、仏教の智慧と慈悲を基盤にして、世界の抱える苦悩や悲嘆に向き合い、仏教・浄土教が世界の課題解決のために貢献しうる道を探求する。具体的には、人間のより深い価値、すなわち、命の無常さに思いをいたし、生きとし生けるものへの慈しみを育む死生学を研究する。一人ひとりの生命を尊重

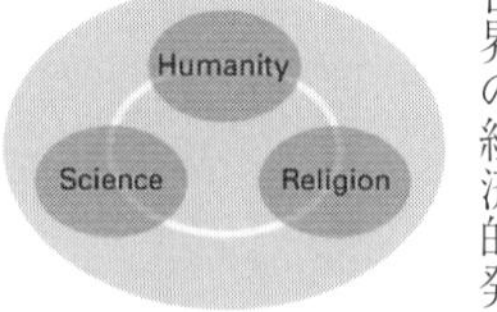

する智慧と慈悲を礎にして、世界の安穏と平和につながる研究教育を次世代に継承していきたい。

文部科学省採択事業の研究構想と成果―『構想調書』『成果報告書』抜粋

（1）二〇〇二年度〜二〇〇六年度・二〇〇七〜二〇〇九年度

文部科学省私立大学高度化推進事業「仏教生命観に基づく人間科学の総合研究」

Interdisciplinary Research on Human Science Based on Buddhist Life Perspectives

研究プロジェクトの目的・意義

「仏教生命観に基づく人間科学の総合研究」は、仏教の縁起観を基に「あらゆる存在は相互に関係しあい支え合っている」という仏教生命観から、ユニット1「人間・科学・宗教の総合研究」（代表 武田龍精）ユニット2「仏教と生命倫理」（代表 鍋島直樹）ユニット3「仏教と環境」（代表 嵩満也）ユニット4「仏教社会福祉」（代表 長上深雪）の四つの共同リサーチの課題に応える理論や倫理的指針を示し、その成果を「宗教と科学の相関的進展」「生命のかけがえのなさとつながり」として社会に還元することをめざす人間科学の総合研究である。縁起思想は、人生の苦しみの根拠と涅槃を明らかにし、一つの存在があらゆるものと相互に関係依存していることにめざめ、生きとし生けるものに慈愛と責任と感謝をもって生きる視座を教示してきた。

本研究プロジェクトには、学術上、二つの独創的意義がある。一つは、「人間・科学・宗教の総合研究」を縁として、University of California Berkeley（カリフォルニア大学バークレイ校）・総合宗教大学院（Graduate Theological Union，以下GTUと略す。）など世界の研究者と本研究プロジェクトの研究者とが協力して、宗教と科学の対話の場を国際的に設け、宗教者と科学者が歴史を尊重して両者の優れた知見を寄与しあい、未来に向けて、宗教と科学が相互に助け合い、あらゆる生命の幸福のために貢献できる道を切り開いていくことにある。もう一つは、「仏教と生命倫理」「仏教と環境」「仏教社会福祉」に通底する仏教生命観を明らかにすることにある。創設以来三六〇余年の仏教研究の蓄積を生かし、人間があらゆる生命との相依関係にめざめ、生命の多様性と生命の希有性を尊重するような「仏教生命観：仏教共生学」「生死観と心の安らぎ」を確立することが、本研究の独創的で卓越した目標であり、その成果を国際シンポジウム、講義、研究叢書、ホームページ、研究展示室パドマで世界に発信する。

国際シンポジウム「仏教と心理療法」の成果

2004 Boston International Conference
テーマBetween Cultures: Buddhism and Psychotherapy in the 21st Century
Boston University, Institute of Religion, Culture, and World Affairs
The Plenary Session was held at Photonics Center, Boston University
Address: 8 St. Mary's Street, 9th Floor, Boston University
成果概要：国際シンポジウム「異文化の間で　二一世紀における仏教と心理療法」を、当センターの主催により、ボストン大学で開催した。この国際シンポジウムではおよそ三点が明らかになった。

第一には、「自我」と「無我」についての理解が深められた。

およそ自我は、この世界に対するさまざまな執着を有し、つねに自己中心的に生きる主体を意味する。また無我は、それら一切の執着から解放された自由な主体を意味する。しかし、このような仏教の自我と無我への概念的理解は、しばしば、誤解を生んできた。すなわち、自我の目覚め、自己の確立を重視する欧米社会において、無我の思想が自己の確立やアイデンティティをなくすような意味に受け取られるからである。そこで、この無我への真の理解について、研究者の多くが発表し、クライエントの人間理解に結びつくように意見交換がおこなわれた。ハーバード大学のジャック・エングラー教授は、「誰かでなければ自分を超えることはできない」という基本的視座を紹介し、自我の自覚や内なる自己との葛藤を通してこそ、やがて無我のめざめがうまれ、最終的には、現実の誰かである自我となんのとらわれもない無我とを同時に生きることが重要であるという視点を提起した。また、カナダのマクギール大学のビクター・ホリ教授は、自らの禅体験をもふまえながら、無我の「無」とは、有に対する相対的な無ではないことを明らかにした。「無」は何かに相対するものではない。「無」とは、宇宙そのもの、宇宙と自己との一体感、そういう無差別な知見を示している。このように自我を否定的に捉え、無我を純粋なさとりとしてとらえるあまり、両者を対立的に論じがちであったが、それでは本当の無我や自我の理解につながらないことが確認できた。本当の無我は、自我を否定し、自我に対立するものではなく、現実の自我をもそのままに含みながら、一切の先入観を離れた自由でや

内藤知康教授・垂谷茂弘教授、グランバック・リサ他　ボストン大学

ポール・フルトン教授

鍋島教授の発表

わらかい人格になることを意味しているといえる。その意味で、心理療法も仏教も、ある種の自己概念にとらわれている状態をもっとやわらかくすることめざし、現実の苦しみのなかで、流動的（フレキシブル）に生きるように支援するものであるといえる。

　第二には、浄土教の死と救いについての理解が深められた。内藤知康は、往生について、仏教のさとりの構造と結びつけながら説明し、浄土教が歴史的に展開しながら、人々の現実に応じる形で往生思想が説かれてきたことを紹介した。親鸞の往生思想は、死の瞬間に仏の救いを待望するものではなく、今ここで救いが成就する思想（The accomplishment of Salvation here and now）を意味する。同時に、往生思想は、浄土教は人々の泣き笑い悲しむという情緒を尊重した視座でもある。ディスカッションのなかで、明らかになったことは、浄土の有相的な表現と無相的な表現との関係である。親鸞の思想には、「必ず浄土であなたをお待ちいたします」という実感的で有相的な表現と、「無量光明土」「無為涅槃界」というさとりの無相的な表現がともにみられる。しかし、その有相的な表現は、空の展開としてあらわれた有であり、仏教の本質に根ざしている。鍋島直樹は、浄土教における死の看取りが縁起思想にもとづいたものであり、死の看取りにおいては、患者に死を受容させることを目的にするのではなく、一人一人がユニークで他にかえられない生であることを理解し、死に直面した人々の願いを深く聞くことが重要であることを提言した。

第三には、相手への関わり方に、「分析・技術」(annalistic approach, technical approach) によるものと、「深い傾聴(聴聞)」(deep listening, deep hearing) によるものとがある。

心理療法と仏教は共に、深い傾聴 (deep listening deep hearing) という姿勢がある。深い傾聴は、分析や技術を活用しながらも、それに左右されず、同じ人間として、相手に、自分自身にかかわる。そこから生まれる深いいのちの絆は、クライエントの思いがけない創造性をうみだし、逆に、セラピストがクライエントに学ぶことを通して、セラピスト自身の成長をもたらす。苦しみをかかえてどうすることもできなくても、その人間が限りない慈愛にいだかれていることを浄土教は教えている。

(2) 二〇一〇～二〇一二年度

文部科学省私立大学戦略的研究基盤形成支援事業
「死生観と超越―仏教と諸科学の学際的研究」の『構想調書』(抜粋)

Life, Death, and Transcendence: Buddhism, The Sciences, and Interdisciplinary

研究プロジェクトの目的・意義

龍谷大学は進取と共生の理念を掲げ、自己中心性を省み、すべてが支え合い生かされているという縁起思想を尊重している。その理念に鑑み、この研究プロジェクトは、東洋思想、特に仏教死生観を礎にしながら、仏教学、真宗学、宗教学、歴史学、医学、心理学などの諸科学との対話を通して、いのちが平等に生かされる共生の教育研究を構築することにある。死生観は、人々がそれぞれの死を見つめ、限りある人生の意味や人間を見直し、互いに愛情をもって接するというところにある。仏教の「生死」の意義は、「死生」と同様に、あらゆるものが無常にして稀有であることを自覚させるとともに、曠劫より久しく流転輪廻し、迷い・苦・罪を繰り返しているという反省を促し、時空を超えてあらゆるいのちが相互に関係しあっている一体感も育む。不老不死を求める医療において、生老病死の四苦を超える仏教死生観とビハーラの意義を再評価し、生きることの意味、死から生まれる志願、慈愛、感謝を育む教育を世界に発信するところに、研究の目的・意義があるといえるだろう。

研究体制

以下の四つの研究班を組織し、学際的研究を進める。

1. 死生の実際と仏教思想―日常生活に根ざしている宗教性
2. 宗教多元世界における死生観と超越の対話的研究

3. 東洋思想に流れる死生観・救済観の再評価
4. 仏教と医学・人間科学を通じた死生観とビハーラ・ケアの学際的研究

期待される成果

・見失われつつある東洋文化の伝統的死生観を諸科学との対話によって再評価し、生命尊重の研究を構築する。
・青年期の人間が伝統的な死生観と超越に学び、喪失体験を通じて自己を見つめ直し、生きる意味を探求する。
・「人間・科学・宗教」の学際的研究では、宗教と医療、人間科学との対話の場を設け、宗教と科学が、排他的な関係ではなく、両者が相互に寄与し進展できる創造的な関係を築く。
・横断的知性を養いながら個別の専門領域研究を深める学際的な教育研究を推進する。
・研究プロジェクトに大学院生を参画させて、次世代の若手研究者を育成する。
・建学の精神に基づく教育に研究成果を還元する。仏教の思想、大学院文学研究科、実践真宗学研究科等の教育研究にその成果を反映し、智慧と慈しみを育む人間教育を推進する。
・研究展示を施設パドマ館で開催し、死生観に触れ、いのちが共に輝きあう視座を養う。

世界仏教文化研究センター応用研究部門　常設研究班「人間・科学・宗教オープン・リサーチ・センター」二〇一六年〜

研究プロジェクトの目的・意義

研究課題「世界の苦悩に向き合う智慧と慈悲―仏教の実践的研究」

"Buddhist Wisdom and Compassion in Response to Suffering in the World: Practical Buddhist Studies"

「人間・科学・宗教オープン・リサーチ・センター（Center for Humanities, Science and Religion 略称CHSR）」は、仏教・浄土教を機軸として、世界の苦悩や悲嘆に寄り添い、生きる力を育む実践的研究を推進する。

世界仏教文化研究センター応用研究部門の具体的課題

（1）仏教を機軸とした宗教教育への継承と開発（他者への思いやりや生命への慈しみを育む情操教育、道徳と宗教、宗教教育、宗教多元時代の宗教間教育）

（2）宗教と医療・社会福祉の連携による患者・家族の全人的支援（死生学、緩和ケア、グリーフケア、臨床宗教師養成教育）

（3）仏教と社会実践（大震災復興支援、自殺対策・自死遺族支援、地域寺院活性化）

（4）仏教と環境保護・経済（縁起的生命観の活用、地球と人類の持続可能性、仏教SDGs）
（5）平和のための宗教間協力と宗教間対話（interfaith partnership for peace）
（6）国際・応用研究部門共同研究「親鸞浄土教と世界の研究班」
方法：米国仏教大学院現代真宗学研究所（Center for Contemporary Shin Buddhist Studies, Institute Buddhist Studies, Berkeley）との国際共同研究
（7）応用研究部門「紛争解決研究班」 二〇二一年度～
目的　本研究班の目標は、グローバリゼーションの進展に伴う様々な紛争解決のために仏教学と社会科学・人文学の共同による主体性と関係性についての高度な研究を進めることにある。これは本学の特色を活かした高度な研究と言え、特にその中でも仏教における関係性と主体構築を鍵概念としてグローバルな諸問題の分析を行う。
（8）応用研究部門「ジェンダーと宗教研究班」 二〇二一年度～
目的　本研究班は、ジェンダーの視点に基づく仏教と世界の諸宗教との比較・対話を通して得られた知見によってジェンダー平等の実現に寄与することを目的とする。

龍谷大学人間・科学・宗教オープン・リサーチ・センターの研究成果

二〇〇二年度～二〇〇六年度（平成一四年度～平成一八年度）

文部科学省私立大学学術研究高度化推進ＯＲＣ事業

「仏教生命観に基づく人間科学の総合研究」

①研究叢書…六冊

研究叢書１『仏教生命観からみたいのち』武田龍精編

研究叢書２『仏教生命観の流れ　縁起と慈悲』鍋島直樹・長上深雪・嵩満也編

研究叢書３『人間・科学・宗教の総合研究』（ユニット１）

研究叢書４『死と慈愛　いのちへの深い理解を求めて』（ユニット２）

研究叢書５『仏教社会福祉』（ユニット３）

研究叢書６『仏教と環境』（ユニット４）

②パドマ展示図録…七冊

『宗教と科学　仏教の宇宙観と近世の科学書』武田龍精編

『人生の終末・心の救い　国宝・山越阿弥陀図之復元』鍋島直樹編

『南方熊楠の森』松居竜五・岩崎　仁編

『仏教社会福祉の源流』長上深雪編

『核の時代における宗教と平和　ヒロシマ原爆展　ヒロシマ・ナガサキ被爆六〇周年』武田龍精編
『いのちへの慈愛　宮沢賢治・民家の世界』鍋島直樹編
『死を超えた願い　黄金の言葉』鍋島直樹編
『共生する世界　仏教生命観の中の人間と環境』嵩満也編

二〇〇七年度〜二〇〇九年度（平成一九年度〜平成二一年度）
文部科学省私立大学学術研究高度化推進ＯＲＣ事業
「仏教生命観に基づく人間科学の総合研究」（継続採択）

①研究叢書…五冊
『仏教と生命倫理の架け橋』マルコム デイヴィッド エッケル・井上善幸・鍋島直樹編
『心の病と宗教性―深い傾聴』岡田康伸・倉光修・海野マーク・鍋島直樹編
『核の時代における宗教と平和』武田龍精編
『仏教社会福祉の可能性』長上深雪編
『地球と人間のつながり―仏教の共生観』鍋島直樹・玉木興慈・井上善幸編
②パドマ展示図録…六冊
『アインシュタインの平和主義と宗教観』武田龍精編
『宮沢賢治の銀河世界　ほんとうのさいわいをさがしに―』鍋島直樹編

『南方熊楠と仏教』松居竜五編
『中村久子女史と歎異抄　生きる力を求めて』三島多聞・鍋島直樹編
『いのちの重さを見つめて　自死の悲しみと死を超えた慈愛』内藤知康・鍋島直樹編
『自然と人間のつながり　水俣病に学ぶ』鍋島直樹・玉木興慈・井上善幸編

③海外での出版

Mark Unno Edited, Buddhism and Psychotherapy across Cultures: Essays on Theories And Practices, pp.1-350, Wisdom Publications
Richard K. Payne Edited, How Much Is Enough?: Buddhism, Consumerism, and the Human Environment, pp.1-240, Wisdom Publications

二〇一〇年度～二〇一二年度（平成二二年度～平成二四年度）
文部科学省私立大学戦略的研究基盤形成支援事業
「死生観と超越―仏教と諸科学の学際的研究」

①研究叢書…五冊

『仏教死生観デジタルアーカイブ研究―生きる意味の省察』鍋島直樹・那須英勝・玉木興慈・井上善幸　編
『ケサン王女殿下特別講演　ブータン王国の国民総幸福（GNH）政策―仏教思想はどのように生

かされるか The Gross National Happiness Policy of The Kingdom of Bhutan: Turning Buddhist Thought into Reality』（日英二ヵ国語、方丈堂出版、2012年）
『生死を超える絆―親鸞思想とビハーラ活動』鍋島直樹・玉木興慈・黒川雅代子編
『宗教における死生観と超越』髙田信良編
『東アジア思想における死生観と超越』林智康・井上善幸・北岑大至編
②パドマ展示図録…六冊
『仏教の宇宙観と死生観』鍋島直樹・井上善幸編
『ヒロシマの原爆に学ぶ―被爆者の死生観と願い』鍋島直樹・井上善幸・髙田信良・岡崎秀麿編
『生死を超える物語』鍋島直樹・田畑正久・内藤知康・玉木興慈編
『宮沢賢治の死生観―雨ニモマケズ』鍋島直樹編
『妙好人における死生観と超越』林智康・井上善幸編
『金子みすゞ　いのちへのまなざし』鍋島直樹・古荘匡義編

二〇二二年度（令和四年度）
龍谷大学世界仏教文化研究センター応用研究部門
常設研究班「人間・科学・宗教オープン・リサーチ・センター」

『仏教・親鸞浄土教を機軸とした宗教実践と社会実践の研究』鍋島直樹・貴島信行・玉木興慈・那

人間・科学・宗教オープン・リサーチ・センターの目的と実績

須英勝・森田敬史編著

（鍋島　直樹）

矯正・保護関連事業および研究との関わり

浄土真宗本願寺派の教誨活動と龍谷大学の事業

　ここでは、一九七七（昭和五二）年に開設された矯正課程（現、矯正・保護課程）、ならびに二〇〇二（平成一四）年に設置された矯正・保護研究センター（現、矯正・保護総合センター）、さらに二〇一六（平成二八）年に文部科学省私立大学研究ブランディング事業として採択された「新時代の犯罪学創生プロジェクト〜犯罪をめぐる「知」の融合とその体系化〜」に基づく犯罪学研究センターと真宗学との関連を中心に記す。最初に断っておくが、現在龍谷大学で展開されている矯正・保護関連事業は法学部の教員が主体となって端緒が開かれたものである。ただ、その淵源は浄土真宗の教誨活動に求められ、真宗学も含めた学際的研究として展開し、今に至っている。そこで、近代以降の教誨活動と龍谷大学、真宗学科との関連をここで概観してみたい。

浄土真宗の教誨活動～公務員としての宗教家～

「教誨」という言葉自体は仏教経典に由来し、例えば『無量寿経』には「きょうけ」という読みで五悪段に登場する。この場合、「教誨」は「教え諭す」ということを意味している。類似した表現に「教戒」があるが、「戒」がいましめるという意味を持つ一方、「誨」には、知らない者に対して教えさとすという意味がある。

この「教誨」は、近代以降、宗教者による犯罪者の改心のための行為として新たな意義を帯びることになるが、このことに関してアダム・ライオンズ氏は興味深い指摘をしている(1)。日本の教誨活動はキリスト教のチャプレンシーをモデルにしたと言われることがあるが、草創期の教誨活動を担った人物は、明治維新前後に当時違法であったキリスト教徒が逮捕された事件、いわゆる浦上四番崩れに関わった人物でもあった。

一八六七(慶応三)年、浦上村で隠れキリシタンが発見され、主な者が長崎奉行に逮捕される。一八六八(明治元)年に明治維新が起こり新政府が発足したが、キリシタン対策は江戸幕府の政策を踏襲したため、弾圧は継続されることになる。その後、段階的に浦上村のすべての信者三千名以上が富山以西の諸藩に流罪となった。この頃、神仏分離令が下され、廃仏毀釈が始まるなかで、仏教の立場は危ぶまれていた。そのよう状況にあって、東西本願寺は政府に対してキリスト教徒を改心させるべく建白を出し、名古屋、大聖寺、加賀、富山と広島の五藩でキリスト教徒が真宗系僧侶によって「教誨」されることになる。そして、この「教誨」に関わった松本白華[2]や石川舜台[3]、鵜飼啓潭[4]らが後に監獄教誨師となっていくのである。

このように、刑罰と繋がった教誨の由来は違法のキリスト教徒を改心させる事件から始まるが、次に監獄における教誨が浄土真宗の僧侶を中心に行われてきた経緯について概観しておこう[5]。一八七二（明治五）年、十一月に監獄則が発布され日本に監獄が誕生する。それに先立つ同年四月、教部省が設置、その一環として僧侶や神職らが大教宣布運動の「教導職」として任命されることになる。七月、真宗大谷派の僧侶である乗西寺鵜飼啓潭は名古屋懲役場で囚徒への説諭を行い、続いて同派僧侶の仰明寺箕輪対岳[6]や本願寺派僧侶の舟橋了要[7]がそれぞれ東京、岐阜で説諭を行った。これらは日本での教誨の始まりであるとされるが[8]、厳密に言えば、本格的な制度としての監獄登場以前の時期であり、囚徒への説諭は実質的には上述の教部省が主導する国民教化運動の一環であった[9]。

やがて、一八八一（明治十四）年、監獄則が改正され、「已決囚及ヒ懲治人教誨ノ為メ教誨師ヲシテ改過遷善ノ道ヲ講ゼシム」と定められる。ここに法文上、「教誨師」の名称が生まれることになる。ところで、地方監獄費は各府県の負担であったため、財政上余裕のある府県では教育担任の教誨師が官置されたものの、囚人・懲治人に改過遷善の道を講じる宗教家の派遣とその費用負担は各教各宗に要請された。一八八九（明治二二）年の監獄則改正では教誨師が常勤とされ、結果として財政基盤が厚かった東西両本願寺が明治二十年代半ばには教誨事業をほぼ独占することになる。この頃、東西両本願寺は監獄教誨に積極的であり、寄付金によって教誨堂や仏像を設置し、教誨師の研修、養成も行っていた。こうして戦前の日本では、東西両本願寺の僧侶が監獄内の公務員である教誨師として常駐することになったのである。

全国教誨師連盟の設立～民間篤志家による教誨事業～

このように戦前、教誨師は公務員として配置されていたが、一九四六（昭和二一）年に公布された日本国憲法では、すべての市民に信仰の自由を保障し、国の宗教教育や宗教活動を厳しく禁じることになる（二〇条）。また、特定の宗教や宗派を財政的・制度的に優遇することも禁じられる（九八条）。こうして一九四七（昭和二二）年、教誨師制度は廃止され、宗教教誨は民間の篤志家に委ねられることになる。

やがて、一九五四（昭和二九）年に第一回全国教誨師大会が大阪市で開催され、その二年後、一九五六（昭和三一）年の第三回大会において「全国教誨師連盟」設立が決議され、当時の浄土真宗本願寺派門主であった大谷光照師が会長に推挙される。全国教誨師連盟は一九六一（昭和三六）年に「財団法人」設立申請を行い、翌年法人登記が完了して、連名総裁として大谷光照師が就任することになった。(10)

龍谷大学の矯正保護事業

《矯正保護課程の開設》

この頃、龍谷大学は一九四九（昭和二四）年に新制大学として認可され、四年制の文学部として新たな時代を迎えていた。一九五二（昭和二七）年から文学部内に、教誨師養成を目的に「矯正講座」が開設されたが、それは一九五八（昭和三三）年まででいったん幕を閉じることになる。その間、一九五五（昭和三〇）年に、親鸞聖人七〇〇回大遠忌（一九六一年）の記念事業として総合大学への方向が提案され、学部が順次新設されて、一九六八（昭和四三）年には法学部法律学科が開設される。(11)

法学部の開設によって、龍谷大学と矯正事業との関わりには二つの新しい動きが起こった。一つは、法学部の刑事法担当者が本願寺派教学助成財団からの助成を受けて「宗教教誨制度の諸問題」と題する共同研究を行ったことである。この助成は、テーマを変えながら一九七四（昭和四九）年度から一九八四（昭和五九）年度までなされた。

もう一つは、龍谷大学特別研修講座「矯正課程」の開設である。一九七三（昭和四八）年、浄土真宗本願寺派から龍谷大学に対して「矯正講座」復活の要請がなされる。その後、一九七六（昭和五一）年、龍谷大学の将来像を模索する法学部内の討議において、上述した共同研究を受けて龍谷大学法学部の特色を活かすためのものとして、法職課程とともに矯正保護課程の開設が承認されることになる。かくして、一九七七（昭和五二）年度四月に発足したのが龍谷講座「矯正課程」である。(12)講義開始に先立つ説明会には「矯正課程粉砕！」を叫んで乱入した学生もいたが、説明会に参加した学生の反対にあい退場を余儀なくされたという[13]。七月には龍谷大学特別研修講座「矯正課程」と改称され、翌年には文部省実地視察において、龍谷大学の特色を活かすものとして、視察委員の注意を惹くことになる。一九八〇（昭和五五）年度から六年間にわたって私学振興助成財団から「特色ある教育研究」として「私立大学等経常費補助金特別補助」を受けてきたことも特筆すべきことである[14]。

開設初年度の特別講座には、戦前から浄土真宗本願寺派の教誨師として活躍していた吉川卓爾[15]が「教誨について」と題する講義を行っている。また、講座開設を受けて一九七八（昭和五三）年に創刊された研究誌『矯正講座』の出版にあたって、当時の浄土真宗本願寺派総長の豊原大潤は、次のような挨拶を寄せている。

仏法は単なる処世の術ではなく、現に人界に生を受ける群萌の苦悩を転じ、現世から真の安らぎを得させていただくみ仏の法でありますから、今日、社会も個人も身心ともに問題多く不安焦燥にかられ勝ちな生活の中で、み仏の法を聞きひらく機会をつくり、悩み多き人生に、み法の縁を弘めることは、まず真宗者のつとめであります。（中略）ここに、龍谷大学の伝統と特性を生かす上からも、とくに矯正・保護に関する認識を深め、その知識と技能を修得し宗門の社会教化活動に従事することは、今日の私どもの責務であります。（一部抜粋[16]）

一九九五（平成七）年、大学の機構改革を受けて課程の事務担当が法学部事務室から教学部教育事業課に移り、「矯正課程」は「矯正・保護課程」へと改称された。運営委員会に大宮学舎、瀬田学舎からも選出委員が参画することで、全学的視点から矯正・保護課程が運営されていくことになる。大宮学舎・文学部から選出される委員は、慣例として真宗学科の教員があたっている。

このように、龍谷大学では、戦前からの伝統を持つ浄土真宗本願寺派の宗教教誨を基盤として、日本で唯一の刑事政策に特化した教育プログラムである矯正・保護課程が設置され現在に至っている。二〇二二（令和四）年度現在、大宮、深草、瀬田の三学舎で、法学部のみならず社会学部、政策学部、文学部、短期大学部の要卒科目としても認定され、開設以来の受講生は延べ三万六千人を超えている。受講生からは、警察官や刑務官、法務教官、保護観察官などの国家公務員はもちろん、関連する民間施設の職員、保護司や教誨師等のボランティアとして活躍する卒業生・修了生が多数輩出している。(17)

《矯正・保護総合センターの設置》

上述の矯正・保護課程は教育活動として展開されてきたが、関連する諸分野の学際的研究や社会貢献活動を期して、二〇〇一（平成一三）年、矯正・保護研究センターの設置準備がなされ、二〇〇二（平成一四）年四月、文部科学省私立大学学術研究高度化推進事業として「龍谷大学矯正・保護研究センター」が採択された。この事業は当初、二〇〇六（平成一八）年度までの計画であったが、二〇〇九（平成二一）年度まで継続採択され、その後、教育部門を担ってきた「矯正・保護課程」と、明治以降連綿と続く教誨活動や保護活動などの社会貢献事業、刑事政策に特化した大学附設の民間研究機関である矯正・保護研究センターとが統合され、二〇一〇（平成二二）年四月に「矯正・保護総合センター」

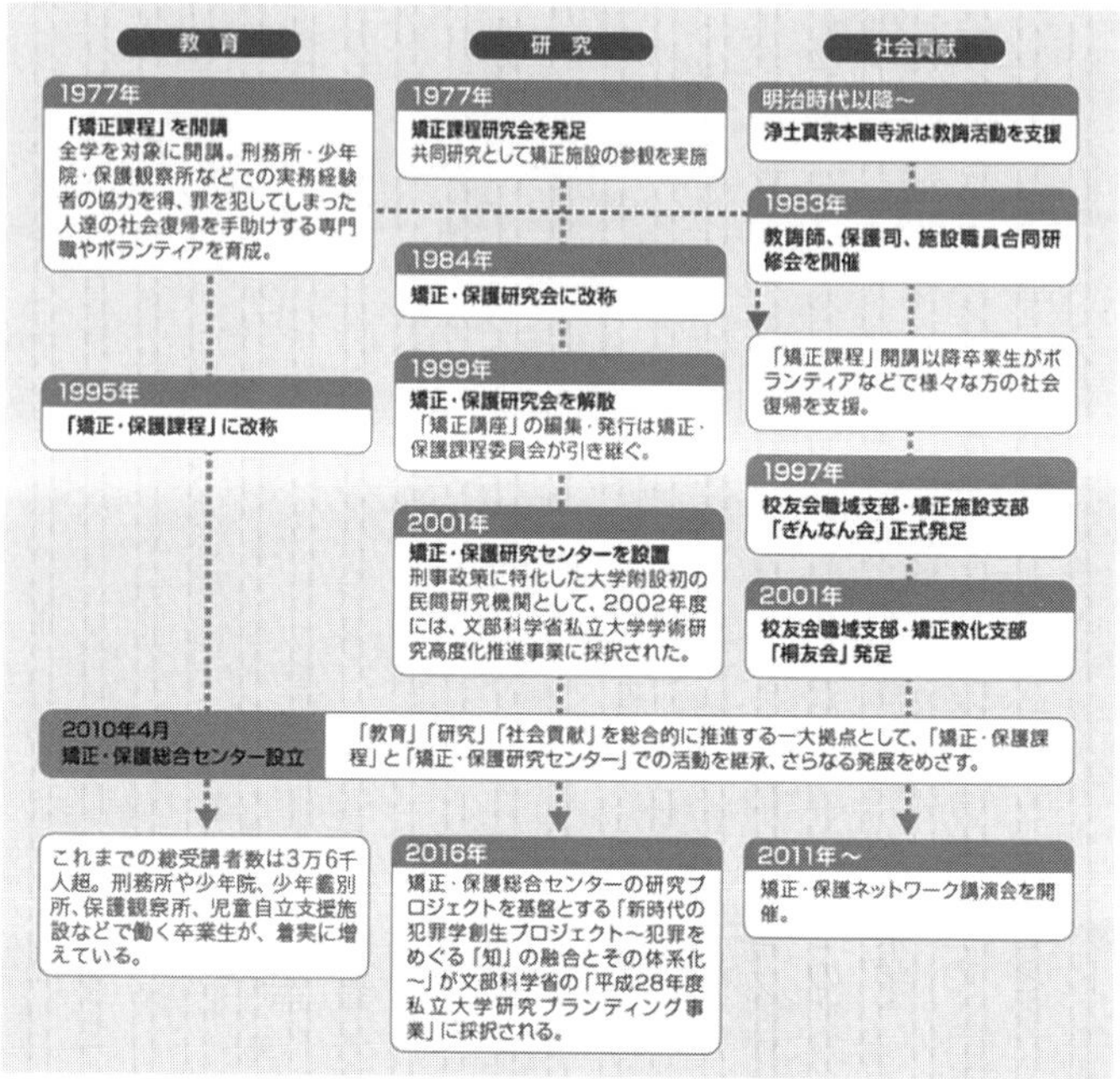
教育
研究
社会貢献
1977年
「矯正課程」を開講
全学を対象に開講。刑務所・少年院・保護観察所などでの実務経験者の協力を得、罪を犯してしまった人達の社会復帰を手助けする専門職やボランティアを育成。
1995年
「矯正・保護課程」に改称
1977年
矯正課程研究会を発足
共同研究として矯正施設の参観を実施
1984年
矯正・保護研究会に改称
1999年
矯正・保護研究会を解散
「矯正講座」の編集・発行は矯正・保護課程委員会が引き継ぐ。
2001年
矯正・保護研究センターを設置
刑事政策に特化した大学附設初の民間研究機関として、2002年度には、文部科学省私立大学学術研究高度化推進事業に採択された。
明治時代以降～
浄土真宗本願寺派は教誨活動を支援
1983年
教誨師、保護司、施設職員合同研修会を開催
「矯正課程」開講以降卒業生がボランティアなどで様々な方の社会復帰を支援。
1997年
校友会職域支部・矯正施設支部「ぎんなん会」正式発足
2001年
校友会職域支部・矯正教化支部「桐友会」発足
2010年4月
矯正・保護総合センター設立
「教育」「研究」「社会貢献」を総合的に推進する一大拠点として、「矯正・保護課程」と「矯正・保護研究センター」での活動を継承、さらなる発展をめざす。
これまでの総受講者数は3万6千人超。刑務所や少年院、少年鑑別所、保護観察所、児童自立支援施設などで働く卒業生が、着実に増えている。
2016年
矯正・保護総合センターの研究プロジェクトを基盤とする「新時代の犯罪学創生プロジェクト～犯罪をめぐる「知」の融合とその体系化～」が文部科学省の「平成28年度私立大学研究ブランディング事業」に採択される。
2011年～
矯正・保護ネットワーク講演会を開催。

が設立されることになる。

矯正・保護課程が本学独自の教育事業であるように、矯正・保護総合センターは、日本で唯一の研究センターである。法学のみならず、広く、真宗学、社会学、政策学、心理学、福祉学、教育学、医学などの分野にかかわり、学際的に教育や研究、社会貢献の活動をしている。矯正・保護総合センターとして結実するまでの経緯をまとめると、次の図のようになる[18]。

《犯罪学研究センターの設立》

このような龍谷大学の建学の精神を具現化する事業の一環として継続されてきた矯正・保護事業は学外でも評価され、二〇一六（平成二八）年六月、文部科学省私立大学研究ブランディング事業への採択に向けて犯罪学研究センターが設立される。センターの事業は、犯罪予防と対人支援という視点から、犯罪をめぐる多様な「知」を融合する新たな犯罪学を体系化し、その知見をベースに、多様な犯罪現象をめぐる政策群を科学的に再編し、時代の要請に応える刑事政策の担い手を育成することを目指すものである[19]。

同年十一月、龍谷大学の研究ブランディング事業として「新時代の犯罪学創生プロジェクト～犯罪をめぐる「知」の融合とその体系化～」が採択されることになる[20]。この事業にはタイプA（社会展開型）とタイプB（世界展開型）があるが、犯罪学創生プロジェクトは、タイプBの世界展開型として採択されたものである。犯罪学研究センターでは「人間」「社会」「自然」の三つの視点から犯罪をめぐる現象を科学的に研究し、得られた成果を融合させることで、日本における新たな学融領域『犯罪学』の体系化をめざして活動を展開している。真宗学との関わりで言えば、「犯罪と人間」研究部門に「矯正宗教学ユニット」が置かれ、そのメンバーは真宗学を専門領域とする研究者で構成されている[21]。

事業期間は二〇一六（平成二八）年度から二〇二〇（令和二）年度までの五年間であったが、不測の事態により二〇一九年度で支援が打ち切られることになった。その後、二〇二一年度でいったん総括し、二〇二二年度の現在、学内の研究プロジェクトとして活動が継続されている。

真宗学の研究領域との関わり

《実践真宗学研究科での講義》

二〇〇九（平成二一）年、文学部に実践真宗学研究科が開設される。このことについては別稿を参照願いたいが、社会実践分野の設置科目として「矯正論研究」と「更生保護論研究」が開講されることになる。これらは二年次からの配当科目であるため、二〇一〇（平成二二）年から講義が始まるが、それぞれの担当者とシラバス記載の一部を参考までに挙げておく。

（二〇一〇年度）

・矯正論研究　刑事施設における犯罪者の社会復帰

担当　石塚伸一（法科大学院教授）

目的・ねらい

①刑事施設における犯罪者処遇の歴史と現実を認識する。

②犯罪者の社会復帰のための理論と実践についての基本的知識を身につける。

講義概要

初めに、視聴覚教材や刑事施設の参観などを活用しながら、刑事施設の被収容者の処遇の現状を認識し、これらを踏まえて、後半では、社会復帰のための理論と実践を具体的に考察する。

・更生保護論研究　更生保護と宗教

担当者　浜井浩一（法科大学院教授）

目的・ねらい

将来、保護司や教誨師として活躍する上で必要となる、更生保護制度の歴史、制度の概要、保護観察の実践方法に加えて、犯罪者や非行少年の実像、再犯防止の取り組みなどについても理解する。

講義概要

更生保護は、刑事司法制度の中で、犯罪や非行に陥った人たちが再び過ちを繰り返すことなく、実社会において健全な社会人として更生することを援助する役割を担い、再犯または再非行を防ぎ、犯罪の危険から社会を保護し、個人および公共の福祉を増進することを目的とする。本講義では、更生保護制度の沿革を概観しつつ、現行制度の仕組み、処遇の具体的方法について、実務経験と科学的な犯罪学の知見に基づいて理解を深めさせる。さらに今日までの宗教界との関わりについても概観する。

なお、これらの科目は犯罪学研究センターが設立されたことを受け、二〇一七（平成二九）年度から「矯正保護論研究」となった。センター設立の陣頭にあった石塚教授が引き続き講義を担当した際のサブタイトルは、「刑事施設における犯罪者の社会復帰～宗教に何が期待されているか？　そして、宗教に何ができるか？～」となっている。この科目名称とサブタイトルには、矯正施設での改善指導にとどまらない社会復帰が念頭に置かれている。

・矯正保護論研究
担当　石塚伸一（法学部教授）
目的・ねらい
①刑事施設（刑務所、拘置所、少年院、少年鑑別所など）における犯罪者処遇の歴史と現実を認識する。
②犯罪者の社会復帰のための理論と実践の基本的知識を身につける。
③「共生」の理念の下で、犯罪者や非行少年にどう接していくべきかを考える。
講義概要
①犯罪者・非行少年の矯正の基本原理を理解する。
②刑罰論の諸問題についての理解を深め、具体的な設例にこれを応用することにより、実践的な知識を身につける。
③施設内および社会内の処遇の制度と現状を知ることによって、説得力ある議論を展開する能力を身につける。
④少年非行、薬物依存、触法精神障害など矯正処遇にまつわる諸問題に関する理解を深める。
⑤宗教者の犯罪者処遇へのかかわり（教誨や篤志面接）の歴史と意義について考える。

また、二〇二一（令和三）年度からは、法学部教授の赤池一将教授に担当が移った。サブタイトルは、「近代における刑罰と矯正保護政策の総括的研究」とされ、講義の目的と概要はシラバスに次のように記されている。

目的・ねらい

「刑罰はなぜ刑務所という形態をとるのか」という問いを起点に、刑務所の役割を再考し、その上で矯正保護の歴史と現在の課題を明らかにする。

講義概要

「簡単で結構ですから、《刑罰を受けている私》というタイトルで絵を描いてください」と請われて、どのような絵を描きますか。先週、交通違反の罰金を納付した方も、昨日、断頭台に消えたマリー・アントワネットの映画を観た方も、《刑罰を受けている私》という課題に対しては、刑務所の一室のなかに閉じこめられている自分の姿を描く方が多いはずです。それは、現代人にとって、「刑罰＝刑務所」は、ごく当たり前の自明の等式として受け入れられているからだと考えられます。そして、犯罪を行った者に対する矯正保護という考え方はこの自明性を起点に成立しています。

刑務所は、犯罪の鎮圧や犯罪者の排除ではなく、犯罪者である「人間の改造」を目的に定めた点で、刑罰史においては特殊な制度です。この刑罰は、ほぼ200年前に登場して以来、その当初から、高い費用の割に犯罪の減少にも犯罪者の更生にも《失敗》しているという激しい批判にさらされてきました。しかし、刑務所は現在も刑罰体系の要として存続しています。近年の刑務所研究は、高コストの刑罰である刑務所が、現代人の思考のなかで「刑罰＝刑務所」の等式が確立するまでに長く存続しているとすれば、先の《失敗》の背後で、刑務所はどのような《成功》をおさめているか、つまり、刑務所の社会的機能を明らかにしようとするものでした。

今年度の本講義では、そうした刑務所の社会的機能に関する研究を概観した上で、刑務所収容を起点として構想されてきた矯正保護政策の意義と役割について検討を行います。これまで担当者が検討してきた刑罰研究を、まず総括的に受講者に提示し、その上で、特に、矯正保護政策の現状について忌憚のない意見交換を行うことにします。

目的や概要からも窺えるように、従来の真宗学には見られなかった研究領域、アプローチである。しかし、その根底には龍谷大学の建学の精神、すなわち浄土真宗の精神が流れており、近代以降、とりわけ浄土真宗で脈々と受け継がれてきた矯正・保護事業との関連が窺える。

学際的研究に向けて

この稿では真宗学と龍大附設の研究センターとの関わりを、矯正・保護事業という観点から概観した。現在、矯正・保護研究センター長を務め、実践真宗学研究科の更生保護論研究も担当していた浜井浩一教授は、犯罪学研究センターの総括シンポジウムで、次のような発言をしている。

特別な人が罪を犯すわけではありません。人はめぐりあわせや出会いで変わるという親鸞聖人の考え方があります。人は縁によって生まれ、縁によって死ぬ、人は縁によって生かされているわけです。良い縁をつないでいく、これが犯罪のない社会を生み出すためには重要です。良い縁とは何か、どうやってそれを作り出すのかということを科学的に研究するのが犯罪学です。いまの日本は相互監視社会ですが、これからは相互信頼社会としてお互いに信頼していく。そのためにはどうすればよいかを考えるのが犯罪学だと思います(22)。

さまざまな研究センターとの連携は、聖典研鑽を中心としてきた真宗学が、新たな地平に立ったことを意味する。そして、学際的な研究による知の融合はすでに始まっている。伝統とは継承であると同時に創造の連続でもある。これからの真宗学への期待は、そのまま真宗学徒の課題でもある。

（井上　善幸）

註

（1）Lyons, Adam J. 2021 *Karma and Punishment: Prison Chaplaincy in Japan.* Harvard East Asian Monographs. pp. 33-68。なお、著者のアダム・ライオンズ氏は、本稿で紹介する犯罪学研究センターの矯正宗教学ユニットのメンバーでもあった。現在はモントリオール大学東アジア研究所助教授。

（2）一八三八年、加賀国松任に生まれる。一八六九年、石川舜台とともにキリシタンへの真宗教諭の任にあたる。一八七二年、東本願寺門首大谷光瑩に随行して石川舜台らとともに欧州視察、一八七七年上海別院輪番を務めるなどして一九二六年没。
（3）一八四二年、加賀国に生まれる。高倉学寮に学び、一八七二年、東本願寺門主大谷光瑩らと欧米を視察。一九三一年没。
（4）一八二八〜一八八五年。事績については本稿参照。
（5）以下は主に『教誨百年・上』（教誨百年編纂委員会編、一九七三年）による。
（6）一八三八年、越前国に生まれる。一九七二年、教部省設置にともない当時の東本願寺門首大谷光瑩に受刑者説諭の許可出願を要請。八月に巣鴨にて説諭を行った。一八七九年没。
（7）一八二六年、摂津国に生まれる。美濃願誓寺行照の養子となり、行照没後、一八六二年、同寺を継職。一九〇〇年没。
（8）上掲『教誨百年』、全国教誨師連盟サイト（https://www.kyoukaishi.server-shared.com/about/）などを参照。
（9）この点については、繁田真爾『「悪」と統治の日本近代―道徳・宗教・監獄教誨』第五章「監獄教誨の誕生―明治一〇・二〇年代における刑罰と宗教―」（法蔵館、二〇一九年）、赤司友徳『監獄の近代行政機構の確立と明治社会』第五章「内務省と仏教教誨師―教誨制度における協調関係の実態―」（九州大学出版会、二〇二〇年）に詳しい。
（10）上掲、全国教誨師連盟サイトを参照。
（11）以下は、繁田實造「矯正課程開設十周年のあゆみ」（『矯正講座』第九号、一九八六年）参照。
（12）同じく矯正課程研究会も発足した。
（13）繁田實造法学部教授の回顧による。注11参照。
（14）その後、一九九三（平成四）年からの四年間、一九九八（平成一〇）年にも特別助成を受けている。

(15) 一八九八〜一九七九年。一九二八年、教誨師となり大阪刑務所の支所（現和歌山刑務所）の教育課に勤務。その後、各地の拘置所や西本願寺尾崎別院輪番などを歴任。吉川卓爾の事績については加藤博史「更生とはなにか：仏教による更生保護活動を通して」（『龍谷大学論集』第四七二号、二〇〇八年）に詳しい。

(16) 全文は豊原大潤「出版にあたって」（『矯正講座』創刊号、一九七八年）年を参照。

(17) 瀬田学舎は一九八九（平成元）年に創設されたが、はやくも翌年には「矯正概論」と「矯正教育学」の二科目が開講され、新学部が完成年度を向かえる一九九二（平成四）年には、深草学舎とほぼ同規模の開講科目となった。繁田實造「矯正・保護課程開設二十周年のあゆみ」（『矯正講座』第二〇号、一九九七年）参照。

(18) 以上含め、詳細は矯正・保護総合センターのサイト（https://rcrc.ryukoku.ac.jp/index.php）を参照。

(19) 事業の詳細については、犯罪学研究センターのサイト（https://crimrc.ryukoku.ac.jp/）を参照。

(20) 二〇一六年から始まるこの事業には、初年度全国から四十の私立大学が採択されている。

(21) 現在のメンバーは、井上善幸（研究代表）、井上見淳（社会学部准教授）、佐々木大悟（短期大学部准教授）、能美潤史（法学部准教授）、打本弘佑（農学部准教授）、内手弘太（文学部講師）、菊川一道、真名子晃征、川元恵史で構成されている。二〇一九〜二〇二〇年にかけては、当時日本に在住していたアダム・ライオンズ氏（現モントリオール大学・東アジア研究センター助教授）もメンバーであった。

(22) 犯罪学研究センターシンポジウム（私立大学研究ブランディング事業）成果報告、「新時代の犯罪学の創設に向けて」（https://www.ryukoku.ac.jp/nc/news/entry-10154.html）参照。

真宗学を支えてきた聖典類

聖典類の刊行

江戸期以来の宗学における真宗聖教としては、出版文化の隆盛のもと、刊行された聖典類が主に用いられてきた。一六三九（寛永一六）年、西本願寺境内に「学寮」が創設され、現代の真宗学へとつながる学修が始まるが、すでにその頃には、一般書肆による聖典類の刊行が始まっている。以降、これらの刊行された聖典類が、真宗聖教として共通の基礎資料とされてきたのであり、現在、真宗学において多く用いられる『浄土真宗聖典（註釈版）』（以下『註釈版』）や『浄土真宗聖典全書』（以下『聖典全書』）も、こうした聖典類の刊行の延長上に位置づけられる。

一般に、真宗聖教とは確固たるゆるぎない内容のものであり、誰もが等しくその内容に触れることができるというのが、広く持たれている印象だろう。しかし実のところ、多くの人々が共通の基礎資料を通して真宗聖教に接するようになったのは、江戸期に聖典類が刊行され始めてからのことであり、また、各時代における真宗聖教の受けとめは、その時代に用いられた聖典類により制約を受けざるを得ないものでもある。もちろん、一定の校訂作業を経て出版された各時代の聖典類に、内容として大きな相違があるわけではないが、たとえば江戸期に広く用いられていた、本願寺蔵版をはじめとする『教行信証』の本文は、現代の聖典類で用いられる、主に鎌倉三本に基づく『教行信証』とは相違する箇所が複数あり、少なくともその箇所について、江戸期の宗学と現代の真宗学との間に不一致が見られることは避けられない。また、現在もっとも広く依用されている『註釈版』は、本文表記が漢字かな交じり文に統一されており、そこには、たとえば対句表現が多く用いられる、漢文で著された『教行信証』の内容がそのまま示されているとはいえず、『註釈版』を用いる限り、漢文表現に基づく内容は知られないこととなる。こうしてみると、これまで営まれてきた真宗学は、各時代に基礎資料として用いられてきた聖典類により、少なからず左右されてきた面を持つといえるだろう。

本稿では、このように真宗学の基盤を支えつつ、影響を与えてもきた真宗聖教の基礎資料として、これまで用いられてきた聖典類の変遷について確認しておきたい。

江戸期から昭和期

江戸期の宗学で用いられた聖典類を代表するものに、『真宗法要』を嚆矢とする本願寺蔵版がある。『真宗法要』は、西本願寺宗主の命により、親鸞・覚如・存覚・蓮如等が撰述した三九点に及ぶ和語聖教を集成、七年にわたる綿密な校訂を経て一七六六（明和三）年夏、本願寺蔵版として刊行したものと伝えられている。その後の本願寺蔵版としては、『真宗法要』刊行の一〇年後にあたる一七七六（安永五）

年、一般書肆である丁子屋九郎右衛門が一六五七（明暦三）年に刊行した『教行信証』を、さらにその五〇年後にあたる一八二六（文政九）年、大坂長円寺崇興が一七九九（寛政一一）年に刊行した『七祖聖教』を、それぞれ買い上げて蔵版とし、その間、慶証寺玄智が一七七二（安永元）年に校刻した「浄土三部経」を、一八一一（文化八）年に蔵版として再刻したことが知られている。この他、一四七三（文明五）年の刊行を端緒とする「三帖和讃」等を含め、広く三経・七祖・親鸞・歴代の聖教にわたる本願寺蔵版が、以後の宗学における基礎資料の中心にあったといえるが、同時に一般書肆からも、いわゆる町版の真宗聖教が多く出版され続けており、江戸期の宗学においては、これらの聖典類があわせ用いられていたものと考えられる。

真宗学という呼称が用いられだした当時、機関誌『真宗学会会報』に収録された昭和初期の論文を見ると、依然として江戸期以来の状況が続いていたようであり、実は戦後の機関誌『真宗学』においても、その初期には、従来の聖典類を基礎資料とする論文が少なからず見出される。そうした中、徐々に依用され始めるのが、大正期から昭和期にかけて相次いで出版された新たな聖典類であり、これらはいずれも、江戸期の木願寺蔵版に代表される和装本ではなく、一般書肆から出版された洋装本として流布したものである点に、その特色を見ることができる。

『真聖全』の誕生

洋装本の聖典類は明治期以降、一般書肆から数多く出版されているが、その中で目を引くものに、一九二三（大正一二）年、中外出版社から刊行された『新撰　真宗聖典』がある。これは、三経に始まる収録聖教すべてを漢字かな交じり文で表記し、各聖教の冒頭に一頁分の簡潔な解説を付す等、後の『註釈版』にも共通する一般読者の便をはかった体裁で、また江戸期まで一般には流布していなかった『尊号真像銘文』広本や、『真宗法要』の収録に漏れた『如来二種回向文』、さらに一九一八（大正七）年に発見されたばかりの『弥陀如来名号徳』を収録する等、親鸞撰述を網羅的に紹介するものとなっている。その表紙には監修として、本願寺派・大谷派・高田派・佛光寺派といった真宗各派にわたる錚々たる学僧十六名が掲げられ、かつてなく幅広い体制のもとで編纂された、当時としては画期的な聖典であったことが窺われる。

この時期に刊行された真宗関係の基礎資料としては、それぞれ一九一三（大正二）年・一九一六（大正五）年刊行開始の『真宗全書』・『真宗大系』、一九二七（昭和二）年刊行開始の『真宗叢書』があり、これらは、一九二四（大正一三）年刊行開始の『大正新脩大蔵経』と並び、現在も多くの論文等で依用され続けている。そして、一九四〇（昭和一五）年から一九四四（昭和一九）年にかけて興教書院から刊行されたのが、その後、版元を大八木興文堂に移しつつ、およそ六〇年にわたり真宗学の中心的な基礎資料として用いられ続けることとなる、『真宗聖教全書』（以下『真聖全』）全五巻である。これは、中井玄道・宮崎円遵に代表される、近代以降、飛躍的に発展した真宗聖教の書誌研究を踏まえ、本願寺派・大谷派から二十数名を数える編輯体制のもと、三経・七祖・親鸞・歴代にわたる真宗聖教を網羅的に編纂、出版したものであり、当時の最先端の研究成果を踏まえて諸資料を総合的に翻刻した、それまでにない近代的な性格の聖典といえるものである。昭和末期に始まる『浄土真宗聖典』の刊行以前、戦後の真宗学においてはこの『真聖全』が、実質的に唯一無二の聖典として、長く「お聖教」の呼称のもとに用いられ続けることとなる。

聖典編纂の展開

書誌研究に基づく昭和期の聖教資料としては、後に「定本」の語が冠される『親鸞聖人全集』の刊行が一九五六（昭和三一）年に、また歴史資料を紹介する立場から『真宗史料集成』の刊行が一九七四（昭和四九）年に、それぞれ開始されており、これらは真宗学にとどまらず、歴史・思想等の諸分野における研究でも幅広く依用されている。そのような中で、本願寺派における宗門発展計画のもと、新たに組織された浄土真宗聖典編纂委員会により、まず一九八五（昭和六〇）年に刊行されたのが、『浄土真宗聖典（原典版）』（以下『原典版』）であり、これを底本として一九八八（昭和六三）年に刊行されたのが、現在もっとも広く依用されている『註釈版』である。これら二種の『浄土真宗聖典』は、聖教としての原意を損なわず、かつ一般に接しやすいものとなるよう、さらには現代語訳の編纂をも念頭に置いた中、本願寺派における教学伝道施策の一として、代表的な真宗聖教を編纂、刊行したものであり、その編纂委員会には本願寺派関係の学識者が数多く名を連ねる等、宗門を挙げた編纂事業として成った聖典といえる。

宗門の編纂に成る聖典としては、一九五八（昭和三三）年から一九六四（昭和三九）年にかけて刊行された『聖典意訳』シリーズがあり、そこでは三経・本典・七祖聖教が現代語に翻訳されているが、『註釈版』の刊行に続く聖典編纂事業においても、収録聖教を翻訳した「現代語版」の編纂が開始され、その刊行は現在に至るまで続けられている。具体的には、一九九六（平成八）年の『浄土三部経』を皮切りに、『歎異抄』『蓮如上人御一代記聞書』が刊行され、また二〇〇〇（平成一二）年の『顕浄土真実教行証文類』から二〇一六（平成二八）年の『三帖和讃』まで、親鸞聖教については現在までにほぼすべての「現代語版」が刊行されている。

これらの聖典編纂は、真宗学にも徐々に影響を与えるようになっていく。中でも、表記が漢字かな交じり文に統一された『註釈版』は、学習指導要領の改訂等により漢文に接していない世代が増えた中、宗門・大学を問わず広く学修の場で用いられ、十数回にわたる増刷を重ねた上で、二〇〇四（平成一六）年には「第二版」が刊行されている。ただし、本格的な学問研究における基礎資料としては、宗門における教学伝道という性格により収録聖教が限定的な『原典版』ではなく、依然として『真聖全』が主に用いられていたのであり、また親しみやすい表記を用いた『註釈版』は、主に初学者を対象とした、補助的な聖典の位置にとどまっていた。こうした状況に変化が起きるのは、一九九二（平成四）年に『浄土真宗聖典　七祖篇（原典版）』（以下『七祖篇』）が刊行されて以降のことである。

『七祖篇』の画期

『七祖篇』に続き、一九九四（平成六）年に出版されたものとして、『浄土三部経』の「現代語版」

に向けてごく少部数刊行された、編纂室内部での通称「テキスト版」がある。「現代語版」は基本的に『註釈版』を底本としているが、実は『原典版』に収録された三経の本文としては、読誦用の漢文と伝統的な書き下し文とが示されており、そのため『註釈版』でも、たとえば第二十二願文や第十八願成就文が、『大経』自体の文脈とは異なる、親鸞の訓読に基づく宗祖義の本文となっている。対して「現代語版」の編纂においては、書誌的な裏付けを持つ、『大経』自体の内容に基づく当面義の訓読が求められ、その中でまず作成されたのが、諸資料を対校した漢文と当面義の書き下し文とを本文として示す、いわゆる「テキスト版」だったのであり、これを底本として作成されたのが、「現代語版」の『浄土三部経』だった。『七祖篇』とは、この当面義によるという「テキスト版」の方針を、最初に広く採用して編纂、刊行された聖典だったのである。

そもそも『浄土真宗聖典』と銘打つ以上、「真宗」を説き示す「聖典」でなければならない。「真宗」とは親鸞により開顕された真実の教えであり、その教えを説き示す「聖典」であるなら、『七祖篇』であっても当面義ではなく宗祖義を説き示すものとして、親鸞の訓読に基づき編纂すべきである。『七祖篇』の編纂が開始された当初、『真聖全』『原典版』等を一貫して根強くあり続けてきたこのような見解について、編纂委員会では議論が重ねられたという。最終的に、当面義が明らかになってこそ宗祖義がより明確に知られるという観点から、当面義で編纂されることとなった『七祖篇』であるが、その刊行は、真宗聖教を文献として捉える視点を広くもたらす、一つの画期になったということができる。

その後、一九九六(平成八)年には『七祖篇』の「註釈版」が刊行され、先行する『註釈版』とともにに学修の場において広く依用されるようになり、また学問研究の場においても、七祖聖教については『七祖篇』が、『真聖全』に代わる基礎資料として用いられるようになっていく。

『聖典全書』以後

そして、これらの聖典編纂を踏まえて新たに企図されたのが、『聖典全書』の編纂である。これは、編纂委員会で二〇〇二（平成一四）年に一八〇点余りの収録聖教・資料を決定した後、二〇〇八（平成二〇）年に宗門で施行された、聖教の明確化を含む「宗制」の改正を経て、二〇一一（平成二三）年から二〇一九（平成三一）年にかけ、全六巻として刊行されたものであり、長く用いられてきた『真聖全』全五巻に代わる、真宗に関係する基礎資料を網羅的に収録した、まさしく集大成の聖典として刊行されたものとなっている。真宗学における学修・研究は、現在、主にこの『聖典全書』を基礎資料とし、加えて『註釈版』と『七祖篇』の「註釈版」、また各種の「現代語版」を補助とする中に営まれており、こうしてみると平成期から令和期に至る真宗学は、『浄土真宗聖典』から『聖典全書』に至る聖典編纂の展開のもと、基礎資料の新たな受けとめの中に展開されてきたものともいえるだろう。

従来の聖典類は、「真宗」すなわち自身を導く真実の教えを示す、文字通りの「聖典」として刊行されたものが主であったのに対し、『七祖篇』に始まる流れの中、『聖典全書』では真宗聖教もあくまで「文献」として扱われ、そこでは可能な限り忠実な原文資料の翻刻が目指されている。加えて、平成期から令和期にかけての基礎資料の受けとめに大きく影響しているのが、検索機能をともなう真宗聖教の文字データ公開である。『註釈版』の編纂作業においてワープロが初めて使用され、その後の聖典編纂においては扱う聖教がすべてデータ化されてきたが、そうしたデータを活用し、早くも平成七（一九九五）年には、本文検索の機能や脚註・巻末註へのリンクをそなえた、当時の規格による「電子ブック版」の『註釈版』が刊行されており、また現在は、浄土真宗本願寺派総合研究所のホームページ上に、オンライン検索・聖教データベースが公開されている。ちなみに平成二五（二〇一三）年に刊行された『浄土真宗辞典』も、『註釈版』等の脚註・巻末註のデータを基礎として成ったものである。

このように、古くは本願寺蔵版をはじめとする和装本から、戦後に長く用いられてきた『真聖全』を経て、『註釈版』と「現代語版」の編纂、『聖典全書』の刊行と聖教の文字データ化といった展開が、これまでの真宗学を支えてきた主な聖典類の変遷となっている。これは、江戸期から現在に至る学問的動向の変遷の中、「聖典」を「文献」としても捉えるようになってきた、特に『七祖篇』刊行以降の真宗学自体に色濃く見られる歴史的な展開であったともいえるだろう。ただし、真宗聖教とはどこまでも、自身を支え導く「真宗」を伝えるものとして、これまであり続けてきたものであり、これからもあり続けねばならないものである。学問研究の場に身を置き、聖典類を通して真宗聖教に触れる者としては、今後もこの根本をゆるがせにすることなく、真宗学に携わり続けていくことが求められる。

（殿内　恒）

真宗学と研究雑誌の歩み

『龍谷大学論集』の誕生(1)

『龍谷大学論集』は文学部・短期大学部の学術研究誌である。その号数たるや、二〇二三（令和五）年現在で、すでに四九九号に達しており、五〇〇という大きな数字が目前である。研究論文の寄稿によって発刊される雑誌として、これほど多くの号数を数えるものは、おそらく日本全体を見ても希である。その成り立ちはおよそ一二〇年あまり前まで遡る。

この『龍谷大学論集』の歴史は、一八九九（明治三二）年一二月三〇日に大学林同窓会から発刊された『会報』に始まる。その『会報』第一号には、大学林同窓会について、次のように会則が示されている。すなわち「本会は明治三一年大学林例発布以来の本林の卒業生並びに現在学生を以て組織」（第二条）されたもので、「毎年四回機関雑誌を発刊す」（第四条）るとある。また春秋の二回、京都にて総会を開き（第五条）、本部を本願寺の大学林内に設置し、支部を各府県に置く（第六条）と定められた。会長には赤松連城（一八四一～一九一九）、副会長には前田慧雲（一八五七～一九三〇）という、当時の大学林の綜理、副綜理が当たった。また編集者には『真宗全書』の編纂主任として著名な妻木直良（一八七三〜一九三四）らが名を連ねている。

この第一号の「記事」の欄には、前月の一八九九（明治三二）年一一月一二日、大学林同窓会の「発会の式典」が行われたことを伝えている。在京会員の姫宮大等（後の島地大等《一八七五〜一九二七》）が高等科を代表して朗読したという格調高い祝辞が記してあり、副会長の前田慧雲の挨拶も紹介されている。当時の雰囲気を知るため、前田の挨拶を少し紹介しておくと、

法運の沈滞、地方僧風の堕落、今日の如く甚だしきはなし。此の大勢を挽回刷新するは偏へに本林出身諸氏に待たざるべからず、然るに心術の修養を積み、意思鞏固なるにあらずんば却て地方の弊風に同化せられ、知らず知らず当年罵倒し去りし俗輩と伍を同ふして自己すらも之を感ぜざるに至る。豈に戒心せざるべけんや。(2)

とある。当時にあって、すでに時代の風潮に対する相当の危機意識がみられ、また大学林への期待の高さ、および出身者として決意を新たに団結せんとする思いが窺える。

では、『会報』にはどのような文章が集められ掲載されていたのかというと、この第一号には、次号へ向けての特別広告として、

第二号は三三年二月を以て発刊す。原稿締切期限は三三年一月一五日なり、趣味ある通信、漢詩、和歌、俳句、苟も以て吾が会友をして楽ましめ、益せしむるに足るの記事ならんか、断片零砕猶金石なり。続々奮て寄贈せられんことを。（以下略）

等とある。これによれば、必ずしも研究論文を募集しているわけではなく、当初は同窓会会員を楽しませる文芸作品など広く募集されていたことがわかる。(3)

さて、この『会報』は、一九〇一（明治三四）年一二月第六号より、『六条学報』と名を改め、六条学報社から刊行されることとなった。その改題の理由について同号に同窓会幹事として、当時二十代後半にさしかかっていた妻木直良が述べている内容によれば、翌春に開校される仏教専門科高等中学および専門科大学との連携を、仏教大学（当時）としてどのようにはかっていくのかが学内の会議で議論された。その中で、彼らにも同じく同窓会の『会報』が用いられることとなった。それに伴い、これを機に、今後さらに仏教学術界と日本国民の上に大貢献するべく、また学術雑誌として広く浄土真宗の精神を発信するため、御真影（親鸞木像）のある本山・本願寺を意味する「六条」の名を冠して改題することが決まったのだという。隔月発行ではあるが、将来的には毎月発行を目指すと話し合いがもたれたとも語っている。そして妻木は、

『六条学報』は既に学術雑誌として立つ。顧みて附近を望めば寂々寥々たる哉。遙かに東方を望めば『哲学雑誌』（一八九二《明治二五》年創刊）(4)あり、『無盡燈』（一八九五《明治二八》年一一月二〇日創刊）あり、『新佛教』（一九〇〇《明治三三》年七月創刊）あり、『高輪学報』（一九〇一《明治三四》年一〇月創刊）あり、『精神界』（一九〇一《明治三四》年一月創刊）あり、『中央公論』（前身『反省會雑誌』一八八七《明治二〇》年創刊、『中央公論』一八九八《明治三一》年創刊）あり、彼等はまさに我が侶伴たるべく訓誡者たるべし。同時にまた敵手たるべく抗論者

たるべし。其他見るに足るもの無し。

と述べ、続けてこのようにいう。

由来本派本山の学術系統に二潮流ありて存す。普通科と専門科との二流是れ也。この二潮流はその源泉を一にして中流分れて二となる。大教校と普通教校、文学寮と内学院、文学寮と大学林、仏教高等中学と大学専修科、高輪佛教大学と六条佛教大学、是れ今日に至るまで二潮流の流域なり。而して二系統二派の情交、文学寮と大学林の時節に当りて相排し相軋するの傾向あり、…中略…我らが脳中タヾ仏教あるのみ、学術あるのみ、仏陀あるのみ、開祖見真大師あるのみ。明治の聖台に生まれ万国の地図を見、万国の歴史を読み、万国の人種に接したる我らが眼中豈に区々齷齪たる小感情小思想を存せんや。

つまり、明治という新しい時代に生を享け、広い「万国」というものに触れた今、小さな日本という国の中の、しかも本願寺界隈で生じたこまかい相対関係の壁は越えよう。そして仏教・仏陀・親鸞の精神を求めていくことが、広い世界の中で真に意味のある学術的営みとなっていくのであり、それこそが自分たちの責務であると呼びかけているのであろう。この言葉には、明治という、日本の大転換期に、欧米から強烈に吹き込んだ新風を浴びて育てられた研究者の新緑の香りが漂っている。

そして『六条学報』の方針として示された主立った内容を記せば以下のようにある。

一　仏教歴史及び教理史の研究に全力を注ぐこと

一　仏教中学課程に適すべき仏教教科書を編成し掲載すること

一　専門科高等中学及び専門科大学の講義録を掲載すること

この創刊号には姫宮大等の「教養研究の標準思想（我が六条学報の研究態度を明かにす）」という論文が掲載され、科学思想、哲学思想、教権主義の三点からいかにして教養研究というものが成り立つのかが熱く論じられている。この時代は、方法論自体が大きなテーマ性を有しており、本派では前田慧雲、大派では占部観順（一八二四～一九一〇）・清沢満之（一八六三～一九〇三）らがいかに新しい時代の中で教義研究が成り立つかを模索して論じており、大きな注目を浴びていた時である。(5)

そうした中、一九二二（大正一一）年二月第二四二号より、『六条学報』は『仏教大学論叢』と改題された。理由について「編輯後記」には次のようにある。

昨年十一月、編輯会議の席上で、本誌編輯道人から「六条学報」改題の議が提出されました。其主なる理由は内外共に異常の充実発展を遂げつゝある本大学の研究機関雑誌としては題名が適切でないといふ事にありました。しかし過去二十有余年の古い歴史をもつた六条学報に別れるといふのですから、誰しも強い執着の念に引かれるのは当然であります。それで賛否色々の議論がありましたが、結局「仏教大学論叢」と改題して隔月発行にすることと決定されました。

こうした経緯により、『仏教大学論叢』と改められたこの雑誌は、二四二号から第二四七号まで仏教大学論叢社から発行された。

しかしながら本学は、同年一九二二（大正一一）年五月には大学令によって単科大学として認可され、名を「仏教大学」から「龍谷大学」へと改称することとなった。それに伴い『仏教大学論叢』は、翌一九二三（大正一二）年二月には早速『龍谷大学論叢』と改題されたのである。第二四八号から第三〇四号まで龍谷大学論叢社から刊行された。

そして一九三二（昭和七）年一二月、真宗学・仏教学・史学・印度学・支那学などの学会員によって龍谷学会が発足する。その機関誌として翌一九三三（昭和八）年二月第三〇五号から『龍谷学報』と改題し、龍谷学会がこの雑誌を引き継いだ。

戦後、一九四九（昭和二四）年二月、第三三六号から『龍谷大学論集』と題され、今日、二〇二三（令和五）年四月の時点で四九九号を数えるに至るのである。創刊から実に一二〇年あまりの間、絶え間なく本学研究者から発信された多くの学術論考がこの雑誌を彩り、その成果が真宗学・仏教学をはじめ、広く文化系科目の発展に大きく寄与してきたといって過言ではないであろう。

『眞宗学』の誕生

『龍谷学報』が戦後に『龍谷大学論集』へと改題された一九四九（昭和二四）年、その七月に学術雑誌『眞宗学』も誕生している。『眞宗学』は原則として年二回発刊され、真宗学科教員を中心として研究論文が寄稿されて成り立っている。二〇二三年現在で一四八号が刊行されているが、この雑誌が真宗学界全体に果たしてきた功績もまた甚だ大きいものがある。

この雑誌は、一九二九（昭和四）年、旧制大学時代に創刊された『龍谷大学真宗学会々報』が元となっている。この前年の一九二八（昭和三）年には、史学会から『龍谷大学史学会会報』（翌年『龍谷史壇』

として創刊）が刊行され、また一九三〇（昭和五）年には、仏教学会から『龍谷大学仏教学会報』（一九四九《昭和二四》年に『仏教学研究』として創刊）が刊行された。

こうした各学会による研究雑誌創刊の機運の高まりについて、(6)『龍谷大学三百五十年史　通史編』（九七〇頁）には

大正一一（一九二二）年、それまでの仏教大学が大学令により旧制龍谷大学として認可され、講座制が導入されると、講座ごとに関係教員と専攻学生との間に学会が組織され、それが活発化するなかで、研究発表の場として、全学的規模の『龍谷大学論叢』があったとはいえ、各学会による研究雑誌も発刊されるにいたったといえよう。

と語られている。

その『龍谷大学真宗学会々報』第一号には、雑誌が創刊されたことについて、

わが龍谷大学内に真宗学会が創始せられてから既に六星霜を過ぎ、その間、例会に大会に有益なる幾多の研究が発表せられたのであつたが、其の賢重なる内容的記録の殆ど全てが残されていないので、概惜せること久しきものがあつたが、今回機縁熟して漸く形を整へて生まれ出たのが本誌である。今後研究発表するに従ひ得るところを録して続刊する予定である。

とある。第三号（一九二九《昭和四》年四月）まではガリ版刷りで、第四号（一九三〇《昭和五》年五月）から活字印刷となっている

さて真宗学会が一九二三（大正一二）年に早くも例会を開催したのを皮切りに、翌年には哲学会、

支那学会、宗教学会も例会を開催した。以後、続々と龍谷大学の各専攻で学内での例会・大会が催され、学外へ向けては公開講座や講習会も随時開催されていった。こうした流れの中で必然的に、昭和の始め頃、相次いで研究雑誌が発刊されていったのである。

しかしながら、やがて世界的な戦禍を生じ、その広がりは日本にも及んだ。日本も軍国主義に染まり戦時体制へと歩みを進めて行く中、落ち着いた研究活動などはもはや望むべくもなかった。一九三八（昭和一三）年に国家総動員法が可決されると、そうした影響は研究内容をも変質させ、後に「戦時教学」と呼ばれるような営みへと変質していった。『龍谷大学三五十年史　通史編』（九七一）によると、一九三七（昭和一二）年には仏教学会例会で「仏教と国家明徴」に関する座談会が催されたり、一九四一（昭和一六）年には史学会が、図書館講堂で「皇紀二六〇〇年奉祝史学大会」と題して大会を開催したり、同年一〇月には真宗学会が、学徒出陣壮行会を開催したりもした。一九二九（昭和四）年以来続いてきた『龍谷大学真宗学会々報』は、この前年、一九四〇（昭和一五）年二月発刊の第一一号を最後に休刊となっている。

そして戦後――。瀕死の重傷を負った日本の復興が始まった。用紙にも事欠く窮乏した状況の中、一九四九（昭和二四）年に、龍谷大学は旧制から新制大学として新たにスタートを切ることとなった。この年の二月、先述の通り『龍谷大学論集』と改題され、また、十年近く休刊していた『龍谷大学真宗学会々報』は、改めて『眞宗学』という名前で生まれ変わり創刊された(7)。ようやく真宗学会の活動が再開したのである。『眞宗学』創刊号には大江淳誠（一八九二～一九八五）の次の言葉が記され

ている

真宗学はいふまでもなく真宗教義の真理性を究めんとするものである。然るにこれは二つの面より為されねばならぬ。一には内に伝統の宗義を精確に把握することであり、二には外に一般の学の立場より整理組織さる丶ことである。若しそれ内に宗義を精確に知悉することなからんか、如何なる新しき型に於いてあらはさる丶としても、それは真宗学とはなり得ぬであらう。また内に精確なる知識を得るとしても、一般の学の型に於いて整備組織されなかったならば、これまた近代的な学問の意味に於ける真宗学とはなり得ぬであらう。吾人のいま辿りつ丶ある方途は、この二つの面に於ける前者に属するに過ぎないのであるが、希くは後賢の愈々続出するあつて、如上の目的の達成されんことを望むや切である。

今度学会に於いて機開誌「眞宗学」の発刊を企図し、其の第一号を出すことになった次第であるが、真宗学の完成といふ遼遠なる希望に対しては、僅かにその一歩の域を出でないかも知れぬ。然しながら逐次学内外より真摯なる論文の発表せられて、斯学の発展に寄与するところあらんことを期待する次第である。

昭和二四年七月八日　大江淳誠

またこの創刊号の編集後記は池本重臣（一九一三〜一九六八）が次にように記している。

一、機開紙『真宗学会々報』が休刊になつてから十年に近い年月が流れてゐる、その間社会の情勢は一変し、今日は全く思想混乱の時代といつてよいであらう。思想の一大根拠となる宗教界が活躍すべき時代であることは総ての人が認めることであらう。それには先づ何よりも学的な基礎を培はねばならぬ。『眞宗学』の生れた所以も意義深いも（ママ）

二、真宗学はその性格上、一面において宗義の伝統を明かにするとともに、また一面において、新たな分野を開拓しなければならぬ。特に現在はそれが痛感されるのである。しかしこのことは至難のことに属する。本誌はこの両面を担ふ使命をもつてゐる。

三、真宗学会員諸君をはじめ、全国の眞宗学に関心のある諸氏の御協力と御援助を期待してゐます。御購読をお願ひするとともに、原稿をもお送り下さることを念願して止みません。

四、このたびは大江教授の安居講本の一部である論註の研究を発表して戴きました。多年の御研鑽の成果であることは申すまでもありません。又加藤教授の本願論、瓜生津先生の国語学的研究はともに特異のものであります。次号は桐溪、神子上両教授、及び加藤教授の続篇とさらに藤原助教授の研究を発表して戴く予定で十一月下旬に発行したいと思つてゐます。…中略…

六、尚本年度になつてから左記の通り例会を開催してゐます。

五月三十一日　真宗典籍と吉利支丹本　瓜生津教授
　真宗に於ける即　研一、大隈巧
六月二十三日　証　加藤教授
　慧と現代思潮　研一、寺山文融

以後、論文や例会などさかんに行われ、龍谷大学の真宗学の歩みは再開された。『眞宗学』は、こうした龍谷大学におけるさかんな真宗学の研究成果を報告する雑誌として、現在も重要な雑誌としてあり続けている。今後はその成果を広く公開するという意味で、過去の論考も含めて、ウェッブ上にも随時論文を公開していく予定である。

（七月七日池本生）

龍谷大学の真宗学と全国学会

さて、こうして戦後に再開された龍谷大学の真宗学の学術活動であるが、当時の研究活動という意味で、目を全国的に転じてみれば、日本印度学仏教学会が一九五一（昭和二六）年に創設されている。続いて日本宗教学会は一九五五（昭和三〇）年に創設されている。この両学会は、現在も日本の仏教研究者にとって最も大きな存在としてあり続けているといって過言ではない。日本印度学仏教学会の機関誌『印度學佛教學研究』の記念すべき第一巻第一号（一九五二《昭和二七》年七月）には「創刊の辞」として東京大学教授の宮本正尊が次のように述べている。

わが「日本印度学仏教学会」は昭和二六年十月、全国有数の国立私立の大学及び一般学会にわたり、専門の学者を網羅して創立された学術団体である。本学会は「文学、哲学、史学学会連合」に加入して、他の加盟諸学会并「日本学術会議」と連絡を保ち、世界各国の学者とも提携し、斯学の向上発展を計り、世界文化の進運に貢献することを目的とする。

この『印度學佛教學研究』の創刊号である第一巻第一号は、日本全国の大学から、錚々たる研究者によって二七本の研究論文が寄稿され構成されている。そのなかに東京大学の結城令聞による「教行信証に於ける信巻別撰論攷」という論文が収録されたのである。

続く『同』第一巻第二号（一九五三《昭和二八》年三月）が、これまた記念すべき第一回学術大会の研究紀要である。第一回学術大会は東京大学で一九五二（昭和二七）年一〇月二五日・二六日に開催された。創刊号の発刊からわずか三ヶ月後であったが、研究発表者は七五名に達する盛会ぶりで、三部会に分けての大会となっている。

ここで先の結城令聞の論文に対して、早くも龍谷大学の大江淳誠による「教行信証信巻別撰説の批判」が発表されたのである。続く翌年の第二回学術大会の会場は龍谷大学であった。そこで結城令聞は「再説信巻別撰攷」と題した発表を行っている。この一連の学術論争で、両者が全国学会の会場で繰り広げた丁々発止の論戦は、いまなお語り草となっている。特に大江淳誠の、当時、周りの者たちが「『教行信証』をすべてを暗記している」とまで評した、親鸞教学に対する広く深い学識が、この時、全国学会の舞台でいかんなく発揮され、聴衆は大江の姿に驚嘆した。そうして大江がいかに結城の学説が成り立たないかを指摘し続けたその姿は、大江の名と共に、龍谷大学の親鸞研究のレベルの高さを顕示する結果となり、大いに面目躍如を果たしたのであった。その大江が、『眞宗学』の創刊の辞で「内に伝統の宗義を精確に把握すること」と共に強く必要性を訴えたのが、「外に一般の学の立場より整理組織さるゝこと」であった。大江はみずからを前者に過ぎないと語っているが、後者がないと近代的な意味をもった学問としての真宗学とはならないと強く訴え、「希くは後賢の愈々続出するあつて、如上の目的の達成されんことを望むや切である」と述べて、この両面の充実を未来に託したのである。

ここから龍谷大学の真宗学は、真宗教義学と真宗教学史、浄土教理史という方法論が確立され、また真宗伝道学における方法論の模索が始まった。現在、龍谷大学の真宗学はこの四分野からなり、その学術的成果が『眞宗学』に掲載されているのである。

先人の御跡を慕い

近代に入り、西洋から日本へ様々な情報が流入する中で、学問的な方法論も大きく問われることとなった。その頃から実に多くの研究雑誌が創刊されていったが、当時の研究雑誌でそのことを意識していないものは存在しない。龍谷大学の真宗学における一二〇年を越える学術雑誌の歴史とは、そのままこの雑誌と共に歩み続けた龍谷大学に属するさまざまな研究者たちの歴史でもある。

新しい時代の中で求められる視点や、新たに発見される情報。それをもとに研究者たちによって、従来の枠組みを突き破って獲得されていく新知見がある。その一方で、真宗学として変わらずに護っていくべきものもある。その狭間で苦悩する学者たちによって、連綿と学術的成果は生みだされ、その成果に導かれ、次の研究者たちがまた育成されてきた。現代に生きる研究者として、こうして紡がれてきた先人たちの大きな学恩に向き合った今、その有り難さを思わずにはいられない。ではその学恩にどう報いていくのか。それが現代の研究者一人一人に課せられた課題であるといえよう。

真言を採り集めて、往益を助修せしむ。いかんとなれば、前に生れんものは後を導き、後に生れんひとは前を訪へ、連続無窮にして、願はくは休止せざらしめんと欲す。無辺の生死海を尽さんがためのゆゑなり。(『安楽集』)

(井上　見淳)

註

(1) 本稿の内容は、『龍谷大学三百五十年史　通史編』を参考にした。
(2) 本稿では、史料の引用にあたり、旧漢字は新漢字になおし、句読点も適宜補っている。
(3) この創刊号には「通信」に、「監獄教誨」とあり、現在も本願寺教団が支援している教誨活動に関する言及が見られる。
監獄教誨の事業が東西本願寺に於て其多くを領有せられ、而して其教誨師として吾同窓会諸兄の之に従事するもの亦だ尠からざるは世の普く知る処、吾人は這等諸兄の通信によりて、将さに試みつつある仏教の感化が如何に社会罪悪の淵叢たる暗黒界にまで及ぶかを知らんと欲す
と記してある。
(4) 以下の（　）内の創刊の年月日は井上による。
(5) 拙著『たすけたまへの浄土教―三業帰命説の源泉と展開―』(法藏館、二〇二二年)の第九章「占部観順事件の顛末―三業惑乱後の信願論として―」、第一〇章「真宗教学史における占部観順事件の意義―教学的論点の整理とその影響―」参照

（6）一九二七（昭和二）年七月には真宗学研究所から『真宗研究』が創刊されている。この雑誌は、現在真宗連合学会の機関誌と同名異誌である。創刊された経緯は記述されていないが、梅原真隆、大原性実、桐渓順忍などが寄稿し、彙報には龍谷大学主催明如上人記念講演会、龍大真宗学会例会、修養講座、信仰座談会、聖典輪読会、研究所出版部たより、研究所院本年度研究題目などが載せられている。また一九二九（昭和四）年七月に宗学院道人によって『宗学院論輯』が創刊されている。

（7）同年の一九四九（昭和二四）年に『国文学論叢』・『仏教学研究』も創刊され、『龍谷史壇』も復刊されている。

真宗学の国際化の歩み

ここでは、真宗学の一〇〇年の歩みと龍谷大学の国際化の歩みとの間に見られる密接な関係について組織面・教育面・研究面に分けてとりあげてみたい。その前に、まずその前提となる明治期以降の真宗の国際化の動向について、簡単に触れておきたい。

明治初期の真宗教団の近代化が、島地黙雷や赤松連城らによる欧州各国での視察や留学中の経験が大きく反映されるかたちで進んでいったことはよく知られている。なかでも三年間に及ぶイギリスでの留学生活を経験して帰国した赤松が主導した宗門の教育改革は、伝統的な真宗の教育機関であった学林に一般教育にあたる普通学を導入する先進的な内容を柱とするものであった。さらに一八八五年には普通教校が開設され、学林は僧侶養成の教育機関から、一般子弟への教育部門を含む学校としての歩みを始めた。新たに開設された普通教校で学ぶ学生たちは進取の精神に富み、一八八七年に反省会という言論結社を組織し、機関誌『反省会雑誌』（現在の『中央公論』の源流）の誌上で日本仏教の近代化について論陣を張り、さらに国際的な情宣活動にも着手した。一八八八年には、普通教校の教員・学生たちが、海外伝道を目的とする海外宣教会を結成し、その会長には赤松が就任した。海外宣教会は、世界的に見ても前例のない仏教英文雑誌Bijou of Asiaを創刊し、世界各地に無料で送付し仏教の国際伝道の嚆矢を放った。また、一八八九年に機関誌『海外仏教事情』を創刊し、欧米やアジア各地の仏教徒との通信や各国の仏教徒の情勢について紹介し、日本の仏教徒の連帯と行動を促した。このような活動が機縁となり、スリランカからダルマパーラや神智学協会のオルコットらが来日し、欧米だけでなく、アジアの仏教国へ渡航する若い日本の仏教徒が増えることになった。

明治初期の真宗の国際的な活動を牽引した学生の中には、その後国際的な仏教徒のネットワークを支援し、武蔵野女子学園などの女子教育機関を創立した澤井洵（後の高楠順次郎）、第二代ハワイ開教監督として浄土真宗の英語伝道に大きな足跡を残した今村恵猛らがいる。さらに、イギリス・フランス・ドイツなどのヨーロッパ諸国に留学し、近代仏教学を学ぶ学生たちがそれに続き、タイ・スリランカ・インド・チベットなどアジア各地へ渡航して、現地で仏教の研鑽だけでなく、現地で仏道修行に励む者も多く出た。また、一八九九年にイギリスへ留学した本願寺の大谷光瑞新門は、中央アジアへの学術調査・資料収集を計画し、一九〇二年から三次にわたり中央アジアへ探検隊を派遣した。探検隊は多くの仏教関連の文献資料・遺物だけでなく、様々な文化財を蒐集しその一部は現在龍谷大学図書館に所蔵されており、国内はもちろん国際的にも貴重な研究資料となっている。

このように龍谷大学の前身となる明治期には、仏教の国際化ということが、学校内で当時の日本社会の動向を先導するように進取の精神にもとづいて進められ、現在に至る真宗学の国際化の歩みへとつながっていると言ってよい。

真宗学の国際化の歩み

二〇世紀になり、一九〇四年の日露戦争さらには一九二四年の第一次世界大戦で戦勝国となった日本は、次第に国際的な発言力を高め、樺太・台湾・朝鮮半島・中国東北部（満州）などで大きな権益を持つようになる。それに伴って本願寺教団も、日本の国益との関係を無視できなくなり、その国際的な活動の重点は次第にアジア各地へと広がっていった。そのような社会状況の中で、一九二二年に真宗の学問研究が真宗学という新たな名称で呼ばれるようになったのである。

当時の日本仏教界における関心の中心は、中国大陸における各教団の布教権の問題にあった。結果的に、中国との条約の中で日本仏教教団の布教権は盛り込まれなかったが、日本が権益を有するようになったアジア各地では既に移住した日本人への外地開教が盛んに行われるようになっていた。

この時期の真宗における国際的な活動として他に注目されるのは、一九三〇年にハワイで開催された第一回汎太平洋仏教青年会大会である。大会を計画したのはハワイ開教総長（監督から改称）今村恵猛であった。今村の意図は、当時アメリカ社会で激しくなっていた日系移民排斥運動に対して日系コミュニティの立場を代弁するとともに、ハワイ以外からも多くの仏教徒を招くことで、仏教の普遍性をアピールすることにあった。一九三四年に開かれた第二回大会は、中国・満州・タイ・シンガポール・ビルマ・インドなどの仏教徒代表を招へいし東京で開かれた。当時の日本は一九三三年に国際連盟から脱退し国際的に孤立の道を進んでいたが、日本仏教を中心とした国際的連帯の構築は国威高揚につながるものとして日本政府や財界からの資金援助を受けた大会となった。しかしその一方で、満州国建国をめぐる対立から中国仏教会からの正式な大会参加は行われなかった。仏教の普遍性について今村が思い描いていた仏教徒の国際的連帯という意味は既に色褪せつつあった。そして、第二次世界大戦下の一九四三年に、大東亜仏教青年会と名称を変更して東京で開催された第三回大会では、日本仏教徒の国際交流に向けた願いは、「大東亜共栄圏」建設という国策への同調へと変質してしまっていた。

一九二二年に真宗学という新たな呼称を冠して歩みを始めた真宗の学問研究と国際化の関係は、このような戦前の日本の国家主義的な動向と全体主義的な政策に翻弄され、敗戦に至るまで、言わば「内向きの国際化」という性格を帯びざるをえなかったのである。

一九四九年に新たな学校教育法のもとで新制大学として設置認可を受け再出発した龍谷大学は、戦後の民主主義教育と日本社会の驚異的な経済復興の時流に乗って発展し、一九六〇年には新たに開設した深草キャンパスに経済学部を創設し総合大学への道を歩みはじめる。それとともに、大学の国際化も一段とすすめられることになった。その歩みは決して簡単なものではなかったが、明治以来進取の精神の伝統を継承する真宗学専攻がその先導役を果たしてきたといってよい。そこでこの時期の真宗学の国際化の歩みについて、㈠組織面、㈡教育面、㈢研究面という三つの側面からから辿ってみたい。

(一)組織面

まず組織面から一九四九年以降の真宗学の国際化について振り返るならば、その中心となってきたのは一九五八年に設立された龍谷大学仏典翻訳部(Ryukoku University Translation Center=RTC)である。当時学長であった増山顕珠が創設した仏典翻訳部は、仏典の翻訳・出版を通じて仏教を海外に紹介し、国際的な学術研究に資するという目的で設立された。また、それまで北米仏教団(Buddhist Church of America=BCA)が京都に設置していた開教使研究所が閉鎖され、それに代わる役割を龍谷大学が担うようになった。その開教使養成のための教材資料を提供することも設立の目的であった。従って、主な翻訳事業は浄土真宗所依の聖教の英訳であり、おのずと仏典翻訳部は真宗学の国際化における研究・教育の中心拠点となった。翻訳事業には、藤原凌雪、石田充之、稲垣久雄、武田龍精などの真宗学専攻の教員だけでなく、仏教学専攻の教員に加え上田義文、長尾雅人など著名な学外の仏教研究者も参加した。そこに開教使を目指す海外からの留学生、さらには真宗学・仏教学専攻の日本人の学生たちが参加し、国際的な研究・交流の場となった。

その後一九八八年に、仏典翻訳部は仏教文化研究所に吸収・合併され、同研究所における国際研究の中心部門となった。さらに二〇一五年に、「仏教を機軸とした国際的な研究拠点」として龍谷大学世界仏教文化研究センターが、同研究所を発展的に解消するかたちで設立されると、それまでの仏典翻訳部は廃止され、センター内に新たに設けられた国際部門がその活動も引き継いで活動している。国際部門では嵩満也、那須英勝などが、海外の大学・研究機関との国際的な共同研究や研究協定の締結を進め、センターが龍谷大学の国際的な仏教研究のプラットフォームとなることをめざしている。また、英語によるコロキアムの開催、アメリカの沼田ブックアワード受賞者の記念講演など国際的な研究会を主催し、海外の若手仏教研究者と日本の若手研究者の研究交流の場を提供している。その意味では、真宗学の国際化において今後さらに大きな役割を担っていくものと大いに期待される。

(二)教育面

教育面における真宗学の国際化の歴史において注目されるのは、戦前より続いている海外開教使養成の活動と、アメリカ・カリフォルニア州バークレイ市にある仏教大学院（Institute of Buddhist Studies）との人的交流である。

戦前より、アジアはもちろんハワイ・北米の海外開教使の多くは龍谷大学出身者であった。ただ、開教使の教育・養成は本願寺が中心となって行われ、先に触れたように、北米仏教団などが京都に開教使研究所などを設置し、本願寺による日本人や日系開教使の教育・育成への支援を行っていた。龍谷大学には、戦後になって、北米・ハワイ・カナダの海外開教区から派遣された、開教使を志す日系人留学生たちが入学するようになったが、その多くは、真宗学あるいは仏教学を専攻した。そして、一九五八年に龍谷大学に仏典翻訳部が創設されると、これらの留学生たちは浄土真宗聖典の英訳事業にも参加した。仏典翻訳部での翻訳は、原文の英訳だけでなく、脚注や附注が多くつけられているが、それはこれらの海外からの留学生の学習の便宜をはかるものでもあった。

海外開教を目指す日本人学生への大学での教育課程が開設されるのは、大学の特別研修課程の一つとして開教使課程が発足する一九八〇年のことである。この課程は通常の特別研修課程とは異なり、受講生の実践力を高めるために四年間の継続履修課程として設置された。そして、この課程を終了した多くの真宗学専攻の学生たちが、本願寺での研修をへて海外開教に雄飛していった。また、二〇一八年にこの特別研修課程は海外開教使を育成するという目的に、海外開教区での伝道活動に学びつつ国際的な視野をもって伝道活動に従事する伝道者を育成するという目的を加えたカリキュラム改革を行い、現在その名称を国際伝道者養成講座と変更して開講されている。

このようにして、龍谷大学で真宗学を学んで海外で活躍している開教使たちは、現在に至るまで、龍谷大学の国際化のさまざまな局面で陰になり日向になって貢献しており、その人的な国際ネットワークは、今後の真宗学の国際化にとって大きな財産となっていくものと考えられる。

たとえば、一九五八年に来日し真宗学専攻で学んだ日系二世のセイゲン山岡は、帰国後BCAの開教使として活躍し、一九八一年から一〇年間にわたり北米開教区の開教総長を務めた。山岡は、アメリカ出身の開教使の養成に力を注ぐとともに、龍谷大学とカリフォルニア州バークレイ市にあるInstitute of Buddhist Studies（IBS：米国仏教大学院）との間の研究・教育交流を盛りこんだ覚書（MoU）の締結に尽力した。両校の大学院学生の交換留学制度が設けられ、真宗学を学ぶ大学院生が国際的な学びと経験を積むことができるようになった。また、真宗学・仏教学・仏教史学専攻に所属する専任教員による派遣講義（龍谷講座）が行われるようになった。さらにバークレイの学生寮に、龍谷大学の教職員が滞在できる宿泊施設（龍谷アパート）が置かれ、海外での研究拠点となっている。さらに、ハワイのBuddhist Studies Center（仏教研究センター）とニューヨークのAmerican Buddhist Academy（仏教アカデミー）とも交流のための覚書が交わされBSCでも龍谷講座が提供されている。

このような龍谷大学と北米・ハワイ仏教団との親密な関係は、二〇〇六年に北米仏教団、本願寺そしてIBSと龍谷大学が出資してバークレイ市に設立した浄土真宗センターでの交流・活動に引き継がれている。センター内には龍谷アパート設置に加え、新たに龍谷大学の学生のための海外語学研修プログラム（BIEプログラム）を実施するための龍谷オフィスが開設され、現在の龍谷大学の国際的な教育拠点となっている。その陰には、真宗学で学んだ多くの海外留学生の姿がある。その中には、真宗学で博士の学位を取得し、現在IBSの学長を務めているデビッド松本や、同じく真宗学の大学院で学び現在北米開教区総長として活躍をしているマービン原田現在ハワイ開教区の総長を務めているエリック松本など真宗学で学んだ日系三世開教使の存在がある。

(三)研究面

最後に研究面における真宗学の国際化について少し触れておきたい。真宗学に対する国際的な関心はまだ必ずしも高いとは言えない。しかし、すでに述べたように明治初期の真宗を学ぶ若い学徒は、積極的に仏教そして真宗の教えを国際的に発信しようとした。二〇世紀に入るとそのような国際的な活動は継続されたものの次第に内向きなものとなり、真宗学の国際化の進展は戦後になって再び活発となる。

すでに述べたように、真宗学では真宗聖教を中心とした仏典翻訳事業に戦後取り組んだ。また、真宗学の教員であった藤原凌雪がバークレイのIBSに学事駐在として派遣され、海外の仏教事情についての真宗学内で紹介したことにより海外の仏教研究への関心が広がった。そのような折りに、ハーバード大学ではじめて親鸞研究により博士号を取得した、ハワイ大学のアルフレッド・ブルームが来日し、親鸞思想が持つ普遍性を高く評価し、親鸞研究の国際的発信の意義を力説した。そのことは真宗学の国際化にとって大きな刺激となった。また、一九五九年の第二バチカン会議以降、キリスト教世界で高まったエキュメニカル運動により盛んになった異宗教間対話の実践が真宗学にも波及し、相次いで神学者が大宮学者を訪問した。また『大無量寿経』を英訳したミシガン大学のルイス・ゴメスなど、海外の仏教学者も度々真宗学で講演会を行なった。一九八九年の龍谷大学三五〇周年記念シンポジュウムでは、真宗学の武田龍精が中心となり、「親鸞と世界」というテーマでハーバード大学のゴードン・カフマン、ジョン・カーマン、永富正俊らを招聘し、信楽峻麿、岡亮二などの真宗学者と対話を行った。また、その後もジョンB・カブ、ジョン・ヒックといった世界的な神学者が龍谷大学を訪問し対話に従事した。一九九〇年代には親鸞の全著作の英訳事業で中心的な役割を果たした廣田デニスや近代における真宗国際化の歴史を研究するゲーレン・アムスタッツ、プロテスタント神学者のマルティン・レップが真宗学専攻の教員に加わり、この時期には真宗学の国際化が急速に進められた。ただ、残念なことにこれらの教員が退職した後にそのような教員の補充は行われず、暫く停滞している。

真宗学の国際化の進展で、もう一つ忘れてならないことは、一九八四年に真宗学出身の稲垣久雄を中心にして、国際真宗学会（International Association of Shin Buddhist Studies）が龍谷大学で設立されたことである。学会は北米地区と欧州地区に支部を置き隔年に学術大会を日本と海外の大学・研究所を会場として開催し、学会誌として雑誌The Pure Landを毎年刊行している。この学会が設立されたことにより、真宗研究に関心を持つ海外の研究者と真宗学の研究者が定期的に学術交流を行う研究の場が生まれた。真宗の国際化にとってこのことはとても大きな意味を持つ出来事であった。

このように真宗学一〇〇年の歩みは、真宗と龍谷大学の国際化の歴史と歩調を合わせつつ展開してきたと言うことができる。

（嵩　満也）

参考文献一覧

・龍谷大学三百五十年史編纂委員会『龍谷大学三百五十年史』通史編上巻・下巻、二〇〇〇年
・中西直樹、吉永進一著『仏教国際ネットワークの源流―海外宣教会（一八八八年～一八九三年）の光と影―』三人社、二〇一五年
・楠淳證、中西直樹、嵩満也共編著『国際社会と日本仏教』「第三章　明治仏教の国際化への歩み」、二〇二一年
・嵩満也「比較神学的対話（Conversations in Comparative Theology）と真宗学―宗教間対話の経験をとおして」『世界仏教文化研究論叢』第六〇集、二〇二二年

第二部　真宗学研究の歩み

「浄土真宗」と宗教多元的視座・科学との接点

武田龍精

龍谷大学真宗学会の創設精神は、親鸞聖人所顕の「浄土真宗」が、大乗浄土仏教思想体系をつらぬく根元的観念として、（Ⅰ）基礎研究方法論（言語学・文献学・書誌学・考古学・東西哲学・世界宗教学・宗教哲学など）（Ⅱ）聖典研究方法論（経典学〔浄土三部経典学・大乗経典学・南伝経典学など〕・聖教学〔七祖聖教学・親鸞聖教学・列祖聖教学など〕）（Ⅲ）思想体系研究方法論（七祖教義学・親鸞教義学・覚如教義学・存覚教義学・蓮如教義学・伝統宗義学・組織真宗学など）（Ⅳ）歴史研究方法論（浄土仏教史学・浄土教理史・真宗教学史・真宗教団史など）（Ⅴ）実践研究方法論（文系・理系諸科学〔宗教教育学・臨床心理学・宗教社会学・自然科学・医学など〕）というもろもろの方法論を駆使して、学術的・学際的に顕彰せんとすることであろう。

「浄土真宗」の体系において、仏教一般の教判を思想的背景として、阿弥陀仏の本願を救済論的基準に置いて、親鸞独自の二双四重判と真仮偽判と呼ばれる教判が構築された。

二双四重判は、「釈尊一代教」を判定するものであり、仏教内での教判論である。また、親鸞の絶対教判といわれる真仮偽判の三重廃立のうち、真仮の判定は聖道・浄土門内の教判論である。

宗教多元的視座から「浄土真宗」を考察せんとするとき、少なくとも教判に関して見るかぎり、二双四重判も真仮判もともに直接的接点とはなりえない。

教判論的には、「偽」の範疇に属すると判定されたもろもろの外教が問われてくるであろう。

宗教多元の視座から、次の二点について留意しておきたい。

（1）聖道門が「仮」であると規定されたこと。

（2）仏教以外の宗教ならびに思想がすべて「邪偽・異執」と断定されたこと。

第二の事柄が、実は「浄土真宗」の立場において、諸宗教対話ならびに宗教多元的パースペクティヴへの積極的方向を根柢から疎外している教義的契機であるといえる。

それを超克するためには、次の二つの宗教多元的視座の方法論が考えられなければならない。

（1）「真仮偽判」自体の成立根拠が再吟味されなければならない。

（2）「浄土真宗」の核心であり、絶対真実であるとされる阿弥陀仏の「本願」自体の救済法の成立根拠が再吟味されなければならない。

後者に関しては、以前、宗教多元主義・真理主張を考察した国際会議等で発表したことがあるのでここでは割愛させていただきたい。

前者については、教法が、正像末三時にわたって貫通するか、閉塞するか、その可否が、聖道・浄土二門に真仮を断定する現実的根拠として見据えられていることが吟味されるべきである。

このことは、真仮（偽）判が、決して単なるドグマとして下された教判ではないことを意味する。歴史的状況の現実が、仏教全体を聖道・浄土の二門に判別せしめたのであり、真仮（偽）判の歴史的現実的根拠にこそ、宗教多元的視座と「浄土真宗」との接点が見出されなければならない。

端的にいって、親鸞聖人を去ること七六一年を経た現代の歴史的状況に立つとき、聖浄二門の真仮（偽）判では歴史的状況に応答しえなくなった。

しかし、そのことは決して真仮偽判の本質的意義を損なうものではない。むしろ歴史的状況に応答しえなくなった真仮偽判を、現代の歴史的状況に応答しうるものにすることこそ、真仮偽判が設けられた原意的意趣に添うものである。

また、（2）仏教以外の宗教ならびに思想がすべて「邪偽・異執」と断定されたことに関しても、「浄土真宗」によって捉えられた「偽」の範疇に属する諸思想（ひろく宗教・哲学をも含む）は、六十二見・九十五種の邪道でしかなかった。現代ではそれをはるかに超える諸思想がわれわれには知られている。特に、「化土巻」末には、十一経二十三文、十一論釈十四文の計三十七文という厖大なる文献を引用することによって、親鸞は真偽を勘決し外教邪偽異執を教誡せんとした。

しかし、「偽」として排除された対象は、親鸞在世当時、仏教以外の思想として知られていた限りでの思想であったことはいうまでもない。現代の思想研究から見るならば、そこで取り上げられた対象はごく一部でしかない。限定的対象に対比して「真」であるからといって、普遍的真実性を主張することは、現代思想研究の領域ではもはや許されない。それにも拘らず、なおも、それに固執するならば、真理主張はドグマ化するか、自己充足的な偏執に堕すかであろう。

実は、かかる危険な方向を回避するために、親鸞自身は可能な限りの文献を渉猟しようとされたのではなかったか。親鸞の真意は、取り上げられた対象のみに固執するものではなかったはずである。外教との対比を通して、本願真実の普遍性を開顕せんとされたのであり、親鸞が取った方法は、いわば比較宗教哲学的方法であったともいえるのではなかろうか。

現代われわれが知る限りでの多様なる諸思想との対話・比較を通して、はじめて弥陀による救済法が、現代の歴史的状況のなかで真に真実であるか否かが問われてくる。そこにはじめて現代の歴史的状況を根拠に据えた新たな真仮偽判が成り立つといえるであろう。

宗教と科学の間を考察しようとするとき、両者を媒介するものは哲学である。何故ならば、宗教と科学とは、それぞれの側に立って他者を傍観することによっては直接的に両者間の接点を見出すことは困難であるからだ。宗教は科学が勃興して来る遥か以前に起こっていた。しかし、十七世紀の西洋において近代自然科学がキリスト教を背景としながら歴史上に出現するや、わずか二百年も経たないうちに、キリスト教から袂を分かち、キリスト教以上に説得力をもって洋の東西を問わず地球上を席捲したのである。そして、ホワイトヘッドが、すでに一〇六年も以前に指摘したごとく（『宗教の形成』*Religion In The Making,* 一九二六）、普遍的な宗教と呼ばれるキリスト教と仏教がともに衰退してしまった根本原因には、次の二つの事柄が考えられるであろう。

第一に、ほかならぬ両教自体がそれぞれのうちに持っている自足的なる教義に安住し、自らをそのうちに閉ざして、なかなか自己を外へと開放しようとしない閉鎖性に起因する。

第二には、ホワイトヘッドがいわゆる「第三の伝統」と呼ぶ「自然科学」に対して、キリスト教はあまりにも闘争的な態度をとってきたし、仏教はあまりにも無関心なる態度を取り続けてきた。両教ともに、「科学」への柔軟な適応能力が欠如していたからである。

そうした状況下にあって、西田幾多郎・田辺　元・西谷啓治がそれぞれ独自の立場から、現代における宗教と科学の問題について、根元的問いかけとそれへの応答がなされていることは、浄土教仏教にとっても、重大な課題的示唆を与えるものである。

西田・田辺・西谷が宗教・哲学・科学を論ずるとき、近世以後の三領域が如何に関係してきたのであるか、また、今後如何に関係すべきであるのか、このことに関する深い哲学的思惟に基づいて、浄土教思想が、近世以後の哲学・科学を真剣に考慮に入れるならば、どのような課題に直面しなければならないのか、真宗学会においても重要な学際的研究テーマであろう。

こうした日本哲学界が生んだ独自性を発揮した哲学者の哲学的「智」（そこには大乗仏教的「智」が根源的に顕彰されている）によって、真宗学をして「学」として成立せしめる根源的な「智」が哲学化される必要があるであろう。かかる哲学的営為も真宗学会が二十一世紀における学術的学際研究の「学会」として成り立つためには要請されるのではなかろうか。

「思い出」

大田利生

すでに四十年前の昭和五十八年九月二十七日、「龍大初期の真宗学」と題して桐溪順忍先生による特別講義が行われた。今聞いておかねばという当時の教室メンバー全員による思いから開催の運びとなったように記憶する。

その時の講義内容をメモをたよりに思い起こそうとするのだが、時間の経過は、それを困難ならしめるものがある。しかし、じっと文字を眺めていると、仰っていた内容がぼんやりと断片的に浮かんでくるのである。いくつかの問題が提起される。龍大初期の真宗学には歴史意識が欠落していたという指摘からはじまり、信仰と学問の関係について「信仰がなければ真宗学はできないか」、「信仰中心の真宗学が何故成立するのか」と、言われ、真宗学することの根本的な意味を問う時代状況も察せられる。先生自身は、1．真宗学は信仰よりの学問か、2．学問することが信仰になるのか、と考えるとき、両面がある。このように述べられている。

そして、真宗学は、真宗という宗教現象を学問的に体系づけるのに対して、もう一つ、宗教的な喜びを中心にした真宗教学という二つを考えたらどうか、と提案される。さらに、真宗宗学を一度考えてもらいたい、とも。このようなことばの中に、教授の真宗学に寄せる思い、若い研究者に期待するこころが滲みでているように思えてくるのである。

いま一つ、メモ書きのなかにみられるのが、「原始仏教（自力）から阿弥陀仏の救いが出てくるのか」ということばである。これによって先生自身何を語ろうとされていたのであろうか、あるいは、真宗学を学ぶにあたっては、仏教学にも興味をもってほしい、そんなお気持ちがあったのかもしれない。一般的には、原始仏教と浄土教の間には大きな断絶があると考えられている。そうした中で、連続する面、つまり原始仏教から阿弥陀仏の思想がでてくることを明らかにした研究をわれわれは知っている。藤田宏達先生の『原始浄土思想の研究』がそれである。当時、多くの研究者によって紹介がなされた。私も十分理解できる力のないまま「真宗学」四三号の書評の欄に書かせていただいた。その時の文を一部であるが、そのまま記しておく。

先生が一貫して強調され、明らかにしている点といえば、原始浄土思想と原始仏教、インド思想との関連であるといってよい。ただ、その結びつきを論証していく際に、問題がないわけではない。つまり著者も指摘されているように、原始仏教には、阿弥陀仏、あるいは浄土の観念が説かれていないことである。とすれば、原始仏教と原始浄土教の間には明らかに断絶を認めなくてはならない。にもかかわらず、原始浄土思想が原始仏教と無関係に説かれたものでないことを明らかにするため連続の面を跡づけていかれるのが全体として窺われる基本的な姿勢である。

そのようなことを明らかにされた著者は、釈尊と阿弥陀仏の関係について、釈尊のさとりの本質を表出するために阿弥陀仏という仏が出現したのであると言われ、また、阿弥陀仏の原名アミターバ（Amitābha）、アミターユス（Amitāyus）はもともと釈尊について言われていた語である、とも言及される。さらに、阿弥陀仏は、仏陀観の展開のなかで出現することを明らかにされた。桐溪先生が出された疑問に答えが示されているといえるのである。

毎年、入学式後に行われるゼミの説明会、今もそうであろうが。ある年の大学院ゼミの説明会で一言こんなことを申しあげた。真宗学を学ぶにあたっては、真宗学以外の学問領域に、（それも一つでいい）関心をもって欲しいものである、さしあたり最も近い分野といえば、仏教学ということになる、と。もちろん、仏教学に限定するわけではない。桐溪先生は、「龍大初期の真宗学」を語られた中で「土曜会」という名を出され、他大学の学者の名をあげて、勉強会をされていたことを語られた。それが恐らく、特別講義の内容に、そして生涯の研究態度にも影響を与えていたのではないかと推察できるのである。

龍大以外の研究者と交流をもつということは非常に大事なことに思えてくる。今はコロナ禍の中でむつかしいが、やはり、直接会って発表を聞き、質問していくのがただ論文を読むだけより交流は深まる。かつて、研究委員だった関係かと思うが、真宗学大会の講師として藤田先生にお願いしたことがあった。なんとかお引き受けいただき、大会終了後は懇親会がもたれ、有意義な会であった。また私のゼミでもお話をいただいたことを思い出す。拙い論文の抜刷りを送ると、必ず読まれた感想、文字の間違いまで指摘して下さったことが今、ありがたく、懐かしい思い出として残る。研究室のなかでの研究会等も大事にしなくてはならない。同時に違った研究領域の研究者と研究室としても、個人的にも互いに交流していくことを今後積極的に考えてみる、そこに真宗学会の発展の起点があるように思うことである。

龍谷大学における学びと教育・研究活動

林　智康

〝待つ長さ 過ぎ去る速さ 生きる今〟月日の経過は誠に速く、専任教員二七年間は、またたく間に過ぎ去ったと思われる。在職期間の思い出やエピソードを語ることを要請されたが、私自身、龍谷大学で学び、育てられて今日があるので、スタートのところから語り始めたいと思う。

私は一九六四年四月に龍谷大学文学部仏教学科に入学し、一九六八年三月に卒業、続けて大学院文学研究科修士課程および博士課程において真宗学を専攻した。博士課程の二年間に宗教部臨時職員（アルバイト）を勤めた。特にこの間に学園紛争があり、当時の宗教部長村上速水先生（真宗学）や主事の小林実玄先生（仏教学）・釈舎幸紀先生（仏教学）（いずれも故人）は学内に入れず、しばらくの間、院生の私だけが宗教部の部屋に入ることができ、学外からの電話連絡を通して、仕事内容を行っていた。

一九八〇年〜八一年の二年間は短期大学部仏教科非常勤講師になり、その後、佐賀龍谷短期大学（現在九州龍谷短期大学・鳥栖市）仏教科に五年間勤めた。そして再び龍谷大学に戻り、一九八七年から三年間は文学部助教授、一九九〇年に法学部へ移籍して一〇年間勤め、二〇〇〇年に文学部教授として再び移籍した。二〇〇七年に学生部長（二年間）さらに二〇一二年に宗教部長（二年間）の任を果たし、二〇一四年三月に無事、定年退職になったのである。

〝流れる水は濁らない〟の如く、私は文学部から法学部へ、法学部から文学部へ移籍し、絶えず新しい気持ちで教育・研究活動に力を入れてきた。

最初の大宮学舎文学部三年間と次の法学部一〇年間は主に深草三学部（経済・経営・法学）の教養科目の「仏教学」（現在の仏教の思想）と文学部真宗学科の基礎ゼミ等を担当した。大宮学舎と深草学舎の間を主にスクールバスで移動し、充実した一〇年間であった。再び大宮文学部に戻ってからは、学部三、四回生のゼミ、大学院のゼミと講義を担当した。

私の専門分野は、真宗教義学・真宗教学史であり、親鸞聖人の主著『教行信証』、その弟子の唯円房著『歎異抄』、さらに蓮如上人著『御文章』（『御文』）、この三つの著述が私を育ててくれたと思う。『蓮如教学の研究』、『歎異抄講讃』、『顕浄土真実信文類講讃』（『教行信証』信巻）等の著述を刊行し、大いに教育・研究活動に利用した。

かつて、私は深草学舎において、七時間目（午後八時五分から九時三五分まで）の夜間主の授業で四年間『歎異抄』を担当した。社会人の受講生からは「私たちは仕事を終えて、学びに来ているので、先生方は絶対、休まないでほしい」と、最初のときにクギをさされた。また九時三〇分になると、必ず冷暖房が止まり、前のドアから女性清掃作業員の方が顔をのぞかせた思い出がある。

『歎異抄』は日本のみならず、世界の『歎異抄』になっている。二〇〇九年六月八日に大宮学舎で開催された国際真宗学会のシンポジウムが開かれた。「『歎異抄』翻訳における諸問題」という題で、フィンランド語訳の Hirashima Seppo（平島節保）先生（龍大仏教文化研究所客員研究員）、フランス語訳のJerome Ducor（ジェローム・デュコール）先生（ローザンヌ大学講師・信楽寺住職）、中国語駅の毛丹青（マオダンチン）先生（神戸国際大学教授）、韓国語訳は許成九（ホスンク）さん（本学真宗学博士課程出身、当時ソウル浄土信仰研究会委員長）の方々に集まってもらい、私がコーディネーターを務めた。その他、私は『歎異抄』を通していろいろな方とご縁があった。モスクワ大学講師のヴィクトル・サノヴィッチ先生は仏教文化研究所客員研究員として二度来校され、『歎異抄』をはじめ、親鸞聖人著『浄土和讃』、親鸞聖人の手紙をまとめた従覚上人篇『末灯鈔』までロシア語に翻訳されている。台湾の光照寺住職の陳一信（チェンイーシン）さんは本学の真宗学修士課程出身で中国語訳を、さらにスリランカのワドウレッセ・アリヤワンサさんも本学真宗学博士課程で学び、シンハラ語訳の『歎異抄』を出されている。私も二〇年以上前に、一九九二年三月に本学出身の四人組で二年かけて『歎異抄事典』を刊行した。さらに二〇〇〇年五月にはメンバーを一新して、同じく本学出身の六人組で四年かけて『親鸞読み解き事典』を刊行した。両事典とも柏書房のベストセラーであった。

続いて教育活動の方について述べる。学部のゼミでは、親鸞聖人の『浄土和讃』や『御消息』、そして唯円房の『歎異抄』、また覚如上人の『口伝鈔』、『改邪鈔』、さらに蓮如上人の『御文章』や『蓮如上人御一代記聞書』等、真宗の聖教を中心に進めた。校外学習として『教行信証』の中に、たまたま念仏者の現生の利益と弥勒菩薩の階位が同じというところがあるのをきっかけに、国宝第一号の太秦広隆寺の弥勒菩薩を訪れたことがあり、その美しさにゼミ生は皆感動していた。

ゼミ合宿や真宗学会研修旅行で、親鸞聖人や蓮如上人のご旧跡を回った。親鸞聖人流罪の地である越後の居多ヶ浜に立ったときはジーンと胸が熱くなった。また福井県吉崎別院の巨大な蓮如上人像や大阪城にある「南無阿弥陀仏」の大きな名号木尊の石碑には深く感動した。これからも蓮如上人のスケールの大きいことが再認識させられた。

大学院の講義は、まず覚如上人・存覚上人の著述から始まった。『教行信証』の最初の注釈書である存覚上人の『六要鈔』を六年かけて講読し、さらに『教行信証』を、種々の注釈書をコピーして、各自が研究発表を行った。学外でも、院生は諸学会に所属しているので、積極的に参加し研究発表することを勧めた。私の大学院時代に指導を受けた石田充之先生は、どの学会にも顔を出され、どの発表者にも質問されていたことが思い出される。

海外の活動では、IBS（Institute of Buddhism Studies 米国仏教大学院）に三週間出講し、開教使や門信徒の方に「蓮如上人に学ぶ」というテーマで講義をした。

またBSC（Buddhist Study Center ハワイ仏教研究所）では、二週間出講し、同じく開教使や門信徒の方に浄土真宗の教義を伝えた。さらに韓国の東国大学校の交換講義では二日間、学生さん対象の『歎異抄』前半の講義を行った。その他、武蔵野大学や九州龍谷短期大学へも出講し、集中講義を行った。

最後に「龍谷大学の建学の精神」について言及しておきたい。今春開講の心理学部（新設）を含め十学部（各大学院を含む）一短期大学部、約2万人の院生・学生の学び舎の教育・研究活動の中心は「建学の精神」である。私の宗教部長時代、前宗教部長の桂紹隆先生（仏教学）からの継続課題が、この

「建学の精神」であった。諸先生のご協力を得て今日の「建学の精神」が公布されたのである。英訳は勿論、中国語訳や韓国語訳も、特に文学部の先生のご協力で作られた。グローバル化の時代において、今後さらに諸外国語の翻訳が求められると思われる。「建学の精神」の本源は阿弥陀如来の誓願（本願）であるが、その願いが私のところにどのように展開しているのか、本学で学ぶ学生・院生、そして教職員を含む龍谷大学の構成員が真剣に考え、それを学園生活の中で具現化する努力を切に要望したい。私もできるだけ側面から協力したいと思う。

（龍谷大学名誉教授）

真宗学の教育・研究・行政

川添泰信

大学教員の職務には、大きく分けて教育、研究、行政の3点がある。教育の基礎的な講義について、その内容は専攻の主要な基礎知識について講義がなされるので、必然的に一定の基準にもとづく講義内容になる。また総合講義のように、講義内容について教員が連携して行うものもある。また研究については、共同研究のように研究者が協同して行うものもある。ただし基本は、教育も研究も個々の教員がそれぞれの考えによって内容、方法が決定され実行される。また行政については、組織運営にかかわるもので、大学の方向性、さらには学部・学科の運営・構成等について関知するものである。これら3側面について真宗学が創設されて一〇〇年間のなか、自身が三〇年弱の在職中に関わったこと、またそこから教えられたこと等について管見ではあるが記していきたい。

まず教育について、1は学部の基礎的な科目の内容である釈尊の生涯についてである。講義を行う場合、初めは必然的に参考書から得た知識を基にして講義をおこなうのであるが、しかしそれでは、通り一遍の表面的な講義しかできないように感じ、インドに仏跡参拝に行った。そうすることによって講義内容が立体的な厚みのある講義になったように思えた。やはり、二五〇〇年余り前のこととはいえ、釈尊の事績に触れてこそ、その教えの一端が学生にも届くのではないであろうか。そしてこのことが一つの機縁となり、その後仏教が東漸したウイグル・中国の仏跡、そしてインドから東南アジアに展開したテーラバーダの仏教を訪ねることになった。さらには近代以降、真宗が展開したハワイ・アメリカ・カナダ・ブラジルの真宗の展開をも訪ね、フィールドワークの重要性を実感したのである。そしてこのことを基として学生のハワイ・アメリカへの実地研修を行うようになった。この講義は、学生にとってきわめて刺激的で、新たな知見を開く講義内容となったのではないか、と思われる。そこではそれぞれの場所において、日本の真宗とは異なった現地化する真宗をも見ることになった。それはある意味、現代の多様化する社会の真宗のありようでもあった、ということができるであろう。

2は大学院のゼミについてである。大学院のゼミの講義時間は基本的には学部と同一の1コマ九〇分であるが、一九九九年にアメリカ留学に行き、二〇〇〇年に帰って以降、大学院のゼミを2コマ、一八〇分でおこなうようにしたのである。それまで当然のように九〇分でおこなっていたのであるが、大学院になると学生の発表時間が1時間あまりあり、その後質疑応答がなされるが、その質疑応答が未消化のままゼミが終わっていたのである。それで質疑応答が尽くされるまでということで、2コマ分の一八〇分のゼミをおこなうようになったのである。ただし大学のシステムにはこのような講義形態はないので、自主的な講義形態ということである。しかし大学院のゼミとしては、このような議論を尽くすまでおこなわれる講義こそ、研究を主眼とする大学院のゼミとしては相応しい形態なのではないであろうか、と考えられる。

3は大学の正規の講義ではないものである。大学の一組織である龍谷エクステンションセンター、通称RECで開設されている講義である。それは大学が知的資源を社会的に還元する責務の一環として開設されている講義である。大学内部の講義は、学生が多様であるとはいえ、一定の基準の講義をおこなうことができるが、社会人を対象にした講義となると受講者は、それこそ千差万別となってくる。講義の内容がある人には易しく、またある人には難解というように一様ではないということである。それゆえ還ってくる反応も講義内容について、満足から、辛辣な意見まで様々といわなければならない。しかしそこで教えられたことは、多様な受講生に何を伝えようとしているのか、また何をどのようにアピールしたいのか、という講義の内容・方法であったように思える。学内だけでなく、学外をも視野に入れることによって、現代という時代に相応する真宗学のありようが考えさせられたように思われる。

次に研究についてであるが、研究こそ大学の教員として個々人に課せられた責務であり義務であろう。しかし同時に、研究者として協同作業の研究も重要な研究の一側面でもあろう。このような協同研究として、1は世界仏教文化研究センター（旧、仏教文化研究所）の真宗学関係の研究の一環として索引の作成を行った。それは三部経ならびに七祖の聖教の索引であるが、今日のパーソナルコンピュータが一般化した現在から振り返ると、その必要性については、わずか数十年前のこととはいえ隔世の感がある。それほど現代は研究環境が激変したということである。そしてそれは、必然的に真宗学の学問的方法論の変化をもたらすものであろう。さらには、親鸞は多くの文字に左右訓を附しているが、その訓はどのような根拠に基づいているのか、の視点から、特に辞書についての調査研究を行うものであった。もっとも国語学的研究の知見の限界があり、残念ながら調査は不十分のまま終わらざるをえなかった。さらに各図書館・各寺院に所蔵されている聖教調査も地道におこなったが、これとても古文書の解読、紙質等の史料の評価が困難であり、歴史学専攻の協力なしにはできないことであった。真宗学がより専門化していくなかで、他分野との協同学の重要性が知られるであろう。さらに2は個人的研究としては、若かりし頃に、指導教授の勧めもあり、龍谷大学の図書館に蔵されている膨大な江戸時代の説教本の調査研究に着手した。しかし、その分析・整理には日本における念仏思想の宗派的な教学的相異性を基礎知識として学んでおかなければ、研究ができないということであった。私的には七祖、親鸞、真宗歴代の教学理解に移行せざるをえないということで、これもまた不十分なままにならざるをえなかった。今後研尋されなければならない一分野であろうと思われる。

研究については、振り返ってみると多々不十分なことばかりであるが、未開の研究である限り、一つ一つの積み重ね以外にはないであろう。

最後に行政に関する組織・運営については2点ある。1は所属していた短期大学仏教科、および専攻科が二〇〇七年に廃止されたことである。それは日本における短期大学の教育環境の変化がもっとも大きな要因であったが、数年にわたる存続か、廃止か、存続の場合には仏教科をどのような内容に転換して行くのか、の検討・議論が間断なく続けられ、最終的に仏教科、専攻科の廃止が正式決定された。2は既存の大学院文学研究科修士課程真宗学専攻に並行して、二〇〇九年に新たな大学院を創設することであった。すなわち既存の大学院とは別組織の実践真宗学研究科の開設である。この実践真宗学研究科の創設も、時代的要請に基づいて、真宗が現代社会とどのように関わっていくべきか、特に真宗伝道の新たな方法論の模索という問題意識から創設されたものである。大学の組織である短期大学仏教科の廃止と実践真宗学研究科の創設の両方に関わったのであるが、大学組織の廃止と創設は、どちらも関わった大学構成員の並々ならぬ時間と労力が注がれて決定されているということは忘れてはならないであろう。

自身が関わった以上のようなことを振り返って思うことは、大学組織としての真宗学とは、多様な学問領域をも視野に入れながら、先学・先輩・同僚・教え子等との値遇を通じて、歴史的に構成された真宗、さらには親鸞によって開示された真宗の教義を、牛歩の歩みながら一歩一歩、進んでいく以外に道はないのであろう、ということである。

真宗学のエポック

深川宣暢

真宗学は、蓮如による本願寺の勢力拡大以後、江戸期の宗学の展開によって厚みのある学問を積んでまいりました。一般の社会に教育制度も確立されていない時代に、いわば日本の叡知が集まって、三百年を超える仏教・真宗に関する学問が行われたわけです。それは近代以降も、さまざまな政治的・社会的状況の内でも続けられ、戦争の時代にはその現場の「現代教学」として、いわゆる「戦時教学」も行われたのでした。

私は戦後に生まれ、少年時代の生活は未だ豊かではなくても、なぜか皆が生き生きとして暮らしている様子を見て成長しましたし、学園紛争の終盤に学生時代を過ごしました。卒業論文はもちろん修士論文も万年筆の手書きで提出しました。その頃できた指のペンだこはいまだに少し残っていますが、文学部専用の四四〇字詰めの原稿用紙の、終わりがけに誤記をしてしまい、実に悔しい思いで修正液やマス目の大きさに切った張り紙で修正をしながら清書を完成し、一枚が五十円もするコピー料金を支払って複写し、提出したことを思い出します。

その経験をしながら、英語圏の人々はタイプライターで論文が書けてうらやましいなあと思っていたものでしたが、そうこうするうちに、初めての日本語ワープロが売り出されました。すぐに買い求めたかったのですが、なにせ表示が白黒の液晶で2行ほどしかない東芝の「トスワード」というワープロが三十万円もしたものですから、学生の身分ではすぐにはどうにもなりませんでした。しかしワープロ機が多く普及しはじめ、価格もこなれてきまして、最初に自分専用のワープロとして手に入れたのは表示が5行もあって5～6万円のものでした。ただ日本語変換の学習能力はまだ低いもので、例えば「ごめいにちほうよう」と入力するとその都度「御命日抱擁」と変換されて思わずニヤリとすることもありました。それでも毎年のようにソフトは進化し「ワープロは生鮮食料品」などととと言われて、新しくなるごとにハードとともに買い換えたくなる時期でした。

その時期を経てようやくPC（パーソナルコンピュータ）が求めやすくなったのです。MS－DOSを基礎にしたNECの98シリーズのソフトがよく売れ、ワープロもソフトを買い替えればハードはそのままで使えるという時代になり、貧しい研究者もその恩恵にあずかるようになったのです。記憶媒体も最初はカセットテープだったのが、フロッピーディスクになり、それも8インチ→5インチ→3・5インチ、さらにハードディスク、CD－R・DVD－Rと変わり、USB→SDカード等となっています。

PCが普及し、文系の学問としての画期は、基本的には検索の機能が普通に使えるようになったことです。これは真宗学としても大きな進展だったのです。それまで先輩方は時間も費用もかけて真宗関係聖教の『著作用語索引』を作成されました。それは学問的前進のためにはとても有用で、これが出来上がった時は皆ずいぶん喜んだものでした。それはまた学問・研究の評価にも影響を及ぼします。それまで、ある聖教にその言葉がどこに何回使われているかを調べて論文に反映すれば、そのこと自体で一定の評価がされていたのですが、索引が出来てしまうと、その評価は特にはされなくなるわけです。

そこにPCが普及し索引機能が使われるようになると、特にそれ自体の評価はされません。さらにインターネットの世界が展開し、世界中の情報の中から簡略に必要な情報を得ることができるようになりました。学生のレポートや論文、試験の回答を見ますと、いくつもの同じ文章に出くわすことが多くありました。いわゆるインターネットを通じて書いたコピー&ペーストの文章です。そうなりますと研究の手法として、それが何をキーワードとしてどのように情報を得、知見を発揮しているかを評価することになっていきます。あとは文章力、表現力を評価することになりました。

これは将来どのようになっていくのでしょう。AIが今よりさらに進化し、書き手の個性に合わせた最適な文章を書いてくれるようになるでしょう。そしてすでに一定の進化が見られていますが、誤字・脱字や文章の校正はもちろん、論理の飛躍などまで指摘し修正してくれるようになります。そうなれば教員は何を評価することになるのでしょう。まずはいかに普遍化できる問題意識をもって書かれたレポートや論文かということを評価することがポイントになるのかと思います。

いずれにしてもコンピュータという道具は、「真宗学」にとっても大きく画期することになったことは間違いないのです。

真宗学の現在地とその方法論をめぐって

嵩　満　也

はじめに

真宗学という学問分野が誕生して百年目を迎えた。百年の歩みをへて、いまその現在地はどこにあるのか。

真宗学という学問分野は、明治期の日本の近代化の中で、教団内の伝統的な僧侶養成のための教育機関であった学林が、近代的な学校制度を取り入れながら改革される中で生まれた。すなわち、学林でそれまで宗乗あるいは宗学[1]（以下、宗学という言葉を用いる）と呼ばれていた学科に代わって用いられるようになった新たな学問分野としての呼称である。

真宗学という学問のあり方や性格については、既に多くの先学・先輩が蘊蓄を傾けられている。また、その方法論の展開や特質についても多くの議論が重ねられている。小論では、そのような先行研究にも学びつつ、これまでの真宗学の歩みを特に方法論的な視座から検証しその現在地について確かめ、さらに今後の方法論的な課題について考えてみたい。

廣田デニスの問い

真宗学の現在地について考えるにあたり、まず二〇一四年に『真宗学』第一二九・一三〇号に掲載された廣田デニスの「「真宗」はどう学問するか?」[2]という論考に耳を傾けることから始めたい。そこには、近代の客観的な宗教研究の方法論とそのなかにおける真宗学の学問としての立ち位置をめぐる本質的な課題が指摘されている。

廣田は真宗学会での最終講義の内容をまとめたこの論考において、真宗学の方法論的課題について取り上げている。廣田はそこで今からおよそ六十年前に仏教学者の上田義文が仏教学会での講演を原稿化した「佛教学の方法論について」[3]という論文の内容を紹介しながら論点を整理し、上田の指摘が現在の真宗学に未だにあてはまるのではないかと指摘している。

上田は講演の中で一九六〇年代後半の仏教学の研究方法に対して大きな疑問を投げかけている。上田は単刀直入に、仏教学とは仏教伝統に関連した現象についての、宗教学、哲学、思想史、社会史、言語学、社会学など、多様な学問分野の研究を包括的する学際的分野なのか、それともひとつの学問分野として課題を有し、多様な学問分野の研究成果を束ねる固有の研究方法を持った分野なのかと問いかけている。明治期以来、近代の仏教学は、科学的・客観的な学問方法を取り入れることによって大きく発展してきたことは間違いない。しかし、そもそも仏教学とは諸学問分野が明らかにする成果の寄せ集めなのか、それともそのような事実を統合するような何か独自の中核を持つ学問分野として存在しているのかと問う。そしてさらに、もし単なる寄せ集めでなく、独自の中核となるものがあるのならそれはどのような方法によって可能となるのかと問いただす。

廣田はこの上田の問は、現在の真宗学にとってより切実な問としてあるのではないかと指摘している。現在の真宗学は細分化された近代の学問体系の総和からなるモザイク的な構築物でいいのか、それとも真宗学としてそれらの成果を束ね、さらに昇華させる独自の方法論を備えた学問の大系なのか。もし後者だとすれば、それはどのようにして可能となるのか。真宗学を学ぶものは、今一度そのような意味で「真宗学とは何か」ということについて自問すべきではないかと言うのである。

そもそも「真宗学とは何か」という問いには、「真宗とは何か」という問いと「真宗学とは何か」という二重の問が含まれている[4]。まず、真宗学という学問には、「真宗とは何か」という問がその根源的な問としてある。その問に答えるための手段・方法として真宗学という学問は成立する。その意味で真宗学という学問においてまず優先されるべきは「真宗とは何か」という問いに答えることにあることは言うまでもない。

たとえば、「真宗とは何か」という問に答えるために、文献学的手法や歴史学的なアプローチは、近代以降の真宗学で広く用いられてきた手段である。「真宗とは何か」という問に答えるために、まず真宗の聖教を文献学的に正確に理解することが必要である。また、その聖教の内容を歴史的な脈絡の中でとらえることも必須であるだけでなく、その答えが持つ意味を現代という時代の中で弁証するために欠かすことはできない。

しかし、そのような文献学的・歴史学的な研究方法は、「真宗とは何か」という問に対して一定の答えは与えてくれても、真宗学の根源的な問に対して答えを与えることはできない。聖教と呼ばれる文献は、たとえば親鸞という歴史的人格がその言葉を超えた宗教的真実について言葉を使って書き残したものである。とすれば、その文献を文献学的な方法で正確に読み取ったとしても、そのことによってもし言葉を超えた宗教的真実の意味が失われるようであれば、それはその文献を本当に理解したことにはならない。では、文字で書かれた文献の言葉を超えた意味をどのようにして読み取ることが出来るのか。そこには、筆者と読者の間に求められる解釈学的な方法についての理解が求められる。また、文字で書かれた文献だけでなく、図像や儀礼を通して象徴的に示される宗教的真実との相関関係についての理解も、宗教文献が語る言葉を超えた宗教的真実の機能や意味を理解する上で有効であろう。

廣田は晩年の上田が当時の仏教学が「文献学的研究方法の限界」について次第に無自覚になっていることにたいして危惧を懐いていた。廣田は、そのことが現在の真宗学においても当てはまるのではないかと指摘する。その上で、現在の真宗学には未だなお「仏教の核心を明かすことが可能になる研究方法を追求」することが必要であると訴えているのである。

「真宗学とは何か」という問い

「「真宗」はどう学問するか?」という廣田の問いは、何も目新しいものではない。古来、宗乗あるいは宗学そして真宗学の学問研鑽に心血を捧げてきた先学の歩みには、仏教あるいは真宗の核心を明かすことが可能になる研究方法を追求するという姿勢が一貫して窺われる。

たとえば、江戸中期の日溪法霖「今宗の学者、大蔵中の三部を学ぶことなかれ。すべからく三部中の大蔵を学ぶべし[5]」と訓示したとき、そこには三部経という浄土真宗の根本教説を方法論にして、一切の仏教の教えの真実性・普遍性を確かめることが出来るという揺るぎない自信が看られる。

一方、一九二二年の真宗学という学問分野の成立には、法霖のような宗学宗派内の伝統的な宗学研究に対する批判が込められている。そのことは、既に一九〇一年に仏教学者の前田慧雲が伝統的な宗学研究法に代わる近代的な研究の方法を提起していることの中にも看取できる[6]。そこで前田は(1)本質的哲学的な研究、(2)歴史的当分的な研究、(3)思想史的通途的な討究、(4)組織的体系的な研究ということが、新しい宗学研究には是非とも必要な内容であると指摘している。さらに、「宗学を研究するには、ただ宗学の講義筆録のみにてはとうてい宗学の発達は出来ぬ」と述べて、宗学における歴史的研究や哲学的組織的研究の重要性を指摘している。またその理由として、西洋の学問に学び、仏教各宗の研鑽を積んで、「その滋養分を取って、宗学全体の身体内へ送り込む」という言葉に込められているように、明治維新以降の日本の学問の近代化の中で宗学に再び新たな活力を回復させたいという思いが強くあったと考えられる。

この前田の主張は、真宗学の出発点となる龍谷大学のカリキュラムに反映されている。龍溪章雄は前田の主張の主眼は「歴史的研究」と「哲学的組織的研究」にあると指摘しているが[7]、たとえば仏教第二講座の真宗学では教理史、第三講座では教学史など歴史的研究にあたる科目が設置され、さらに仏教史、宗教学宗教史、哲学、心理学、倫理学など、哲学的・組織的研究にあたる科目が配置されている。(8)一方この時期には、『仏教大辞彙』（一九一四—一九二二年）といった近代的な仏教学研究の成果を取り入れた辞典が出版され、さらに東・西本願寺の学匠が行った講義録や著作を編纂した『真宗全書』（一九一三—一九一六年）や『真宗体系』（一九一六—一九二五年）が出版されるなど、伝統的な真宗学研究の成果の復刻もすすめられた。ただその多くは、前近代的な方法論にもとづいた宗学研究で、近代的な真宗学の方法論にもとづく研究との間に度々軋轢が生じる一因ともなった。加えて、前田が指摘した哲学的組織的な研究についても、たとえば西田幾多郎や久松真一らが哲学講座あるいは宗教学宗教史講座に就任したが、すぐに目に見えるかたちで哲学的組織的な研究が進むことはなかった。むしろ、真宗学が誕生して間もない一九二三（大正十四）年に起こったいわゆる野々村事件(9)により、西本願寺宗門の教義上の権威（教権）と大学における学問の自由との間の対立が表面化したことで、自由討求と呼ばれていた哲学的・思想的な研究は停滞することになった。

その後、真宗学の方法論をめぐる新たな注目すべき動きが見られるのは一九三〇年代になってからのことである。池本重臣が、真宗学の研究において次第に中心的な地位を占めるようになった歴史学や文献学といった、近代的学問方法による研究は真宗学の第一の目的ではなく、その前提にすぎないと指摘したのである。池本は「宗祖の根本的立場が領解されれば、教義の組織が宗祖の其と異なっても真宗学であり得る」(10)と指摘し、その理由として、教義は宗祖の宗教体験を基礎として生まれたものであるが、後世の宗学者がそれに反省を加えそれぞれの時代の人生観や世界観に応じて表現を加えたものであり、そこには歴史的にさまざまな夾雑物が混じり合っている。従って、真宗学はその本質を確定することに第一の目的があると主張したのである。そして、池本はその真宗の本質を確定する真宗学の分野として、解釈学的な方法論にもとづく教理史研究を置くことを構想しようとする。龍溪は池本のそのような構想は、「前田慧雲のように単に歴史的研究と組織的研究を並列的に主張するのではなく、両者の有機的な関係に注視し、しかも組織的研究（つまり教義学）に教理史を媒介させ、歴史的研究としての教理史の重要な役割と位置」を示したところにあると評価している。つまり、特に真宗学における教義の本質を、教理史の研究を通して思想史的な研究を通して確定しようとするところに池本の新たな方法論的特色があると言うのである。またそれは、それまでの真宗学の研究方法に欠けていた「哲学的組織的研究」の展開へとつながる通路を開くことにもなった。しかし、その後池本は『大無量寿経』の文献学的歴史学的な研究に専念し、この時期に見られたような「真宗への問い」はまったく影を潜めてしまい、それ以上そのような関心を発展させることなく終わった。

上田義文の「教学の現代化」についての理解

少し遠回りをしたが、一九六〇年代に上田が仏教学研究の方法に対して惹起した問には池永と同様の問題意識が見られる。

論文を発表した当時、上田は西本願寺の教学研究の拠点として設立された伝道院の院長も務めていた。ところで、伝道院の機関誌であった『真宗教学研究』第一集の「まえがき」には、伝道院の課題として研究員であった松尾博仁のつぎのような言葉が記されている。

教学（宗学）は教団のひとつの営みとして歴史的な営みである。それは勿論歴史のなかにおける単なる歴史的な営みを意味するものではない。それは、一定の歴史状況における歴史的な存在と永遠にして真実なるものとの決定的な関わりを模索する学として歴史的な営みなのである。(12)

すなわち、教学が持つ「歴史的な営み」という側面には、「歴史的な存在と永遠にして真実なるものとの決定的な関わりを模索する学」としての「歴史的な営み」という性格があるとする。さらに続けて、

教学的な営みは過去の教学的営みを単に継承するということでもなければ、一切の過去の教学的な営みを集大成することでもない。不断に変化する歴史的状況において不断に続けられるあらたなるいとなみでなければならない。

とその「教学的な営み」に求められる使命について語っている。「過去の教学的営み」について学びそれを整理することは大切である。しかし、それを単に継承し集大成するだけでは、不断に変化する歴史状況からの問いかけに応えられない。絶えず変化する歴史的状況の中で「歴史的な存在と永遠

にして真実なるものとの決定的な関わりを模索」しつつ歴史的に応答しなければならない。院長であった上田のもとで、そのことをめぐる議論が真摯にたたかわされたと言えるが、上田もこの論集に「教学の現代化とは何か」というテーマで寄稿している。

この論文の中で上田は、まず教学の現代化の必要性を促す事態の背景には、門信徒たちがお説教を聞いて喜ばなくなった、あるいは参拝する人が少なくなったという教団の危機感に対して、単に難しい専門用語を使わず、教えの説明についても現代風にするといった、言葉の問題や説明の仕方といった対処療法的な対応によって解決できるものではないと指摘する。易しい言葉や巧みな説明によって説かれる内容自体が現代人に通じなくなっているという現実も確かにあるが、しかし何よりも深刻なのはその教えを説くお坊さん自身が教えを説くことに自信をなくし、教えを説くことに生きがいを感じられなくなっているということにあるのではないかと率直に述べている。では、それは何に起因しているのか。それは「今日の社会全体が宗教（真宗）に関して純粋に（即ち、より真宗的宗教的に）考えるようになった」からで、「本当に宗教的でなければ人が満足しなくなった」ということにあると上田は言う。その上で、教学の現代化とは、真宗教団が現在の現実の形態よりもっと宗教としての本質を発揮することが求められているということを意味していると断じている。

さらに上田は、ではそのように真宗が宗教としての本質を発揮するということが、どのようにして可能となるのかということについて議論を進めていくが、そのためには、まず教学の現代化を考えようとする者の「根本的態度の問題」について考えなければならないと上田は言う。すなわち、教学者あるいは真宗学者が、教学をどのように捉え、教学の営みの中でどこに自分の立ち位置を置いているのか、そのことにもっと自覚的にならなければならないとする。たとえば、そのためには真宗の教えは親鸞がそれを説いて以来すでに明らかなものであると考えるのではなく、それを自分が現代を生きる上で親鸞をどう受け取るかという「自己自身の問題」とする姿勢が必要となる。そこに過去の形態から脱皮した「新しい教学の形成原理」が生み出されることになる。しかも、教学の現代化ということはそのような変化をとげてもなお真宗であると言えるものがその中になければならない。

上田は「教学の現代化」という課題について、その問いの本質的な意味を尋ねながら、教学あるいは真宗学を学ぶ者の「根本的態度の問題」を問うことを通して、教学がより宗教としての本質を発揮する学問として展開するためには、「新しい教学の形成原理」が求められていると言う。そして、新しい教学は、変化をとげてなお真宗であると言えるものがその中になければならないとも指摘する。ではそのような「新しい数学の形成原理」とは何か。残念ながら上田はそのことについてそこでは具体的に提示してはいない。しかし、このような上田の指摘は訓詁解釈学的な文献研究や聖典についての歴史学的な解釈が主流となっていた当時の真宗学のあり方に対して大きな一石を投じるものであった。

信楽峻麿の真宗学研究の方法論

上田が問題にしたのは、あくまで教団の中の営みとしての教学の現代化ということであった。一方、ほぼ同じ時期に、真宗学という学問の学問としての性格と方法論についての新たな視座を構築しようとしたのが信楽峻麿であった。

信楽は、それまで研究領域が曖昧なままに行われてきた真宗学の研究を、はじめて歴史部門、組織部門、実践部門に分けて整理し、それぞれの分野の使命と性格について論じた。そこで信楽は、真宗学とは、「真宗詳しくは浄土真宗」という、「親鸞によって体験され開説されたところの仏教、成仏をめざす教法」(13)を対象とする学問であると定義する。また、真宗学においては、究極的にはそれが自己自身の成仏を目指す学であることを忘却してはならないとも指摘する。その上で、その方法論として「親鸞の教説としての真宗を、どこまでも客観的、科学的に把握する」とともに「そえをひとえに主体的に領納体解してゆくこと」が求められ、「このような二つの内容を同時に含んでいるもの」が真宗学であるとする。さらに信楽は、この「客観的な把捉」と「主体的な領解」とは、矛盾対立するもので、直ちに両立するものではないと指摘しつつ、それにもかかわらずそのように「自らの内部において深い矛盾対立の緊張関係を孕んでいる」ところに、むしろ真宗学の独自の性格があり一般の学問とのちがいがあると主張した。

先に述べたように信楽の真宗学理解の特徴は、真宗学の研究領域をそれぞれの性格と目的によって整理し、歴史部門、組織部門、実践部門の三部門に分け、そこに具体的な研究内容に対応する科目を配置したところに見られる。歴史部門は、「浄土真宗を歴史学的な立場から、その方法論に基づいて把捉解明」(14)する研究部門であり、組織部門は「親鸞によって体験され開説された真宗の教法を、現代の中でそれが普遍妥当な真理であり、万人にとって必然的な意義をもつものであるということを、論理的、体系的に弁証することを目的[15]とする部門とされる。また実践部門は、「真宗教義に基づくところの実践面についての学」であるとしている。[16]

信楽による真宗学における三部門の提唱は、「真宗とは何か」という古くからある問いを考える上で一つの画期となった。そのことは、大正期に前田慧雲が行った伝統的な宗学のあり方に対する批判に応えうる体系を提供しただけでなく、同時に近代的な学問の中で真宗学の独自性を担保する意味を併わせ持つものであった。とりわけ、信楽による教えの「客観的な把捉」と「主体的な領解」という方法、そこに必然的に生まれる「矛盾対立としての緊張関係」についての周到な理解は、かつて池本重臣が思想史的把握と宗教体験の本質についての解釈という両面から、真宗学をその独自な領域を明らかにする学問として成立させようとした試みをさらにすすめて、その客観性と主体性の二つを成り立たせる方法と理論を提唱するものであった。さらに注目されるのは、先に上田が「新しい教学の形成原理」において、なお「教学の現代化ということはそのような変化をとげてもなお真宗であると言えるものがその中になければならない」という課題を提起したが、信楽はその課題を担いつつ、たとえば「念仏」「称名」「信心」といった真宗教学の中心のテーマについて論考を重ね、信楽独自の体系的な真宗学を構築した点である。

ここでさまざまな論点を含む信楽の真宗学の内容を細かく取り上げることは出来ないが、その真宗学の営みの特質を一つあげるとすれば、それまで概念的な理解を中心に観念的な議論を積み重ねてきた伝統的な真宗学に対して、「聞名としての称名念仏」「信心獲得」「信心と智慧の関係」といった、親鸞の教えの核心をなす思想として顕かにされる親鸞の動的な思想表現を、矛盾対立の緊張関係を含んだ真実体験のあり方として問い続けたことにある。信楽は、親鸞の言葉で語られる真実の教えを、既に分かっているものとしてではなく、常に自己がいまを生きることをとおして理解すべき真宗学の課題として明らかにしたのである。

むすびにかえて―真宗学の現在地

上田や信楽による真宗学の方法論について議論が行われてから既に五十年以上が経過した。たとえば、上田や信楽の議論から五十年以上経過した現在の教団状況において、その指摘がどこまで妥当であるかについては、異論もあるかもしれない。しかしその後、教団全体を巻き込んで起こった教団改革運動の中心に信楽が立って、教団教学者と対立し論争が巻き起こったこともあり、上田や信楽が提唱した方法論は次第に黙殺されてきた嫌いがある。もちろん、ここで取り上げたような真宗学あるいは教学研究の方法論について議論は、昨今あまり耳にしなくなった真宗学を研究する研究者や、これからそれを学ぼうとする学生にとって、それぞれの関心分野や自分の立ち位置により、見えてくる課題や研究の方向性は少しずつ異なるかもしれない。しかし、それぞれの問題意識についてお互いに共有し学び合うならばそこに真宗学の現在地が明らかになるだろう。では、今から五十年ほど前に議論された上田や信楽の「新しい教学の形成原理」あるいは「真宗学」をめぐる方法論的な問いかけ、さらには近年において廣田が提起した「「真宗学」はどう学問するのか?」という問いかけに対して、今われわれはどのように応答することができるのか。その問を起点として今後「新しい教学の形成原理」となる方法論について議論が活発になることを期待したい。

註

（1）宗乗という言葉は、中国の禅録に多く見られる用語であるが、真宗における宗乗という呼称は古くは『陳善院抱質尊者別時意章講解』の仰誓の文（一七六六〔明和三〕年）に見られる。また玄智の『考信録』には、宗乗とならんで宗学という言葉が用いられている。また、宗蔵という言葉も用いられていたようである。（信楽峻麿「真宗学研究序説―その性格と方法論について―」『龍谷大学論集』四三一―四四参照）

（2）廣田デニス「「真宗」はどう学問するか?」『真宗学』第一二九・一三〇号、四九―八〇

（3）上田義文「佛教学の方法論についての覚え書」大谷大学佛教学会『仏教学セミナー』五号一九六七年所収

（4）下田正弘は、近代仏教学の同様の課題について、その形成と展開を歴史的に追いながら論じている。（『新アジア仏教史』第二巻、一四―一五）

（5）『日溪学則』正学章

（6）前田慧雲「宗学研究の方法に就いて」『六条学報』第六号

（7）龍溪章雄「真宗学方法論研究学説史（一）」『龍谷大学大学院紀要』第五集、一五

（8）『龍谷大学三百五十周年史』通史編　上巻、六三四―六三九

（9）周知のように、野々村事件は宗教学宗教史講座の教授であった野々村直太郎が発表した「浄土教批判」が西本願寺宗門内で問題視され、僧籍を有していた野々村は僧籍を剥奪され、さらに宗門が大学に対して野々村の教授辞任を求めるという事件である。この事件は、学問の自由を謳う大学として歩み始めたばかりの龍谷大学にとって大きな試金石となった。また、その後西本願寺が新学長を一方的に任命されるに及んで、梅原真隆、大原性実といった自由討究派の真宗学教員が大学を辞職する事件へと発展した。

（10）池本重臣「真宗学研究法私見―特に教理史の地位に関して―」『親鸞教学の教理史的研究』一九六九年、二九一

（11）同右、四七

（12）伝道部研究部編『真宗教学研究』第一集、一

（13）信楽峻麿「真宗学研究序説―その性格と方法論について」『龍谷大学論集』第三八八　一九六九年、四五

（14）同右、五七

（15）同右、五九

（16）信楽が新たに提唱された伝道学などの科目は、その後真宗学科の科目に導入されている。

源信の生涯と『往生要集』臨終行儀
――母とのつながりと念仏の救い――

鍋島直樹

本論では、先哲の慧見に学び、まず、源信の生涯（九四二～一〇一七）を母との関係に焦点をあてて確認したい。次に、『往生要集』臨終行儀と源信の臨終を考察したい。なぜなら源信と母との心の交流が、源信の死の看取りをうみだす一つの縁となったと推察されるからである。最後に、大悲に照らされた源信の人間観に学び、源信の浄土教から親鸞に受け継がれたものを明らかにしたい。

一　源信の生育歴　母との心のつながり

源信は天慶五年（九四二）、大和国の当麻で生まれ育ち、七歳で父と死別し、九歳で比叡山に上り、良源のもとで修学修行した。天暦十年（九五六年）、源信は十五歳で『称讃浄土経』を講じ、村上天皇により法華八講の講師に選ばれた。下賜された褒美の品の布帛（ふはく・木綿と絹織物）を故郷で暮らす母に送った。すると母は「母、泣いて報じていう。送るところのもの、喜ばざるにはあらざると雖も、遁世の修道わが願うところなり」と源信に伝えた。源信は反省し、「すなわち、母の言に随い、永く万縁を絶ち、山谷に隠居して、浄土の業を修する」と『首楞厳院二十五三昧根本結縁過去帳』に記録されている[1]。

源信と母との心のつながりは『今昔物語集』巻十五第三十九にも記されている。

母ノ返事ニ曰ク「遣（おこ）セ給ヘル物共ハ喜テ給ハリヌ。此ク止事无（やむごとな）キ学生ニ成リ給ヘルハ、无限（かぎりな）ク喜ビ申ス。但シ、此様ノ御八講ニ参リナドシテ行（あり）キ給フハ、法師ニ成シ聞エシ本意に非ズ。其ニハ微妙（めでた）ク被思（おぼさる）ラメドモ、嫗（おうな　源信の母）ノ心ニハ違ヒニタリ。嫗ノ思ヒシ事ハ、女子ハ数有レドモ男子ハ其一人也。其レヲ元服ヲモ不令為ズシテ比叡ノ山ニ上ケレバ、学問シテ身ノ才吉ク有テ、多武ノ峰ノ聖人ノ様ニ貴クテ、嫗ノ後世ヲモ救ヒ給ヘ」ト思ヒシ也。其レニ、此ク名僧ニテ花ヤカニ行（あり）キ給ハムハ、本意ニ違フ事也。我レ年老ヒヌ。生タラム程ニ聖人ニシテ御セムヲ心安ク見置テ死ナバヤ」トコソ思ヒシカ」ト書タリ。

僧都、此レヲ披（ひらき）テ見ルニモ涙ヲ流シテ、泣丶（なくな）ク、即チ亦返事ヲ遣（やり）テ云ク、「源信ハ、更ニ名僧セム心無ク、只尼君ノ生キ給ヘル時、如此ク止事无キ宮原ノ御八講ナドニ参テ…』（中略）

「告げざらむ限りは、来るべからず」と云ひ遣せたりしかども、怪く心細く思て、母の俄に恋く思えければ、「若し尼君の失せ給ふべき尅（とき）の近く成にたるか、亦、我が死ぬべきにや有らむ」と哀れに思えて、「然はれ、『来たるべからず』とは宣ひしかども、詣でむ」と思ひて、出立て行くに、大和国に入て、道に、男、文を持て値へり。僧都、「何（いづこ）へ行く人ぞ」

と問へば、男の云く、「然ゝ尼君の、横川に坐する子の御房の許へ遣す文也」と云へば、「然か云は我れ也」と云て、文を取て、馬に乗り乍ら行ゝく披て見れば、尼君の手には非で、賤（あやし）の様に書かれたり。胸塞りて、「何なる事の有にか」と思えて読めば、「日来何とも無く『風の発たるか』と思つるに、年の高き気にや有らむ、此の二三日弱くて力無く思ゆる也。『申さざらむ限りは出給ふべからず』とは心強く聞えしかども、限の尅に成ぬれば、『今一度、見進（みたてまつ）らでや止（やみ）なむずらむ』と思ふに、限りなく恋く思え給へば申す也。疾疾く御せ」と書たるを見るに、「怪く心に此く思えつるに、此く有ければにこそ有けれ。祖子（おやこ）の契は哀なる事とは云ひ乍ら、仏の道に強に勧め入れ給ふ母なれば、此くは思えける也けり」と思ひ次（つづ）くるに、涙雨の如く落て、弟子なる学生共二三人許具したりければ、其れ等にも、「此る事の有ければ也けり」と云て、馬を早めて行ければ、日暮にぞ行き着たりける。怱ぎ寄て見れば、無下に弱く成て、憑もし気も無し。

僧都、「此くなむ詣来たる」と高やかに云へば、尼君、「何で疾くは御つるぞ。今朝、暁にこそ人は出し立つれ」と。僧都の云く、「此く御しければにや、近来恋く思え給ひつれば、参つる程に、道にぞ使は値たりつる」と。尼君、此れを聞て、「穴喜し。『死ぬる尅には値ひ給ふまじきにかとこそ』とこそ思ひつるに、此く御はし値ひたる事、契り深く、哀れにも有けるかな」と気（いき）の下に云へば、僧都の云く、「念仏は申し給へるや」と。尼君、「心には申さむと思へども、力無きに合せて、勧むる人の無き也」と云へば、僧都、貴き事共を云ひ聞せつつ、念仏を勧むれば、尼君、勲ろに道心を発して、念仏を一二百返許唱ふる程に、暁方に成て、消入る様にて失ぬれば、僧都の云く、「我れ来ざらましかば、尼君の臨終は此くは無からまし。我れ、祖子の機縁深くして、来り値て念仏を勧めて、道心を発して念仏を唱へて失せ給ひぬれば、往生は疑ひ無し。況や我れを聖の道に勧め入れ給へる志に依て、此く終りは貴くて失給ふ也。然れば、祖は子の為、子は祖の為に、限りなかりける善知識かな」と云てぞ、僧都、涙を流して泣きける。

其の後、七々日の法事を慥に修し畢て、弟子引具して、横川には返たりける。横川の聖人達も此れを聞て、「哀れ也ける祖子の契也」と云てぞ、泣ゝく貴びけるとなむ、語り伝へたるとや。(2)

源信の母の返事にはこう書かれていた。「お心遣いや下賜（かし）された褒美に喜んでいます。御八講に招かれるような立派な僧侶になられたこともうれしいです。だだし、私が源信を仏門に入れたのは、御八講に招かれるような僧侶になってもらうためではありません。源信には嬉しく感じたのでしょうが、母の心は違います。母の子供に、女の子は数人いるけれども、男の子は源信一人です。その源信を元服もさせないで比叡山に登らせたのは、学問をして、多武峰の聖人のように貴くなって、母の後世を救っていただきたいのです。私が生きているうちに、聖人となられるよう願います」。

源信十五歳の時、母の真心に触れて涙を流した。鼻高々になっていた自分を反省し、横川の恵心院に隠棲して念仏の道を一筋に歩んだ。

九年後、源信は胸騒ぎがして母のことが気になり、山を降りて母のもとに行くと、その道の途中で、手紙を持った男と出会った。その男は横川に住む息子の源信にあてた母の手紙をもっていた。源信の母の手紙には「私から言わない限り、山から出てはならないと気丈に申しましたが、最期の時になると、もう一度会うことなく終わるのではないかと思いますと、限りなく恋しくなり、この手紙を書きました。急いでおいで下さい」と書かれていた。源信はいろいろと思い続けているうちに、涙があふれた。馬を速めていくと、日暮れには家に着いた。

源信が「ただ今、帰って参りました」と大声で言うと、母は、「どうしてこんなに早くおいでになれたのですか。今朝早くに使いを出したばかりですのに」といった。源信は「母のことが気になり、とても恋しく思われましたので参りましたが、その途中で使いの人に会ったのです」と答えた。母はこれを聞くと、「何とうれしいことでしょう。死ぬ時にはお会いしたいと口にしていました。このようにお会いできましたことは、前世からの契りが深くありがたいことです」と息も絶え絶えに話した。源信は「念仏を申しておられますか」と尋ねると、母は、「心の内では申そうと思っているのですが、気力が弱ってきていますし、勧めてくださる人もいないのです」と答えた。それで源信は尊い法話を聞かせて、念仏を勧めると、母は深く道心を起こして、念仏をとなえた。明け方になって消え入るように亡くなった。

源信は、「わたしが来なかったならば、母の臨終はこのようにならなかっただろう。私は親子のご縁が深くて、母にお会いできて念仏を勧められたので、道心をおこして念仏して亡くなられた。だから往生はまちがいない。まして、母は私を聖の道に進められた志によって、このように尊い最期を遂げられたのだ。それゆえ、親は子にとって、子は親にとってかけがえのない導き手であった」と言って、涙を流し横川に戻っていった。このように母は源信に念仏を勧められて、称える力もないなか念仏して死を迎えた。

永観二年（九八四）十一月、師の良源が病に冒され、『往生要集』の撰述に入る。翌年寛和元年一月三日、師である良源が示寂。

寛和元年（九八五）三月、四十四歳の時、『往生要集』が完成する。翌年、二十五三昧会が始まる。

寛弘元年（一〇〇四）、藤原道長が帰依し、権少僧都となる。

寛弘二年（一〇〇五）、六十四歳の時、母の諫言の通り名誉を好まず、一年で権少僧都の位を辞退。

寛仁元年（一〇一七）六月十日、示寂。六月二日、飲食も受け付けなくなり、九日の朝には阿弥陀仏の手から引いた五色の糸を自らの手にとって、龍樹の『十二礼』等を読経し、翌十日朝に、七十六歳にて静かに往生された。(3)

二　源信の『往生要集』臨終行儀

源信は『往生要集』に、中国浄土教における臨終行儀の実践方法と念仏の意義について明示した。はじめに道宣の『四分律行事鈔』、『法苑珠林』、善導の『観念法門』、『大智度論』、道綽の『安楽集』によりながら、「行事」を明かし、つづいて『大円覚経』の本覚思想、『無量寿経』の第十九願、第二十願や『華厳経』の光明摂取の思想、『観仏三昧海経』、懐感の『群疑論』などによりつつ、「勧念」について記している。

『往生要集』臨終行儀の「行事」について確認しておきたい(4)。

祇園精舎の西北の角、夕日の沈むところに無常院という施設が建てられている。もし病人があれば、その無常院の中に静かに安置して寝かせる。愚かな凡夫は貪りの煩悩をおこし、いつもの僧房の中にいて衣服や食器やいろんな道具を見ると、多くは恋慕や愛着を生じ、心に世俗を厭うことがないから、別のところに移り住むように決められていた。この堂を無常と名づけた。無常院に来るものは多いが、また還って行くものは一人か二人である。日没の光景を見て、無常さに思いを致し、専心に真実の法を求める。その堂の中に一体の仏像を安置し、金箔で塗り、像は西に向ける。その仏像は右手を挙げ、左手に五彩の布幡をつないで地面にひいて置く。五彩とは、青、黄、赤、白、黒の五色であり、その五は、煩悩を省みて涅槃に至るための信、精進、念、定、慧の五根、また、眼、耳、鼻、舌、身の五根を指し、布幡は、仏と苦悩を抱えた病人とをつなぐ救いの道を象徴している(5)。病人を安心させるため、病人を仏像の後ろに置き、左手に五彩の布を握らせ、仏に従って浄土に往生する思いを起させる。看病人は香をたき、花を飾って、病人を厳かに飾る。もし大小便、嘔吐、痰などを催した時は、その都度これを取り除く。五色の幡は、極楽の阿弥陀仏と病人を結ぶ虹の架け橋のようである。

『往生要集』によれば、阿弥陀仏を本尊として安置する死の看取りを整理すると、次の二つの形式が考えられていた(6)。

A　阿弥陀仏西面型……病人は阿弥陀仏の後ろ姿を見て、仏に導かれて往生する。

随仏往生型（『四分律行事抄』による）

B　阿弥陀仏東面型……病人は阿弥陀仏と向き合い、仏の来迎を心に想う。
　　対面来迎型（『法苑珠林』による）

実際の臨床では、仏との一体感のある、二番目の形式が用いられた。
源信は『往生要集』臨終行儀において、臨終の「勧念」についてこう記している。

　臨終の勧念とは、善友・同行のその志あらんものは、仏教に順ずるがために、衆生を利せんがために、善根のために、結縁のために、患に染まん初めより病の床に来りて問ひて、幸ひに勧進を垂れよ。（『聖典全書』一巻一一六二頁）

　八には彼の白毫相の若干（そこばく）の光明は、常に十方世界の念仏衆生を摂取してすてたまわず。…中略…十にはまさしく終りに臨む時に云ふべし。「仏子、知るやいなや。ただ今は即ちこれ最後の心なり。臨終の一念は百年の業に勝れり。もしこの刹那を過ぎなば、生處一定しぬべし。今まさしくこれその時なり。まさに一心にして仏を念じて、決定して西方極楽の微妙浄土の八功徳池の中、七宝蓮台の上に往生すべし」と。「如来の本誓は一毫も謬（あやま）ることなし。願はくは仏、決定して我を引接したまへ」と。南無阿弥陀仏。（『聖典全書』一巻一一六六～一一六七頁）

　このように、臨終に念仏を勧めることは、仏教に順応し、人々に恵みをもたらし、縁を育む。仏の白毫の光は、念仏の衆生を摂取不捨し、私の心を清らかにして念仏三昧を成就してくれる。臨終の一念は人生において大切な時であり、極楽浄土への往生を確定するから、一心に念仏してくださいと源信は明確に勧めている。注目すべきことは、病人に対して、「仏の子よ」と呼びかけて、病人を敬愛する気持ちで接していることである。

三　源信の終末期についての記録

『首楞厳院二十五三昧根本結縁過去帳』に、源信の晩年についてこう記録されている。

疾に罹り、以後起居に堪えず。（『恵心僧都全集』一巻六七八頁）

源信は、長和元年（一〇一二）、七十一歳の時に、病気が重くなって寝込むようになった。源信は、長和三年（一〇一四）年十二月九日、七十三歳の時、『阿弥陀経略記』を著した。その『阿弥陀経略記』には、三諦円融を具する名号観が示される。すなわち、「無は即ち空、量は即ち仮、寿は即ち中、仏は三智にして即ち一心に具わる。…中略…円融三諦の智、円融三諦の境と冥じて、万徳自然円なるを阿弥陀と名づく」（『大正蔵』五七巻六七六c）と源信は記している。また、聞名による諸仏護念、現生得不退転、当来得菩提が示されている。すなわち、「仏名及び経名を聞くに、三益あり。一に現に諸仏の為に護らる。二に現に不退転を得。三に当に大菩提を得べし。」（『大正蔵』五七巻六八一a）と源信は記している。この『阿弥陀経略記』において、源信が聞名と聞経名に基づく現生得不退転を明示していることは注目される。親鸞における現生正定聚の教えにもつながるからである。

『首楞厳院二十五三昧根本結縁過去帳』には、源信の臨終における会話記録が残されている。

問う、何ぞ理を観ぜざる。答う。往生の業は称名にて足るべし。本よりこの念を存せり。故に理を観ぜず。ただし、これを観ぜんとするも、また難しとせず。我、理を観ずるの時、心明にして通達し、障礙あることなし。（『恵心僧都全集』一巻六七九頁）

この文によれば、源信は、平常時から、さまざまな厳しい修行を持続してきたが、晩年に「往生の業は、称名をもって充分に足りているのであるから、理観はしない。ただし理を観じることは、難しくはない(7)。理を観ずれば、心は明らかになって、障礙はなくなる」といい、理観念仏（無相業）を「最上の三昧(8)」としてきた彼自身が、称名念仏一行へと移行し、純粋かつシンプルになっている。ここに源信は、病床において、理観からただ称名念仏することを重んじていることがわかる。寛和元年（一〇一七）、源信が七十六歳の時、正月中旬から身体の種々なる苦痛がことごとく去った記されている。源信は六月二日から六月九日まで食事を取らず、六月五日、霊夢を感じた。六月九日にも、霊夢を感じ、弥陀引摂の相をかまえていたとされる。源信の臨終の様子について、結衆の覚超らによって、『首楞厳院二十五三昧根本結縁過去帳』に記されている。

凡そ極楽に生まれるのは、極難の事なり。故に我は最外に在り。此の事を聞くなり。慚愧少なからずと。已上。此の夢想に依りて、彼の旧事を億う。往年自ら経文を案じて、弥陀来迎の像を図す。其の中に比丘衆は多く、菩薩衆は少なし。有る人問うて云わく、「何故に菩薩少なきか」と。答えるに、「下品の蓮を望むなり」と。問う、「何ぞ敢えて上品を望まずや」と。答えるに、「已が分を計すなり」と。また細かく彼の臨終の事を尋ねて、省みて病僧等に云わく、「終焉の日近し、人をして『無量寿経』下品上中二生の文を読ましめよ。その意は前に同じなり」と。（『恵心僧都

全集』一巻六八二頁）

源信は「極楽に生まれるのは極めて難しい。だから私は最も外にいる。慚愧することばかりだ」とよく語った。源信は、夢想によって昔のことを思い出した。「自ら経文を読んで、弥陀来迎の図を描いた。その来迎図の中に、比丘は多いが、菩薩は少ない」と。ある人が源信に尋ねた。「なぜ菩薩が少ないのか」と。源信は「極楽の下品の蓮を望むからだ」と答えた。またその人は問いかけた。「なぜ上品を望まないのか」と。源信は「おのれにふさわしいからだ」と答えた。さらに細かく源信に臨終のことを尋ねると、看病僧に源信はこう語った。「私の人生の終りの日が近いから下品上生、中生の経文を読んでくれないか。その意は、私にふさわしいから」と。病床の源信はわが身を偽らず、ありのまま省みた。源信は、上品上生の極楽往生の理想形に自己をはめ込もうとせずに、自分の本心に耳を傾けた。正直に自分の心境を告白し、慚愧したところが、源信の誠実さである。大悲にいだかれて素直になることを源信は示した。

まとめ　源信から親鸞に受け継がれたもの

源信『往生要集』によれば、祇園精舎の無常院は仏の大悲に照らし護られて、病人を最期までチームで看護する施設である。病人の大小便などを取り除いて清潔にし、阿弥陀仏立像を病人のそばに安置して、灯明をともし、香を焚き供花して仲間と共に念仏した。病人は大悲にいだかれて素直に自身を見つめ、愚かさを慚愧し、浄土に往生した。看取る者は病人の言葉を『過去帳』にありのままに記録し、亡き後は追悼される。看取りと葬儀と法事を通して、亡き人から受けた愛情や志願は次世代に継承される。こうした仏に見守られた看取りは、父を亡くした源信を聖僧になるように応援しつづけた母の愛情から生まれたにちがいない。源信が母を心配して比叡山を降りた時、母は重病だった。母は息子に会えて喜び、源信は弱くなった母のそばにいて、法話を聞かせて、念仏を勧めた。母は感謝して念仏を称えて亡くなった。源信にとって親子で導きあった看取りの経験が、念仏に基づく死の看取りと救いを説く原点となっていたことだろう。

源信の浄土教は、平安・鎌倉時代の浄土教を生む母胎である。『往生要集』臨終行儀では『無量寿経』第十九願の念仏に基づく臨終来迎の救いが中核であり、善導『観経四帖疏』の第十八願理解に触れていない。源信の浄土教は、法然の浄土教にみられるような専修念仏の教学、ならびに親鸞の浄土教にみられるような臨終の善悪に左右されない弥陀の救済、平生からの仏の摂取不捨の教学とは違いがあったといえるだろう。(9)

しかし源信から親鸞へ、大悲にいだかれた救いの自覚が確かに継承されている。源信は「予がごとき頑魯のもの」と自覚し、末世の煩悩具足の凡夫のために往生極楽の道があり、浄土は真実報土であると明かした。源信は「我またかの摂取のなかに在り。煩悩、眼を障へて、見たてまつることあたはずと雖も、大悲倦むことなくして、常にわが身を照らしたまふ」(『往生要集』正修念仏門、雑略観、『聖典全書』一巻一一〇八頁)、「乃至十念せむ。若し生ぜずば、正覚を取らじ」(第十八願)、四には、『観経』(意)に、極悪の悪人は他の方便なし。ただ仏を称念して、極楽に生じることを得」(『往生要集』

念仏証拠、『聖典全書』一巻一一九四頁）と明かした。

先行研究の高田文英の成果によれば、源信の「大悲無倦」の説意は、「たとえ煩悩に障えられて仏を見ることができなくとも、阿弥陀の大悲を疑わず、その光明の中に照らされている自身を心にはっきりと思い描けということであり、…中略…観念の修行としての性格を失ってはいないと見るべきであろう」(10)と明かされている。

親鸞は、源信の「大悲無倦」の表現を尊重し、『教行証文類』「信巻」（『聖典全書』二巻七九頁）、『尊号真像銘文』（『聖典全書』二巻六三五頁）、『一念多念文意』（『聖典全書』二巻六六八頁）に引用した。親鸞は、「正信念仏偈」源信讃に「極重ノ悪人ハ唯称スベシレ仏ヲ　我亦在レドモ二彼ノ摂取ノ中ニ一　煩悩障テレ眼ヲ雖モ不ズトレ見　大悲無ナクレ倦モノウキコト常照シタマフトイヘリレ我ヲ」（『聖典全書』二巻六四頁）、『高僧和讃』源信讃に「煩悩にまなこさへられて　摂取の光明みざれども　大悲ものうきことなくて　つねにわが身をてらすなり」「ものうきことなくて」の左訓　モノウキコト、イフハオコタリスツルコ、ロナシトナリ」（『聖典全書』二巻四五三頁）とくりかえし説いた。

親鸞の「大悲無倦」の説意は、たとえ私が煩悩に眼を遮られて、仏の救いの光を見られなくても、如来大悲は常に私を照護し、必ず救ってくださるということである。親鸞は大悲無倦を「大慈大悲の御めぐみ、ものうきことましまさず…摂取不捨の御めぐみのこころをあらわしたまふ」（『尊号真像銘文』、『聖典全書』二巻六二五～六頁）と受けとめ、他力念仏による凡夫の救いとして明かした。ここで注目すべきことは、親鸞が弥陀の救いのはたらきを大慈大悲の「御恵み」、摂取不捨の「御恵み」として受けとめていることである。弥陀の救いを「御恵み」として親鸞が表現することは他にはなく、大悲のぬくもりを弥陀からの恩恵として喜んでいたことがわかる。

源信における観念の念仏と親鸞における他力の称名念仏には異なる面がある。それでも、源信も親鸞も「極重悪人の私がただ念仏する時、仏の摂取不捨の光の中にある。病気であっても、私が煩悩に眼を閉ざされていても、阿弥陀如来は常に凡夫の私を照らし護る」と受けとめ、大悲の御恵みに感謝して念仏しているといえるだろう。(11)

註

（1）「首楞厳院二十五三昧根本結縁過去帳」源信、『恵心僧都全集』一巻六七八頁、同朋舎。『楞厳院廿五三昧結衆過去帳』源信、平林盛得による紹介、『書陵部紀要』三七、一九八五年
（2）『今昔物語集』巻十五第三十九「源信僧都母尼、往生語」、『新古典文学大系』三五、四三七〜四四一頁、岩波書店、一九九三年
（3）「首楞厳院二十五三昧根本結縁過去帳」、『恵心僧都全集』一巻六八〇頁
（4）『聖典全書』一巻一一六〇〜一一六一頁、石田瑞麿『往生要集　日本浄土教の夜明け』（下）一三三〜一三四頁を参照。東洋文庫、一九六四年
（5）中村元著『仏教大辞典』、『浄土宗大辞典』、国宝『山越阿弥陀図』所蔵の浄土宗西山派禅林寺の解説
（6）『聖典全書』一巻一一六一頁

（7）『恵心僧都全集』一巻六七九頁

（8）『往生要集』大文第十問答料簡第四尋常念相、『聖典全書』一巻一二二五頁

（9）普賢晃寿『日本浄土教思想史研究』一九七頁、永田文昌堂、一九七二年。浅田正博『往生要集研究』五三三頁、永田文昌堂、一九八七年。梯信暁「『往生要集』の念仏思想」一七頁、『大阪大谷大学紀要』四一号、二〇〇七年、貫名譲「親鸞における源信の念仏思想の受容と展開」、「親鸞は『往生要集』を通して源信の念仏観を見ていくが、それは法然の『往生要集』理解を通して捉えたものといえる」一一七頁、『印仏研』六七巻一号、二〇一八年

（10）高田文英「『往生要集』の念仏思想（二）」二〇九頁、『真宗学』一四三・一四四号、二〇二一年。高田文英氏の教示により、佐藤哲英「源信和尚の念仏思想」（『宗学院論集』四九、一九七九年）に『首楞厳院二十五三昧根本結縁過去帳』の記述を重視して、源信の本心は称名にあったと結論づけていることを学んだ。

（11）殿内恒『尊号真像銘文の講述』二一四頁、永田文昌堂、二〇二一年。「他の撰述では、先立つ箇所に「あれども」と加え、「あれども」「いえども」と逆接表現を重ねた訓読を示しているのであり、（中略）その説示は、宗祖自身の煩悩に眼を閉ざされた自覚のもと、大悲の摂取のはたらきを受ける立場のものであり、そこでの「我」「我身」とは宗祖自身を意味するものとなっている。（中略）この、いわば自身への悲しみと摂取への喜びが同時にともなう中での説示が、逆接表現を重ねた訓読であったと考えられる」。この考察に慧眼を与えられた。親鸞は、自らの煩悩の悲しみを表記し、煩悩の私を救う仏の摂取をかみしめて喜んでいたであろう。

龍谷大学の真宗学と北米における真宗学研究・教育の展開
——藤原凌雪先生とフィリップ・アイドマン先生の事績を中心に——

那須英勝

はじめに

英語圏における真宗伝道はハワイでの開教の開始が一八九七年、北米が一八九九年と、いずれもすでに一二〇年以上の歴史がある。しかし、開教使の養成プログラムを含めて、ほぼその全てが日本での教育・研究に任されていたこともあり、英語圏での真宗学の研究・教育のための組織だった取り組みが開始するのは、第二次世界大戦の終結後のことになる。現在、浄土真宗本願寺派の北米開教区における真宗研究・教育の拠点として運営されているのが、カリフォルニア州バークレー市に一九六九年に設立され、米国仏教団（Buddhist Churches of America、以下ＢＣＡ）によって運営されている米国仏教大学院（The Institute of Buddhist Studies、以下ＩＢＳ）である。(1) またＩＢＳは一九八五年には、同じくバークレー市に本部を置き、世界でも最大規模の神学・宗教学の研究・教育機関として知られている神学大学院連合（Graduate Theological Union、以下ＧＴＵ）の提携校となり、二〇二一年にはキリスト教以外の宗教教育機関として初めてＧＴＵの正式メンバー校としての認定を受けている。

ＩＢＳと龍谷大学の学術・教育交流は一九八二年に一般協定が結ばれて以来、四〇年以上の実績を持つが、ＩＢＳと龍谷大学の真宗学科との交流は、ＩＢＳが設立される以前に、その前身としてバークレーに設置されていた仏教研究所（Buddhist Study Center、以下ＢＳＣ）の時代に遡るものである。本稿は今回、真宗学会が百周年を迎えるにあたり、現在、英語圏における真宗学研究・教育の拠点として展開している米国仏教大学院の草創期において、英語圏での真宗学の教育・研究に貢献された研究者の中から、特に龍谷大学の真宗学科と深いご縁があり、かつ英語圏での真宗学教育の展開という視点からは、これまであまり紹介されてこなかった藤原凌雪先生（一九〇五～一九九八）とフィリップ・アイドマン先生（Rev. Phillip Karl Eidmann、一九二四～一九九七）の事績について、『真宗学』の「学会日誌抄」などに掲載されている真宗学科との交流の記録などを追いながら記してみたものである。(2)

一　バークレー仏教研究所における藤原凌雪先生の真宗学教育

北米で本格的な真宗研究の拠点と成ることを目指して設置された教育機関としては、一九四九年に開設された仏教研究所（ＢＳＣ）がある。ＢＳＣは、現在のＩＢＳの前身であり、今村寛猛開教使（一九〇四～一九八六）と奥様のジェーン夫人（一九二〇～二〇一二）により、バークレー仏教寺院（Berkeley Buddhist Temple）の施設内に、開教使養成のための教育・研究プログラムが開設されたところから始まったとされる。(3)一九六〇年代末までバークレー仏教寺院に置かれたこの仏教研究所は、もちろん英語圏での真宗開教と伝道者の養成を目的として設置されたことは言うまでもないことだが、その一方で、非常にオープンな仏教研究機関であったようだ。たとえば、大戦後のアメリカ文学界に大きな影響を与えた、いわゆるビートジェネレーションの流れの中でも、特に仏教思想に関心が深かったゲーリー・スナイダー（Gary Snyder　一九三〇～）を中心に、ジャック・ケルアック（Jack Kerouac　一九二二～一九六九）、アレン・ギンズバーグ（Allen Ginsberg　一九二六～一九九七）などもバークレーのお寺の仏教研究所に出入りしていたそうである。(4)

このバークレー仏教寺院に仏教研究所がおかれていた頃の龍谷大学・真宗学専攻とＢＳＣの学術交流について記しておくべきことは、中国浄土教理史がご専門であった藤原凌雪教授がサンフランシスコに一九六〇年から六三年にかけて、三年間の学事駐在をされ、ＢＳＣで開教使志望の学生に本格的な真宗学のご講義をされたことである。藤原先生の渡米については昭和三五年（一九六〇）出版の『真宗学』二三号の巻末の「学会日誌抄」に

本学藤原教授は今春より学事駐在としてアメリカのサンフランシスコに渡られた。真宗東漸の気運とみに盛んな現在、教授の御活動に大きな期待を寄せると共に、その御健闘を切に願う。(5)

と記されている。また昭和三八年（一九六三）の『真宗学』二九・三〇号の巻末には六月の例会と合わせて「藤原教授帰国歓迎会」が開催され、藤原先生が「米国に於ける仏教の現状」と題するご講演をされたことが記録されていることからも、真宗学専攻としても力を入れたものであったことが知られる。

藤原先生は、サンフランシスコに学事駐在中には、バークレーの仏教研究所の客員教授としてご講義をされただけでなく、小部ではあるが、ご講義でお使いになられたと思われる浄土教理史の概説書（*The Development of the Practice of Nenbutsu*）[6]と安心論題の内容を概説した冊子（*A Standard of Shinshu Faith*）[7]を、ＢＣＡの出版部から出版されていることも注目される。[8]これはおそらく北米教団の教育機関において用いられた英文で書かれた真宗学の教科書としては最初のものではないだろうか。

このように、藤原凌雪先生は、一九六〇年代初頭のアメリカにおいて、北米の真宗教団内に設置された開教使養成の教育プログラムを運営する学校（Ministerial Training School）の使命に鑑み、伝統的な真宗学研究の基盤である浄土教理史と安心論題を英語でご講義をされたのである。また当時、正教授であった藤原先生を三年間の長期に渡り海外派遣することを認めた龍谷大学の真宗学が、海外伝道への高い熱意を持っていたことも感じられる。

藤原先生は、学事駐在を無事終え帰国された後には、サンフランシスコ駐在中の体験を踏まえて「海外における〈真宗近代化〉の諸問題」という論文を発表されている。[9]本論文では、当時の海外開教、特に英語圏での真宗伝道について、その歴史的な背景を含めた開教の現場での諸課題を幅広く論じておられる。その中でも真宗学の研究者としての視点から、英語圏で真宗教義の研究・教育の場が直面している問題として、まずもって英語による教義学の研究・教育を可能にするための資料が不足していること、また日本語で書かれた講録などをそのまま翻訳しても理解が非常に困難であることなどを挙げておられるが、これは現在でも英語圏の開教の現場で常に指摘されている問題である。

また藤原先生が、本論文の結論として、英語圏での真宗伝道の可能性について論じておられるところでは、当時（一九六〇年代）のアメリカ社会の中で、西洋の近代合理主義に対抗して若者の支持を集めていたカウンターカルチャー運動の中で起こりつつあった、いわゆる「禅ブーム」と対比して、真宗伝道の困難さを指摘されている。しかし、そもそもこの「禅ブーム」の立役者であった鈴木大拙師（一八七〇～一九六六）が、禅だけではなく、同時に妙好人の念仏生活を通して仏教を語っていることについても言及し、アメリカで禅仏教が流行する理由が、近代化へのアンチテーゼであるならば「不可称不可説を本義とする真宗の他力念仏も、仏教一般や西洋の合理主義を基盤としながら、しかもそれらを否定的媒介として趣入される点に於いて、西洋人にも受け入れられる余地が充分にある」[10]と述べられている。

この藤原先生の論文が出版されてすでに半世紀以上経っているが、この論文で、先生によって指摘されている諸課題は、現代の北米教団の伝道においても当て嵌る問題であり、その点を先んじて的確に指摘されている先生のご慧眼には感服するものである。本論文は、現在、北米だけでなく、英語圏において真宗の国際伝道を志す方には、ぜひご一読されることをお勧めしておきたい[11]。

二　フィリップ・アイドマン先生による安心論題に基づく教義学教育

藤原先生がサンフランシスコから帰国されて三年後の一九六六年には、仏教研究所は（ＢＳＣ）はバークレー仏教寺院から移転し、英語を母国語とする開教使養成課程の運営を主たる目的とし、かつ真宗学を本格的に研究・教育する機関として、バークレー市内の独立した学舎に移転整備される。さらに一九六九年にはＢＳＣは、カリフォルニア州公認の宗教教育のための教育・研究機関である米国仏教大学院（ＩＢＳ）として新たなスタートを切ったのである。以後、一九八六年に当時ＢＣＡの開教総長であった山岡誓源開教使のリーダーシップの下で、バークレー市内に本部を置く神学大学院連合（ＧＴＵ）との連携で諸宗教との対話と連携を目指して、その研究・教育プログラムが再編成されるまで、独自の真宗学の教育・研究プログラムが運営されていたのである。

このＩＢＳがＧＴＵに参加するまでの一五年間、勤式作法についての厳格かつ丁寧な指導を含めて、数多くの開教使の養成を可能にしたのは、初代のＩＢＳの所長であった草田春好開教使（一九二一～二〇一三）のご尽力に負うところが大きい[12]。しかし、この時代のＩＢＳにおける、英語による真宗教義についての教育については、草田先生と並んでフィリップ・Ｋ・アイドマン師の努力があったことは、あまり詳しい記録が残されてないせいか、よく知られていないようである。しかしアイドマン先生は、戦後間もなく再スタートした龍谷大学に新しく設置が認められた大学院のプログラムで最初の外国人留学生として学ばれたことなど、国際伝道の視点から見た真宗教学史の研究として再評価されるべきものであろう。以下、アイドマン先生が龍谷大学へ留学されている間の事績などを中心に、少し記しておきたい。

『真宗学』に掲載されている記録を確認したところでは、龍谷大学の真宗学科の活動と関連してアイドマン先生のお名前が現れるのは、昭和二六年（一九五一）の六月六日に図書館で開催された「Ｐ・Ｃ・

アイドマン氏歓迎会[13]」と記されているものが初見であろう。『真宗学』九（一九五三）の「学界彙報」の昭和二六年の記録にはこのイベントについて次のように記されている。

米国より真宗学を学ぶために、はるばる本学に留学することとなったアイドマン氏の為に、仏教学会と共催して歓迎会を催した。図書館講堂に於て「私は何故仏教徒になったか」という同氏の講演があったのち、地下食堂に於て歓迎茶話会が開かれた。藤原助教授司会の下に、大江、高峯両会長等の歓迎の辞があり、参会者多数で盛会であった[14]。

この歓迎会での講演の内容については詳しい記録が残されていない。しかしアイドマン先生が真宗学を学ぶために、日本に来られたのは、終戦後、新制の龍谷大学の認可がおりた一九四九年の二年後のことであり、またアイドマン先生は、第二次世界大戦中は米国陸軍兵士として従軍され[15]、除隊後に仏教徒として親鸞の思想を学びたいという志を持って龍谷大学に留学してこられたことは、当時の世相に鑑みても真宗学を学ぶものの間で、大変大きな出来事として受け止められたであろうことは想像に難くない。

アイドマン先生がどのような経緯で龍谷大学大学院に留学され、本格的に真宗教義の研究をされることになったのかについては、あまり具体的な資料などが残されていないが、BCAの記録によれば、アイドマン先生は、陸軍除隊後、ミネソタ大学で「人類学・世界宗教」を学ばれ、一九五〇年に卒業されている。またそれに先立つ一九四八年には、ハワイ開教区から*A Catechism of Shin Sect*として一九二一年に英訳出版された西元龍拳『眞宗百話』（森江書店　一九一一年[16]）の改訳版を、ミネソタ州のTwin City YBA（ツインシティー仏教青年会）から出版されている。[17] このことからも、ミネソタ大学在学中から真宗教義に深い関心を持たれ、また現地の仏教青年会とも交流を持っておられたことがわかる。

アイドマン先生については、来日された一九五一年に刊行された『真宗学』五号の編集後記においても、池本重臣先生が

真宗学もいよいよ世界的視野から研究されねばならぬ時代になっている。その具体的な現れとして、本年度より米国人のミスターアイドマンが真宗学を専攻するために龍谷大学に留学したのである。支那から印度へ、日本から支那へ仏教研究のために渡った先人の偉業にも比すべきことである。龍谷大学の真宗学教授が中心となって親鸞聖人の信仰教義を正しく伝えることが将来のアメリカに於ける仏教信仰仏教研究に正しい方向を与える基礎になるであろう。恐らく第二・第三のアイドマンがくることも考えて真宗学研究に従事する者は此れに応ずる準備が必要であろう。[18]

と記されていることからも、真宗学の国際的研究の先駆けとして大きな期待を持って受け入れられたようである。

アイドマン先生は、その後、一九五三年に新たに開設された新制の大学院修士課程に入学し一九五四年度には英文の修士論文「An Introduction to the Study of the Note Lamenting Differences」（歎異抄研究序説）を提出し修士号（真宗学真宗史専攻）を取得されている。また修士課程在学中には神子上恵龍先生が『真宗学』第三号（一九五〇）に発表された「歎異抄の組織と大綱」を英訳し、「Outline of the Notes Lamenting Differences」として『龍谷大学論集』三四六号（一九五三）に掲載されているが、これは戦後の真宗学界における、本格的な学術論文の英訳出版としては初めてのものではないだろうか。また、アイドマン先生は、留学中に得度（一九五一）・教師（一九五七）を受けられ、浄土真宗本願寺派の僧侶となり、大学院修了後さらに真宗学の学びを深められ、一九五八年（昭和三三年）には殿試に合格し、米国人として戦後初めて本願寺派の学階（輔教）を授与されていることも注目に値する[19]。

アイドマン先生は一〇年間の日本留学を終えて一九六一年にアメリカに帰国され[20]、その後、仏教研究センター（ＢＳＣ）が仏教大学院（ＩＢＳ）として再編されるにあたり、真宗教義学の講師となられ、「安心論題」に基づいた真宗教義学の講義などを長年に渡り担当されていた。しかし、アメリカ帰国後は学術論文の出版などはあまり積極的にされていなかったようである。またアイドマン先生が運営されていたフェローシップで発行されていたニュースレターなどの個人的な出版物についてもそのほとんどが保存されていないので、どのような活動をされていたのか資料として確認できないことが大変残念である。アイドマン先生の米国帰国後の著作として比較的よく知られているものとしては、小部ではあるが伝統的な真宗教義学の視点から書かれた真宗入門書である *The Unimpeded Single Way: A Brief Introduction to the Teaching of Shin Buddhism According to the Hongwanji Tradition*（San Francisco: Buddhist Churches of America, 1963）がある。帰国後ほどなくして出版されたこの著作からは、アイドマン先生の真宗学研究の基本姿勢として、学階をもつ僧侶として本願寺派の伝統的な宗学を受け継ぐものという自負を持っておられたことが強く感じられる。

その後アイドマン先生はＩＢＳの教員として伝統的な宗学を基礎とした講義を英語でされ、安心論題の英訳を試みられていたことも知られているが、その際に用いられていた資料などがあまり残されていないので、具体的にどのようなものであったのかについては不明である。ただアイドマン先生が英語による安心論題の講義をされていたことについては、日本の真宗教学の研究者の間でも少なからず関心を持つ人がいたようだ。それは本願寺派司教で東京仏教学院講師であった五十嵐大策氏が一九八一年に発表された「安心論題の意義」と題された論文のまとめに、次のように書かれていることからも知られる。

一九八〇年の七月、私はアメリカのバークレーの仏教大学院（ＩＢＳ）を訪問する機会に恵まれた。ちょうどサマーセッションの期間中だったので、ここで安心論題を講義しているアイドマン氏には会えなかったが、サマーセッションを受講していたアムスターズ、マクロナルド、ハードマンの開教使をめざす若い三氏と話す機会を持った。みな安心論題を学習していた人達ばかりであった。真摯で求道的なこれ等の白人の念仏者の姿勢に触れて、たくましさと心強さを感じたことであった。(21)

ここで五十嵐先生が紹介されているＩＢＳで開教使を志望する三名の若き学生さんのうちの一人で、アムスターズ氏として紹介されているのは、ＢＣＡの記録などによれば、その後、プリンストン大学で中世後期の真宗教団史をテーマにした学位論文で博士号を取得され、龍谷大学の真宗学科の教員としても教鞭をとられたこともあるゲイレン・アムスタッツ（Galen Amstutz）先生なのである。(22) アムスタッツ先生は、その後ハーバード大学のライシャワー研究所勤務を経て現在ＩＢＳの兼任教授として、特に真宗教団史に関連するテーマを中心に講義をされているが、アムスタッツ先生の真宗研究がＩＢＳでのアイドマン先生の下での安心論題の学修から始まり、それが現在のＩＢＳで真宗学を学ぶ学生への指導に結びついていることにはご縁の不思議を感じるものである。

おわりに

最後に、先に紹介した『真宗学』五号（一九五一）の編集後記で池本重臣先生が「おそらく第二・第三のアイドマンがくることも考えて真宗学研究に従事する者は此れに応ずる準備が必要であろう」と記されていたことについて、その後アイドマン先生に匹敵するような留学生はあらわれたのだろうかという疑問を持たれる方もあるかもしれない。これについては「学会日誌抄」の昭和三四年（一九五九）の記録を一つだけ挙げてお答えしておこう。

六月三十日（火）午後三時　於第十七番教室

講師　ブルーム氏（フルブライト留学生　本学真宗学専攻）

講題「キリスト教徒より見たる浄土真宗」

真宗とキリスト教とはよく似ているが、真宗で言う他力の他の意味、及び法蔵菩薩の解釈について疑問を以て提起された。法蔵菩薩の問題については、更に座談会に移って熱心な議論が交わされ、極めて有意義であった。出席者は真宗学諸教授をはじめ、学生約八十名。[23]ここに記されているブルーム氏というのは当時ハーバード大学の大学院生として永富正俊教授（一九二六～二〇〇〇）の下で親鸞思想をテーマにした学位論文を執筆中であったアルフレッド・ブルーム先生（一九二六～二〇一七）のことである。[24]

ブルーム先生はその後、オレゴン大学、ハワイ大学で教鞭をとられていたが、一九八六年に、IBSが同じくバークレー市内に本部を置く神学大学院連合（GTU）と提携し研究・教育プログラムが再編成された際に、新制のIBSの初代の学院長として就任され、一九九四年にご退任になるまでその運営にご尽力をされたのである。しかしこれは日誌抄に記された一例に過ぎず、その他にも多数の留学生が龍谷大学の真宗学科で学びを深められたのであり、[25]また現在もその伝統は継続されている。[26]またそれに応えるため、現在のIBSが設立される以前から、真宗学科の先輩教員方が並々ならぬ努力をされてきたことには、今回「学会日誌抄」の記録を読むことを通して改めて気付かされ、次の一〇〇年に向けた真宗学研究・教育の国際的展開への思いを新たにした次第である。

註

（1）IBSは二〇二〇年には米国の認証評価機関であるWASC（Western Association of Schools and Colleges）のWSCUC（WASC Senior College & University Commission）の認証校になり、さら

に充実した単立の大学院としてさらに高いレベルの研究・教育プログラムを提供している（参照：https://www.shin-ibs.edu/）。

（2）筆者はご縁があって、国際仏教文化協会（International Association of Buddhist Culture）の奨学金をいただき、一九八八年からＩＢＳとその提携大学院である神学大学院連合（Graduate Theological Union）に留学し、また一九九六年秋に学位論文を提出した後、二〇〇九年に龍谷大学の真宗学科の教員として着任するまでの間は、ＩＢＳの教員として真宗学に関連する教育プログラムの運営に関わる機会をいただいた。なお本稿の記述で「ＢＣＡの記録」とあるものは、主としてＢＣＡの百周年記念に出版された*Buddhist Churches of America: A Legacy of the First 100 Years*（San Francisco: Buddhist Churches of America, 1998）によっている。また文献などに基づかないものについては、関係者から私が直接お聞きしたことなどが含まれていることも記しておきたい。

（3）これは大戦中の日系アメリカ人・カナダ人への強制収容の時代を乗り越え、一九四五年の終戦後ほどなくして北米・ハワイ各地の仏教会が再開し始めるのとほぼ同時期のことであることも注目される。ＢＣＡの記録によれば、今村先生は強制収容から解放されて程なくしてバークレー仏教寺院を一九四六年に再開されたが、それと同時にBuddhist Study Groupを始められ、三年後の一九四九年に仏教研究所（ＢＳＣ）が設立されたことが記録されている。

（4）これは私がＩＢＳの大学院生の時に、コロンビア大学のアレックス・ワイマン教授（Alex Wayman 一九二一～二〇〇四）の講演会があり、その後でジェーン今村夫人宅にご夕食にご招待いただいた際にジェーンさんとワイマン教授から直接お聞きしたことである。

（5）「学会日誌抄」『真宗学』二三（一九六〇）、九五頁。

（6）Ryosetsu Fujiwara, *The Development of the Practice of Nembutsu*（San Francisco: Buddhist

Churches of America, 1962).

（7）Ryosetsu Fujiwara, *A Standard of Shinshu Faith*（San Francisco: Buddhist Churches of America, 1963）.

（8）藤原先生は帰国後、当時の北米地域での真宗開教の状況とアメリカの仏教研究事情を中心に、滞在中のご経験を、ＢＳＣで担当されたご講義の科目なども含めて「アメリカの仏教事情―在米三年の学事駐在を終えて―」『真宗学』二九・三〇（一九六三）、二四六―二六一頁、としてご報告されている。またその後、ご専門であった善導浄土教についての英文の論文"The Conception of the Nembutsu in Shan-tao's Pure Land Buddhism"『龍谷大学論集』三九四（一九七〇）、と単著 *The Way to Nirvana: The Concept of the Nembutsu in Shan-dao's Pure Land Buddhism*（Tokyo: Kyoikushinchosha, 1974）も出版されている。

（9）藤原凌雪「海外における〈真宗近代化〉の諸問題」『真宗研究』一三（一九六八）。

（10）藤原凌雪「海外における〈真宗近代化〉の諸問題」、一四八頁。

（11）藤原先生は、本論文の最後に「近代的合理主義と人間性の徹底的掘下げを媒介として本来の西洋的なものを超えたところに真宗の真価は光って来るのではなかろうか」（一四八頁）というご提言をされている。英語圏で語られる「仏教」の中では、親鸞思想における「人間性の徹底的掘下げ」については近年ようやく評価されるようになってきたようである。例えば二〇一七年一二月にニューヨークタイムス紙には「オピニオン」として、現代アメリカ社会において、あまりにも「ピュア」な理想のみを追い求め続けた結果として現れた行き詰まりについて論じているアレクシス・ショットウェル（Alexis Shotwell）の思想と親鸞の自己内省の深さとの類似性を指摘した記事が掲載されたことは注目に値する（John Kaag and Clancy Martin, "In Dark Times, 'Dirty Hands' Can Still Do Good"（*The New York*

Times, Dec. 4, 2017)。

(12) ＢＣＡの記録によれば、草田先生は一九六八年から一九八三年まで一五年間にわたりＩＢＳの所長を務められた。その後、Berkeley仏教寺院の開教使をお勤めの間もＩＢＳの運営にご尽力され、一九九一年に開教使をご退任された後もＩＢＳの兼任教授として勤式作法などを中心に学生の指導にあたられた。

(13) アイドマン先生のミドルネームはKarlであるので、正しくはＰ．Ｃ．ではなくＰ．Ｋ．とすべきところである。

(14) 「学界彙報」『真宗学』九（一九五三）、九六頁。

(15) アイドマン先生が埋葬されているサンフランシスコ近郊のゴールデンゲート国立墓地には米国陸軍の上等兵として従軍されていたことが記されている。

(16) *A Catechism of the Shin Sect* (*Buddhism*), translated by A.K. Reischauer (Honolulu: Publishing Bureau of Hongwanji Mission, 1921).

(17) *A Catechism of the Shin Sect: Nishimoto's Shinshu Hyakuwa*, edited and annotated by Phillip Karl Eidman (Saint Paul, MN: Twin City YBA, 1948).

(18) 『真宗学』五（一九五一）の編集後記のページを参照。

(19) アイドマン先生は帰国の際に、開教使として赴任されたのではなく、バークレーにＩＢＳが開設されるまでは、一九六五年に立ち上げられたShin Buddhist Fellowship of Sunnyvaleという独自の組織を運営されていたようである。またＩＢＳの組織に対しても、比較的フリーな立場（どちらかというと草田所長のコンサルタント的なポジション）で関わっておられたようであるので、ＩＢＳやＢＣＡの公式な記録などにはその事績はあまり詳しく知られていない。

(20) アイドマン先生が帰国された際に、その後IBSの初代所長となられた草田春好先生も共にアメリカに渡られ、アイドマン先生と共にShin Buddhist Fellowship of Sunnyvaleの運営に協力されていたようである。これは私が留学中に草田先生から直接お聞きしたことであるが、草田先生は当時大学院の仏教学専攻で華厳学を学んでおられ、陸軍でポリオに罹患されたせいで車椅子生活をされていたアイドマン先生の介助を、その当時からされていたとのことで、お二人の交流はアイドマン先生の京都留学時代に遡るご縁であったことが知られる。

(21) 五十嵐大策「安心論題の意義」『印度学仏教学研究』三〇（一九八一）二〇一頁。

(22) プリンストン大学に提出された博士論文はGalen Dean Amstutz, "The Honganji institution, 1500-1570: The politics of Pure Land Buddhism in late medieval Japan" (Ph.D. Dissertation: Princeton University, 1992)．真宗学に関連する主著には*Interpreting Amida: History and Orientalism in the Study of Pure Land Buddhism* (Albany, NY: State University of New York Press, 1997) がある。『真宗学』に掲載されている「真宗学講義題目」の記録によれば、アムスタッツ先生は二〇〇五・二〇〇六年に真宗学科のご講義を担当されている。

(23) 『真宗学』二一（一九五九）、九六頁。

(24) ハーバード大学に提出された学位論文"Shinran: His Life and Thought"（一九六三）は、その後、*Shinran's Gospel of Pure Grace*として一九六五年に出版されている。藤原凌雪先生は先述の論文の中でブルーム先生の著書の出版について簡単に触れられているが（一四九頁、註六）、おそらくこの時点ではその後ブルーム先生がIBSの学院長になられることは想像だにしておられなかったことであろう。

(25) 私が龍大の院生であった頃も、IBSの修了生を中心に、多くの龍谷大学の真宗学の修士課程に留学している。たとえば、私が龍大の院生時代に修士課程に留学されていた方の中には、現在BCAの

開教総長であるマービン原田開教使や現在ＩＢＳの所長をお勤めであるデービッド松本開教使なども
おられる。ＩＢＳの修了生以外では、ハワイ開教総長をお勤めになったエリック松本開教使も大学院
に在籍されていたことを記憶している。

(26) 近年の留学生の中では、いずれもＩＢＳの修士課程を終了後、龍谷大学大学院に進学したMutsumi Fujiwara Wondra開教使とTakashi Miyaji開教使は、真宗学専攻で博士号を取得しアメリカに帰国後、現在どちらもＩＢＳの教員として活躍されている。

『教行信証』の研究動向と展望

武田　晋

はじめに

浄土真宗の根本聖典であり、親鸞聖人（以下、敬称を略す）の主著である『顕浄土真実教行証文類』（以下、『教行信証』と略称す）について、真宗学（拙論では龍谷大学での真宗学を意味する）百年の歴史の中で、いかに研究が進展してきたかを点描し、今後の展望について述べる。

一　「宗乗」時代の研究手法

親鸞没後の『教行信証』研究が、著作として残されるのは、嘉暦三年（一三二八）の報恩講に合わせて著述された『教行信証大意』からであろう。時に、覚如（一二七〇～一三五一）は五十九歳である（著者については存覚説も存在する）。

しかれば、当流聖人の一義には、教・行・信・証といへる一段の名目をたて、一宗の規模として、この宗をばひらかれたるところなり。このゆへに親鸞聖人、一部六巻の書をつくりて『教行信証文類』と号して、くはしくこの一流の教相をあらはしたまへり。

（『聖典全書』四・三五七～三五八頁）

と、浄土真宗を開いた書物として位置付けられており、『教行信証』を「立教開宗の根本聖典」とする視座は、以後の研究においても踏襲されている。(1) しかしながら、この著は『教行信証』に顕された浄土真宗教義の綱格を簡略に解説された小書であることから、本格的な研究註釈書は存覚（一二九〇～一三七三）の『六要鈔』になるであろう。

『六要鈔』は、その著述内容に了慧（一二四三～一三三〇）の『無量寿経鈔』からの依用箇所が随所にみられる点など、浄土異流や通仏教への意識が高いが、字書や韻書を引用するなど訓詁的註釈の先駆けともいえる。

存覚以降は、目立った著述がなく、浄土真宗本願寺派（以下「本願寺派」と略称す）という宗門内で『教行信証』研鑽が本格的になるのは、学寮創設がなされた江戸期からであろう。代表的な講義録としては以下の著作を列挙できる。

『教行信証文類樹心録』（一七六〇年頃）　智暹（一七〇二～一七六八）『真宗全書』三六巻
『本典一渧録』（一七七三～一七七六）　僧鎔（一七二三～一七八三）『真宗叢書』八巻
『顕浄土真実教行証文類頂戴録』（一七八三）　柔遠（一七四二～一七九八）『真宗叢書』七巻
『顕浄土真実教行証文類光融録』（一七九〇～一七九三）　玄智（一七三四～一七九四）『真宗全書』二十四巻

～二十五巻

『教行信証集成記』（一八二〇～一八二三）　芳英（一七六三～一八二八）『真宗全書』三十二巻～三十三巻

『教行信証文類随聞記』（一八二二～一八二三）　僧叡（一七六二～一八二六）『真宗全書』二十六巻～二十九巻

『顕浄土教行証文類敬信記』（一八四八～一）　善譲（一八〇六～一八八六）『真宗全書』三十巻～三十一巻

『本典仰信録』（一八八七～一八九七）　円月（一八一八～一九〇二）『真宗叢書』七巻

『教行信証摘解』（一八九一）　義山（一八二四～一九一〇）『真宗叢書』八巻～九巻

これらの講録は、それぞれに解釈の特徴があるが、今簡略に全体の研究方法を纏めてみる。第一に、『教行信証』を構造的に解明しようと綿密な科段を作成している。これに影響を与えたのは『六要鈔』（『聖典全書』四・九九九頁）の「序分」「正宗分」「流通分」という三分科であるが、『六要鈔』では全六巻の関係については詳述されていない。この課題に早くに応えたのは、蓮如以降の相伝教学である。『相伝義書』「深解科文」（『相伝叢書』第一巻）では、「証巻」前半までを往相回向に、以降を還相回向に配当する「往還分科」が示される。(2)だが、『教行信証』は二種回向を基準として各巻が構成されている訳ではない。これに一定の指針を与えたのが、智暹『樹心録』で、前五巻を真実の巻、「化身土巻」

を方便の巻とする「真仮分科」である。『樹心録』の影響を受けた大谷派の深励（一七四九～一八一七）『広文類会読記』も同様の分科を立てている。

しかしながら、「真仮分科」や細科を設けた構造理解は、後の研究に固定化を招いた点も否めない。例えば、親鸞聖人七百五十回大遠忌に際して本願寺派より刊行された『『顕浄土真実教行証文類』解説論集』においても「真仮分科」により解説される。

第二に、非常に訓詁学的である点である。一語一語の訓詁註釈に労をさいている点は現在も非常に参考となり敬服すべき点である。一方で、文脈の流れやその意図を理解する点では煩雑となった面もある。

第三に、特に三業惑乱以降、異義異安心を意識して、自由な研究手法が取りにくくなったように考えられる。円月『宗要百論題』などは、主要論題を体系的に取りあげたものであるが、後に宗門の教権主義的な制約を受けた。

ここから一歩を踏み出そうとしたのが、真宗学誕生以前の前田慧雲（一八五七～一九三〇）で、「宗学研究法に就いて」（『六條学報』六、明治三十四年〈一九〇一〉）において、従来の研究手法を批判し、歴史実証主義と自由討究による近代化を提唱している。この実証研究から惹起されたのが、後の『教行信証』真筆論争で、坂東本のみが唯一の親鸞真筆本（真蹟）であり、その思考形成や加筆訂正の痕跡が窺える。江戸期講録は、刻本された刊本の寛永本（寛永十三〈一六三六〉年）、明暦本（明暦三〈一六五七〉年）や寛文本（寛文九〈一六六九〉年）を参考に講義され、坂東本や古写本等にある書誌の特徴を参考とした研究手法を有していなかった。したがって、真筆本確定は『教行信証』研鑽に大きな進展をもたらした。

二　『教行信証』研究の近代化

初期真宗学では、坂東本、西本願寺本及び専修寺本の三本は、疑問がもたれながらも共に親鸞真筆本として研究がスタートしている。そんな中で、『六條学報』に『教行信証』の校訂を連載したのが中井玄道（一八七八～一九四五）である。中井は、それまでの刻本を校訂し善本を作らんと試みた。十七本もの諸本を校訂して失明するほどで、その成果は『顕浄土真実教行證文類』（中井玄道校訂、龍谷大学、一九二〇）として結集している。その附録には、異本解説、校正標異、引文体例、引文一覧、及び索引の五篇を載せている。

また、真宗学誕生の大正十二年（一九二三）には、親鸞聖人立教開宗七百年として『教行信証』研究が一つの転機を迎える。その前年には、坂東本影印本が東本願寺より刊行された（後に法藏館より複製写真本も刊行）。『教行信証』を立教開宗の書として、真宗十派が連合して研鑽していくという課題の中で、研究にも一層の力が入ってくる。さまざまな雑誌で『教行信証』研究が大きな広がりをみせた。

大正十三年（一九二四）秋よりは、是山慧覚・花田凌雲を指導講師とし、『教行信証』の註釈研鑽が進められた。そして、後に御子神恵龍と宗学院同人によって編纂された註釈書が『本典研鑽集記』で、昭和十二年（一九三七）に刊行されることとなる。真宗学では同時に、『教行信証』引用の経論釈引文の研究が進んでくる。杉紫朗、源哲勝、小山法城、玉置韜晃、鈴木法琛、薗田宗恵、梅原眞隆、鷲尾教導、湯次了榮、大江淳誠らが、『六條学報』に立て続けに諸引文の研究を発表している。ここにも一定の成果と課題が残った。即ち、引文を一旦は元の経論釈の当面の読みや意図に戻して理解しようとした手法である。親鸞における諸経論の影響や引文原典の思想解明は進展したが、親鸞による読み替えや訓読による文脈の流れからの意味把握には不充分な点も残った。研究方法論が模索されていた時期でもある。

この間、東京大学の結城令聞（一九〇二～一九九二）による「信巻」別撰説が問題となった。この問題については、既に「敗戦後の真宗学（親鸞教義の深化：信巻別選説との関連（石田充之））」で詳述されるが、大江淳誠を始めとした真宗学からの対論が活発になされた。(3)

ところで、雑誌『真宗学』第一号が発刊となった昭和三年（一九二八）には、弓波瑞明（一八六七～一九三二）が「教権と自由討究に就いて」と題して論を寄せている。伝統的教学と学問的研究の軋轢である。この後『真宗学』では、念仏観、人間観、浄土観といった各論に関する研究が中心となっていく。

第二次世界大戦時頃には、異分野の学問からの影響が現れ始める。日本の代表的な思想家や哲学者、特に西田幾多郎（一八七〇～一九四五）や田辺元（一八八五～一九六二）といった京都学派の哲学者が、『教行信証』を哲学的に追求した。信仰面からは「三願転入」などが注目され、『教行信証』研究が宗教哲学や倫理学からも注目されるようになっていく。龍谷大学では、宗教哲学を専門とした星野元豊（一九〇九～二〇〇一）が『講解教行信証』を出版し、京都学派の影響を受ける哲学者の石田慶和（一九二八～二〇一七）が研究書を出版するに到る。また、比較思想の立場から、武田龍精が西田哲学と親鸞思想を研究し、『教行信証』を哲学的に究明しようとした。

『教行信証』の組織や構造については、林水月「本典の組織に就ての一考察」、大江淳誠「教行信証文類の展望」（昭和二十七年、一九五二年）などの論考があるが、「行巻」研究を中心としながら、『教行信証』を獲信の構造を組織的に述べたものとして捉えて、その文脈や流れを重視したのが岡亮二（一九三三～二〇〇七）の「『教行信証』序説―親鸞の「信」の構造―」（『真宗学』七五―七六合併号、一九八七年）で、後に出版された『教行信証口述50講』（教育新潮社一九九三年）は、その成果でもある。

また、親鸞聖人七五〇回大遠忌法要（二〇一一）を記念して、各派の所蔵する鎌倉三本といわれた『教行信証』の複製や写真版が出版されると、新しい研鑽の高まりを見せ始める。諸本の書誌的研究や思想形成をめぐる研究である。坂東本に新たに角点が発見されるなど、それらの研究は途上にあるといえよう。

三　展望（結びにかえて）

真宗学百周年の二〇二三年、立教開宗八〇〇年を迎えるが、『教行信証』研究方法を新たにする基点の年だと指摘する声もある。『教行信証』における親鸞当時の文言や表現、思想的な背景を、他の学問分野の文献や影響を踏まえて一層学際的に研究する時代に入っている。最近、仏教学分野では、AIを活用した研究も始まった。例えば、言語処理におけるNグラムを利用した同時代他分野文献の表現との比較研究などである。こういった学際的な研究で、立体的に『教行信証』が究明されていくことになろう。

また、『教行信証』が普遍的な救済を体系的に説いた書物であるならば、それは諸外国の人びとにも多く読まれるべきであろう。その際に、聖典翻訳作業の進展と共に、『教行信証』アプローチの一定の指針となる面をどう提示するのかが問われよう。従来、『教行信証』は研究者の問題意識から問われた。教学書として問うのか、信仰書として問うのか、広く伝道書として問うのかといった問題である。ある程度の研究指針を諸原語で海外に提示すべき時期が当来しているのではなかろうか。

註

（1）覚如は『教行信証』と鏡の御影を大町の如道（一二五三～一三四〇）に伝授している点からも主著としての重要性を認識していた。

（2）この「相伝」については、『相伝叢書』月報で藤元正樹が述べるように、蓮如における覚如教学の伝統であり、存覚の教学批判でもある。従って、純粋な『教行信証』研鑽とはいいきれない面がある。また、本願寺派では寂如（一六五一～一七二五）によって相伝教学が禁制されている。

（3）撰述をめぐる問題を扱ったものに、慶華文化研究会編『教行信証撰述の研究』（百華苑、昭和二十九年（一九五四）初版）がある。林智康らの協力の元に再版（平成六年、一九九四年）されている。

空間のメタファー
――親鸞における内外のメタファー[1]――

杉岡孝紀

一　真宗学と解釈

真宗学とは伝承された聖教の解釈を通して、自己と世界とを了解する解釈学的な性格をもつ。真宗学の学的営為は解釈にこそあり、解釈者はつねに自身の時代状況に対する確かな感受性を持つことが要求される。正しい聖教の理解は著者の意図を探り、感情移入することに第一義があるのではなく、誤った先入見と威圧によるイデオロギーの影響を排除して、正しい先入見に導かれ聖教が語りかける真実を現在において理解することである[2]。

近代以降、親鸞思想の研究は龍谷大学では真宗学だけではなく歴史学の領域でも進展してきた。しばしば歴史学者は、「親鸞の思想は彼が生きた中世という時代、その当時の歴史状況に身を置くことによって初めて正しく理解することができる」という。しかし注意したいのは、私たちは決して親鸞と同時代人になることはできないということである。なぜならば、親鸞が時代の制約を受けているのであれば、私たちも同様に歴史の内に制限されているからである。それにもかかわらず、現代の研究者だけが例外的に時間を抜け出し、親鸞の時代に入り込むことが可能なのであろうか。それは余りにロマンチックな研究方法だと思われる。真宗学において大切なことは、目の前に聖教が伝承されて存在しているという事実にこそある。ここに隔絶した過去と現代とが溶融し、仏・菩薩が顕現した聖人としての親鸞と私との対話が成立する。

二　親鸞とメタファー

本稿で〈メタファー〉を取り上げる理由は、p・リクールが隠喩理論を明晰に論じた『生きた隠喩』（一九七五年）並びに『解釈の革新』（一九九四年）で述べるように、メタファーはそれ自体で成立するのではなく、解釈によって成立するものだからである。したがって、メタファーの解釈に関して議論される事柄は、真宗学における聖教の解釈をめぐる問題の解決にも有用だと考えられる。ここでは、G・レイコフ以降[3]の研究者が提示する「空間のメタファー」という概念について考察を試みる[4]。

さて、『教行証文類』には「…の如し」という表現がおよそ三五〇ある。「ごとし」は「若し」「猶し」「如似し」「猶如し」とも記され、それらは一〇数例ある。三五〇余りの「ごとし」は全てが比喩指標を伴った直喩だとは言えない。単に前文を承けて「…の如し」と記すものや、「是の如し」の「是」が示す内容が後に述べられる例も含まれる。また経・論の名を挙げて「…に云ふが如し」という場合、さらに善導「序分義」の引用文に見る「如是」の釈もある。そうした中で、明らかにメタファーだと考えられるのはおよそ一〇〇ある。

例えば、「行文類」一乗海釈には「…の如し」という表現が頻出する。[5] 他力釈には「譬へば、阿修羅の琴の鼓する者なしと雖も、音曲自然なるが如し」(二、五一頁)、また「劣夫の驢に跨て上らざれども、転輪王の行くに従へば、すなはち虚空に乗じて四天下に遊ぶに障礙するところなきが如し」(二、五三頁)と述べられる。また、「信文類」末に引用される『涅槃経』の阿闍世の回心物語の中で、釈尊が阿闍世に説法する場面には直喩が連続する。すなわち、釈尊は父王を殺害して心身共に苦悩する阿闍世に対して、「殺」が実に非ざるものであることを種々に喩えて「…の如し」(二、一一七〜一一八頁)と繰り返す。また『教行証文類』には「譬へば」と冠して、メタファーが述べられる例が四十二ある。その内、御自釈に現れるのは「正信念仏偈」の「譬へば日光の雲霧に覆るれども雲霧の下、明らかにして闇なきが如し」(二、六一頁)という句がよく知られているが、その他は引用文の中に見られる。さらに、「譬喩」という名詞は二例あり、「二河譬」に見られる。なお、和語聖教には「如し」という比喩指標を用いたメタファーの例は見当らないが、「譬へば」という語句が四例あり、『歎異抄』第十三条には「たとへばひと千人ころしてんや、しかれば往生は一定と知るべし」(二、一〇六四頁)とある。また「たとふ(譬ふ・喩ふ)」という動詞は四〇程ある。

以上から、親鸞には「海」「河」「水」「波」「山」「樹」「蓮華」「道」「雲」「霧」「日月」「光」「闇」など自然をメタファーとして用いた例が多い。しかし、これは親鸞特有なものと言うより、様々な宗教におけるメタファーの使用例を見ると、対象を身近な自然に喩えることは人間の認識システムとして一般的なことだと考えた方が適切であろう。[6] その他、当時身近な「父母と子」「王と臣」などの関係、あるいは「薬と毒」の喩えも見られる。

なお、広義のメタファーではなく比喩指標を用いない厳密な意味での隠喩（暗喩）としてのメタファーの例だけを聖教から拾い出す作業は容易ではない。例えば、『唯信鈔文意』の「阿弥陀仏は光明なり」（七〇三頁）は典型的な隠喩であるが――「光明の如し」と表現された場合は直喩――、どこまでがメタファーなのか判断が難しいからである。特に「空間のメタファー」を聖教から探すことは難しい。仏教ではモノ・コトのあり方は因果関係（縁起）に基づいて成立し、一切は空であると理解されるが、一般的には何かが存在するということの第一歩は空間内にモノ・コトが一定の位置を占めることとして把握されている。そして、その位置表現の代表が「内」と「外」という区別である。内外を明確に区別することによってモノの位置が定まるからである。

瀬戸賢一の説明に従えば、私たちは「言葉のなかに意味がある」という表現を使うが、この「言葉のなかに」の「中に」には前提として「内」と「外」との区別がなければならない(7)。これは、私たちが言葉をある種の「入れ物」に見立てている――「見立てる」こと自体がメタファーであるが――ということがなければ成立しない。そして仏教において根本的な問題となる「こころ」も同様に、しばしば入れ物に見立てられる。それは「心の底」や「深いこころ」、反対に「浅いこころ」といった表現からも明らかであり、また唯識におけるアラヤ識は「蔵識」とも称される。「こころ」は透明な箱のようなものだという理解がここにある。だから心に満ちるものがある。

したがって、親鸞が「信文類」に「散善義」三心釈を承けながら、それを読み替え、至誠心（真実心）の「内」と「外」との関係を説示する一連の文は明らかに「空間のメタファー」の例だと見ることができる。空間のメタファーは「内・外」の関係だけではなく、他に「上・下」「前・後」「左・右」、そして「竪・横」という関係も該当すると考えることができる。このような理解に至ると、『教行証文類』をはじめ聖教には網目状にメタファーが連なっているのであり、逆にメタファーでない文を探すことの方が難しくなる。

三　親鸞における空間のメタファー

親鸞が『教行証文類』において論理的・体系的に明らかにした他力回向の救済構造は、本来あるはずのないものがあるはずのないところに生じたとしか言いようのない体験に基づいている。それは「信文類」後半に引用された『涅槃経』における阿闍世の回心の物語で「無根の信」（二、一一八頁）と象徴的に表現される。それはまた換言すれば、自己の内に自己ならざるもの、すなわち「非自己」＝「絶対他者」を発見した驚きと慶びと言ってよいであろう。浄土教の歴史は慧の深化であるとも言われるように、真実に照射されて自己の罪悪深重なる姿に深く気付かされていく歴史でもある。善導は「散善義」深心釈に「罪悪生死の凡夫」（一、七六二頁）といい、源信は『往生要集』巻上に「予が如き頑魯の者」（一、一〇一二頁）といい、さらに法然は「諸人伝説の詞」（『和語灯録』巻五所収）の中で自らを「十悪の法然房」（六、六〇六頁）、また「愚痴の法然房」（同上）と称した。そして親鸞は流罪を機に「愚禿」と名乗り、『歎異抄』第三条には悪人の自覚をもって「煩悩具足のわれら」（二、

一〇五五頁）と表白された。さらに親鸞は『愚禿鈔』上・下の冒頭に、

賢者の信を聞きて、愚禿が心を顕はす。賢者の信は、内は賢にして外は愚なり。愚禿が心は、内は愚にして外は賢なり。（二、二八三頁・二九三頁）

と述べている。賢者の信は、内は賢で外は愚である。それに対して愚禿（親鸞）の心は、内面は愚であり、外面は賢であるという。ここにいう賢者とは法然を指すと考えられる。先に、存在を語るためには空間のメタファーが必要であり、その位置表現の代表は「内」と「外」であると述べたが、善導は念仏を称えるものは必ず真実心を具えなければならないと教えている。そして真実心の存在を「内」「外」の関係において説明するのである。

すなわち、「散善義」によれば、至誠心（真実心）とは、「外に賢善精進の相を現じ、内に虚仮を懐くことを得ざれ」（一、七六一頁）と述べられる。外に賢善精進の相を現ずるのであれば、内心もまた賢善精進でなければならない。法然は善導のこれを受けて『選択集』三心釈に、真実心とは内と外とを一致させて不調があってはならないと説く。しかし、『三部経大意』には「もしかの釈のごとく、一切の菩薩とおなじく、諸悪をすて行住坐臥に真実をもちゐるは悪人にあらず、煩悩をはなれたるものなるべし」（三、一〇八九〜一〇九〇頁）といい、悪人たる凡夫が菩薩のように真実心を得ることは容易ではないとも指摘する。さらに、法然は『往生大要抄』三心釈（『和語灯録』巻一所収）では、善導には見られない独自の解釈を述べている。すなわち、

一には、ほかをかざりてうちにはむなしき人。二にはほかをもかざらずうちもむなしき人。三には、

ほかはむなしく見えて、うちはま事ある人。四には、ほかにもまことをあらはし、うちにもまことある人。かくのごときの四人のなかには、さきの二人をば、ともに虚仮の行者といふべし。のちの二人をばともに真実の行者といふべし。しかれば、たゞ外相の賢愚・善悪をばゑらばず、内心の邪正・迷悟によるべき也。およそこの真実の心は、人ことに具しがたく、事にふれてかけやすき心ばへなり。おろかにはかなしといましめられたるやうもあることはり也。（六、四二五頁）

ここには、内外虚実の相対について四種の衆生が説かれる。一つは、外は賢善精進の相で内は虚仮の心をもつ者（外賢内虚）。二つは、外も愚悪懈怠の相で内も虚仮の心をもつ者（内外倶虚）。三つには、外は虚仮に見えても内には真実の心がある者（外愚内実）。四つには、外に賢善精進の相で内にも真実の心がある者（内外倶実）である。この中、後の二者を真実の行者と呼ぶのであり、内に真実があれば、外相はいずれであってもよく、外相より内心が大切であることを、この文の後に放逸を慎むべきことを付して述べている。また「上野大胡太郎実秀のご返事」（『西方指南抄』巻下本所収）にも、

内にはおろかにして、外にはかしこき人とおもはれむとふるまひ、内には悪をつくりて、外には善人のよしをしめし、内には懈怠にして、外には精進の相を現ずるを、実ならぬこゝろとは申す也。内にも外にも、たゞあるまゝにて、かざるこゝろなきを、至誠心とはなづけたるにこそ候めれ。（三、九九四頁）

と内外ともに愚悪なままに飾ることなく、そのままの姿で本願に帰して念仏することの大切さが説かれる。これによれば、法然は外の相には賢・愚を問うていないと理解することができる。

親鸞は法然が言うこの「あるがままの飾らない姿」を突き詰めたのだと考えられる。すなわち、親鸞は法然の信が「内は賢にして外は愚なり」と聞いて、自分自身の心を見つめた時にそれとは全く逆の「内は愚にして外は賢」である姿が顕わになった。真の仏弟子の有り様が明らかになればなるほど、その道理に照らして自らを深く顧みるとき、それとは遠く離れた真実ならざる姿が知らされたのである。したがって親鸞は「信文類」に「外に賢善精進の相を現ずることを得ざれ、内に虚仮を懐いて」（二、七一頁）と語り、『愚禿鈔』に「外に賢善精進の相を現ずることを得ざれ、内に虚仮を懐ければなり」（二、二九三頁）と領解されたのである。したがって、親鸞は善導の至誠心釈を読み替えたというより、法然の言葉を通して顕わになった、如来の内外明闇を問わない真実心をもちいるしか救いの道がない、ありのままの自身の姿を述べたと言うべきであろう。

以上のように、内外という空間のメタファーは真実の「心」を表象するのに適当であり、またこの空間のメタファーによってこそ、親鸞思想の特徴が鮮明化されていると言える。阿弥陀仏は私たちにとっては絶対的に他なるものとして外にありつつ、しかも現に私の無明煩悩にはたらいている。言い換えれば、「他」は常に「内」にはたらきつつ、どこまでも「外」にあると表現されるところに他力回向の真髄がある。

この他、内外のメタファーに関しては、「正像末和讃」に「外儀は仏教のすがたにて　内心外道を帰敬せり」（二、五二〇頁）と外儀と内心とを対にした表現例がある。また、紙数の都合で詳細には述べることができないが、仏教では仏教から見た他者を外道と称し、あるいは内典・外典といった言葉も用いられる。

四　メタファーとシンボル

メタファーと類似するものとして象徴（シンボル）がある。両者には共通点と相違点がある。相違点は、メタファーは言語の領域の問題であるのに対して、象徴は非言語的次元と言語的次元という二つの言述レヴェルを結びつけるものであるという点である。象徴のはたらきは仏教用語では善巧方便に近い。(9) また共通点としては、P・リクールが指摘する次の点に注意しておきたい。すなわち、「言葉と象徴」に次のように述べられる。

人類は、最も原始的な次元におけるメタファーの組織を支配する、ある直接的な象徴作用についての基本的な経験をもっているかのように思われる。この根源的な象徴作用は、高さと深さ、前方と後方、天の光景と地上の位置、家と道、火と風、石と水等々にかかわるもので、世界の内における人間の最も普遍的な在り方から切り離せないものである。(9)

高さと深さ、前方と後方、天と地、上と下といった在り方は「空間のメタファー」と重なる。重なるというのは、象徴がもっている豊かな内容をメタファーは類比という言語表現でもって言語化しているということである。それは、P・ティリッヒが『宗教的象徴』の中で明らかにした象徴に関わる四つの特徴、すなわち「非本来性」・「観照性」「自力性」・「是認性（承認性）」を想起する時にいよいよ明らかになる。

ティリッヒに従えば、「非本来性」とは、象徴は自らを越えて究極的・超越的な真実を指示しているということである。「観照性」とは、超越的なものが象徴によって観照にまで、そしてそれと共に対象性にまでもたらされることを意味する。「自力性」とは、仏教でいう「自力」とは異なる概念で、象徴はそれ自体でダイナミックに活動するものだということである。私たちは象徴によってはじめて超越的存在と出遇うことができるのであって、その意味では象徴は私たちの心までも開示するのである。したがって、象徴はそれが指示しているものと内的必然的な関連性を持っていることになる。だから、象徴は恣意的には交換することはできない。象徴は生み出されるものであって、その力を失えば消失することになる。「是認性（承認性）」は、象徴は歴史的社会的な状況の中で必然的に成立してきたものであるから、時代と社会の中で再解釈されなければならないということである。この点もメタファーと重なるが、しかし言語の領域にあるメタファーの変化に比べ、象徴の変化のスピードは遅い(10)。

以上のように、象徴とメタファーを比較して見ると、象徴はメタファーを通して言語の領域に顕現していると言える。象徴は多義的であり、メタファーは必ずしもそうではないのはそのためである。かくして、メタファーは象徴の経験によってはたらくように要請されていて、本来別の範疇に属する二つのものを「近づける」という形で満たしているのである。しかもメタファーは単なる言葉の代替ではないので、現実に対して新しいことを語り、また教えている。ここに真宗学を学ぶものが象徴の前段階としてメタファーに関心を寄せるべき根拠があり、本稿の始めに、真宗学は聖教の解釈を通して自己と世界とを了解する解釈学的な性格をもつと述べた理由がある。

註

（1）本稿は、二〇一七年度大谷大学真宗学会大会（二〇一七年一一月二日開催）での講演、「親鸞のメタファーと解釈」に修正を加えて論文にしたものである。講演録は『親鸞教学』（一一二号、二〇二〇年）を参照。

（2）拙著『親鸞の解釈と方法』（法藏館、二〇一一年）一三三〜五六頁。

（3）G・レイコフ・M・ジョンソン "Metaphors we live by"（一九八〇年。渡辺昇一・楠瀬淳三・下谷和幸訳『レトリックと人生』（大修館書店、一九八六年）が発表されて、メタファーによる言語表現が何らかの概念を理解する際の認知構造に深く根差していることが明らかとなった。

（4）筆者はこれまでに親鸞の「光（明）」「海」「二河白道」「父母」というメタファーについて考察をした。詳細は、「親鸞における「海」のメタファー」（『真宗学』一一一・一一二合併号、二〇〇五年）、前掲『親鸞の解釈と方法』第二部所収論文を参照。

（5）『聖典全書』二、五四〜五六頁。以下『聖典全書』からの引用は本文中に巻数と頁数のみ記す。

（6）M・エリアーデ『イメージとシンボル』（前田耕作訳『エリアーデ著作集』四巻、せりか書房、一九七一年）参照。

（7）瀬戸賢一『メタファー思考―意味と認識のしくみ―』（講談社代新書、一九九五年）、一三頁。

（8）拙稿「メタファーとモデルと方便の意義」（『真宗研究』五四号、二〇一〇年）参照。

（9）P・リクール「言葉と象徴」（久米博・清水誠・久重忠夫編訳『解釈の革新』白水社、一九九四年）、一三四頁。リクールの隠喩論が体系的に述べられた本に久米博訳『生きた隠喩』（岩波書店、一九八四年）がある。

（10）P・ティリッヒ「宗教的象徴」（野呂芳男訳『ティリッヒ著作集　四』白水社、一九七九年）、二七六～三〇二頁。その他、ティリッヒの象徴論としては、谷口美智雄訳『信仰の本質と動態』（新教出版社、一九六一年）参照。また、ティリッヒの象徴研究としては芦名定道『ティリッヒと現代宗教論』（北樹出版、一九九四年）第四章「象徴と宗教言語」が詳しく参考となった。

真宗学としての教理史研究
――極私的学び体験を通して――

殿内　恒

真宗学という壁

振り返ってみれば、当初は何一つ理解できなかったことを思い出す。何がというと真宗が、ではなく真宗学が、である。それまで一年間、生涯で最も真剣に学んできた中、真宗の根本には触れてきたという自負のもと、大学院で真宗学を学び始めた時のことだった。

真宗との出会いに恵まれたのは、大阪の高槻にある行信教校でのことである。龍谷大学の大学院入試で不合格となり、学部卒業後に一年間通ったのが、行信教校に併設された行信仏教学院だった。そこで一九八九年、真宗という教えが持つこの上ない意義に、文字通り蒙を啓かれた。それまで自坊の法要にもろくに参加せず、仏教とは無縁の分野ばかり学んできた中、生意気にも学問自体の意義すら見失っていた自身の前に、突如、学問として学ぶ意味があると確信できる、間違いのないものとして真宗の教えが立ち現れたのである。そしてその教えに出会った自身が、学問的に解明したいと最初に思ったのが「他力回向」の教理だった。

一九九〇年春、ようやく合格した大学院で普賢晃壽先生のゼミに所属し、その年に始まった「化身土文類」の輪読で受けた最初の印象が、冒頭に記した思いである。真宗という教えの意義、価値については、基礎的な学びの中で深く確信を持ちつつ、しかし当時、伝統的な教学理解があまりにも不足していた自分にとって、「化身土文類」に関する宗学の蓄積はあまりに膨大かつ難解なものでしかなく、ひいては行信論を中心とする伝統的な真宗学に、とうてい自分の理解は及び得なかった。そうした中、その自分にも何とか取り組むことができそうな、いわば真宗学のとっかかりと思えたテーマが、「他力回向」の教理史的な研究だったのである。

それから三十数年を経た現在、真宗の学びの場に身を置き続けられていることは、まさに僥倖という他ない。本稿では、その自身が触れてきた学びという極私的な体験を通して、真宗学としての教理史研究のあり方について考えてみたい。

当面義への志向

「浄土真宗」とは「本願力回向」である。であれば「本願力回向」すなわち「他力回向」が分かれば、「浄土真宗」が分かる。『略典』との対照による「教文類」冒頭の文の解説に触れた中、短絡的にこう思い込んだ自分にとって、「他力回向」は真宗学における究極の研究課題だった。そして、大学院で伝統的な真宗学に圧倒された中、まず「他力回向」の成立背景、親鸞がこの教理を説くに至った思想背景についての研究を志したのであり、そこで最初は、親鸞にまで至る教理的展開の解明に向け、「他力回向説の研究」を研究課題として掲げたものの、建前としては論文紙幅の問題、本音としては親鸞教義への理解不足から、最終的に、修士論文の題目を「曇鸞教学における他力思想の研究」とし、他力回向説の源泉を曇鸞に求める研究から、教理史研究の緒に就くこととなる。

偶然その頃、普賢ゼミの先輩を通じたアルバイトで、曇鸞関係の雑誌論文を網羅的に複写収集するという作業に携わり、その中で、先輩が作成した曇鸞関係の論文リストと収集した論文一式を入手するという幸運に恵まれる。結果、先行研究に一通り目を通すことができたのだが、そこで触れた曇鸞教学の内容は、どこか曖昧で不透明な印象のものだった。それは主に当時の教理史が、伝統的な真宗学における教義解釈を大前提に持つ、いわゆる当面義の研究としては不徹底なものだったことによるが、そのことはまた、宗祖義による訓点が付された『真宗聖教全書』の「三経七祖部」以外、基礎資料がほとんどなかった、当時の資料的制約の結果ともいえる。実のところ、七祖聖教の当面義に触れることのできる基礎資料としては『浄土宗全書』がかろうじてその任に堪える程度であり、『浄土真宗聖典　七祖篇』（以下、『七祖篇』）が出版されたのは一九九二年三月、ちょうど自身が修士課程を修了した時のことである（『七祖篇』の「註釈版」は一九九六年の出版）。こうした資料的に困難な状況下にあって、当面義を何とか把握したいというのが、修士課程時の教理史研究における大きな課題だったのである。

当時、曇鸞教学の研究で用いられる講録としては、香月院深励『浄土論註講義』、是山恵覚『往生論註講義』が双璧とされ、曇鸞を含む教理史分野の研究では、神子上恵龍『弥陀身土思想の展開』『真宗学の根本問題』、そして学部講義「浄土教理史」のテキストにも指定されていた石田充之『浄土教理史』が必携の参考文献とされていた。これら先学の研究に導かれ、というより何とかその内容理解に努めることで曇鸞教学を把握しようとした中、個人的にもっとも有益だったのは、基本的に当面義で解説されていた早島鏡正・大谷光真『仏典講座　浄土論註』である。あわせて、仏教史学の立場で著された『塚本善隆著作集』や野上俊静『中国浄土三祖伝』等により、同時代の中国仏教と曇鸞の人物像にも触れながら、もっぱら曇鸞『往生論註』の原文読解に取り組んだ結果、何とか自分なりに修士論文を形にし、博士課程に進学することとなる。

聖典編纂と文献学

参考文献はあくまで参考文献であり、原文を超える価値を持つものではない。当然の内容ではあるが、しかしこの意識は、当時の自身にとって重要な意義を持っていた。一九九二年に博士課程に進学した頃、一般にはこのことが必ずしも意識されていなかったと思われる中、参考文献の解釈に左右されることなく、可能な限り原文の内容をその通りに読解していくことが、当面義の把握を目指す自身の研究において不可欠の姿勢だったのである。

そしてこの姿勢のもと、進学と同時に携わる事になったのが、本願寺における聖典編纂である。当時は、教学研究所（後に「教学伝道研究センター」を経て現「総合研究所」）内の聖典編纂委員会から『七祖篇』が出版されたばかりで、『七祖篇』の「註釈版」や『浄土三部経』等の「現代語版」の編纂が進められていたが、ワープロからパソコンへの移行期にもあたっており、MS―DOS規格による聖教のテキストデータ化が始まっていた。自身がそこで主に携わった「現代語版」でも、最初期以外はパソコンを用いた作業が中心となり、その中で、データを用いた原文検索等が、自身の研究においても徐々に大きな意味を持つようになっていく。

原文を中心とした、またテキストデータを用いた研究は、現在の真宗学ではごく一般的なものとなっているが、実はこうした文献学的な手法は、平成期を通して一般化したものといえる。そして、その平成初めに「現代語版」の編纂業務に携わった中、データを用いた原文の研究に加え、親鸞撰述を対象とした研究に意識が向かうようになっていった。

聖典編纂においては、書誌学的な文献批判のもとに底本・対校本を選定し、既刊の現代語訳を中心に参考文献を幅広く収集、それらの内容を確認しつつ、底本の原文に準拠して現代語訳を作成するという作業が求められたが、同時に、「浄土真宗聖典」の名に値する「現代語版」の「聖典」を編纂することが求められてもいた。文献学的に緻密であるとともに伝統的な真宗学をも踏まえて進められるこの作業が、親鸞撰述の現代語訳に関わり始めた自身の研究姿勢に、少なからず影響を与え始めていたのである。

そうした中で、一九九四年の普賢ゼミで「証文類」を輪読した際に、サブゼミ（ゼミ内に設けられた小研究部会）で引文の研究に取り組んだことが、その後につながる一つの画期となる。「証文類」に多く引かれる曇鸞『往生論註』の文につき、「証文類」における宗祖義の訓読と『七祖篇』における当面義の訓読とを比較し、相違が見られる箇所を網羅的に検討したのであるが、そこに見出された親鸞教義の特色は、従来の真宗学を前提としない新たな内容を含むものだった。ここに、教理史的な手法による親鸞教義の研究が、伝統的な真宗学とは異なる方法のもと、自身の前に具体的な形を取り始めたのである。従来の教義解釈を前提に置くのではない、一文献として親鸞撰述を捉える研究が、さらに、真宗学そのものをも相対化して捉える研究が、この後、自身の研究に開かれていくこととなる。

教理史にある枠組

博士課程時は、曇鸞・道綽・善導の撰述を主な研究対象としていたが、満期退学後の一九九五年以降、前述のサブゼミ仲間で構成した研究会において、浄影寺の慧遠等、聖道諸師による浄土教関連の註釈書を輪読し、七祖周辺の教学に対象を広げていった。その中、元照『観経義疏』関連の先行研究が、どれも『大正蔵』所収本の跋文記載を見過ごしていることに気づく等、原文に準拠する重要性を改めて再確認する機会を得もしたが、しかし実のところ、当時はまだ「七祖」の枠組を前提とした研究姿勢にとどまっていた。

真宗学という呼称は、龍谷大学への改名とともに生まれたものであるが、かつて、真宗学にあたる分野は、仏教学等の諸分野が「余乗」とされるのに対し「宗乗」とされていた。「余」に対する「宗」の語を冠する、その呼称に色濃く見出されるのは、全学問の中心に真宗の学びを置く姿勢であり、ともすればその姿勢は、そこに説かれる教義解釈を絶対視する姿勢にもつながっていく。時代につれ学びの形は変遷しながらも、現在に至るまで、その姿勢の影響は有形無形に残り続けており、たとえば教理史における「三経七祖」の位置づけに、その一端を垣間見ることができるだろう。

いま考えると、かつて自身が志した「他力回向」の教理史的な研究とは、実は「三経七祖」を前提に置く、伝統的な真宗学の枠組に基づくものであり、そこには無批判に「七祖」の連なりを単線的に捉える視点が含まれていた。「七祖」各師の実像とは、その時代・地域・社会における個々の仏教者としてのものであり、単線的に真宗教義へと連なる「七祖」の枠組の中にあるものではない。この枠組を前提とする限り、各師の実像に近づくことは見込めないのである。

この枠組をはじめて明確に意識したのは、文学部の専任教員となり数年を経た二〇〇四年、国内研修員として東京に赴き、「宗」とは無縁の学問に触れた中でのことである。学問研究とはすべからく、何らかの立場のもとに営まれるものであり、純粋に客観的な学問というものがあるわけではない。状況や時代の趨勢により形が変わるのみならず、実は無批判に前提とされる枠組が、いつの時代の、いかなる分野にも存在するのが、学問研究の実相である。当時、既に認識しているつもりでいたこの内容は、実は自身の知見という限られた範囲の中のものでしかなかく、異なる立場の学問に触れることで、改めてその限られたあり方に気づかされたのである。そしてその後、二〇〇五年に文学部から社会学部に移籍した中、自身の研究としては、親鸞撰述等の文献学的な捉え直しが中心となっていき、それからしばらくは、いわゆる教理史研究から距離を置くようになっていく。

ここで、当面義という語について考えてみると、かつては宗祖義との対比の中、個々の撰述において各師が示す教理といった意味で用いていたが、実はそこでの当面義とは、無意識に「七祖」の単線的な連なりを前提に持つ、伝統的な真宗学の枠組の中でのものだった。これに対して近年、同時代の中で個々の文献を捉える教理史研究が中心となる中、当面義という語が用いられる場面自体、ほとんどなくなっている。このことは、伝統的な真宗学の枠組を前提とせず、各師の実像に迫ろうとする研究思潮の現れといえるだろう。ただし一つ確認しておきたいことは、この研究思潮すらも実は一つの枠組であり、加えてその枠組は、真宗学とは異なる、仏教学等の学問研究にも通底しているということである。

目指すべきあり方

真宗学における教理史とは、仏教学や仏教史、思想史等に通底する面を持ちつつ、しかし真宗の解明に資するものでなければならない。二〇一六年から再び文学部に移籍し、現在、「浄土教理史」を担当する身として、教理史研究が目指すべきと考えるのは、新たな研究思潮のもとでの当面義の把握であり、そしてそれは、宗祖義の解明と一対であらねばならないものである。

大学院生の頃、普賢先生から指導を受ける中でよく耳にした、「義が立つ」という言葉がある。宗祖義であれ当面義であれ、あるいは他の学問分野であれ、論理的に筋が通っていることこそ、学問研究における最も重要なことであり、「義が立つ」という言葉はそのことを端的に示すものだった。これはまた、伝統的な真宗学に理解が及ばない自身にも学問研究への道を開き、そして教理史に根ざした親鸞教義の研究に自信を与えてもくれた言葉である。そして、真宗学において立てられるべき「義」の根本とは、言葉や論理では表し尽くせない、わが身を支える教えとしての「真宗」に他ならない。言葉や論理を超えた真実の教えたる「真宗」を、その上で、あえて言葉や論理を通して解明しようとする営みが真宗学であり、教理史研究もまた、その営みを離れては存在しない。その営みの中にあって「三経七祖」も「他力回向」もまた、伝統的な枠組を超えた新たな意味を持つものとなっていく。「教理史をやるなら、親鸞さんまで降ろしてこないと意味ないぞ」とは、かつて岡亮二先生にかけて頂いた言葉である。学生運動の最中、先生自身、専門とする教理史研究の意義を問い直されたと聞く。その問い直しの答えにあたる、真宗学としての教理史の本質を伝えるものとして、かけて頂いた言葉だったろう。自身を支え導く「宗」たる意義を持つ「真宗」の解明に資することこそ、まさしく教理史研究として「義が立つ」、目指すべきあり方なのである。

浄土真宗の念仏相続——獲信者の利他——

玉木興慈

浄土真宗の常教としての信心正因称名報恩

二〇一四（平成二六）年六月六日に、浄土真宗本願寺派では、即如門主から専如門主への「法統継承式」が勤修された。その前日（六月五日）に発された即如門主の「退任に際しての消息」の後半に、

この際、一つだけ、希望を申します。私たちの宗門は長い伝統がありますが、それだけに、いささか閉鎖的になり、仲間が増えることを喜ばない場合があります。御同朋とは、一切衆生であるという考えもあります。現実的に考えて、そこまでは難しいとしても、同じ、宗祖のみ教えをいただくもの同志、広いこころで新しい朋を受けいれていきたいものです。

とある。この翌日（六日）、専如門主から発せられた「法統継承に際しての消息」に、

宗門の現況を考えます時、各寺院にご縁のある方々への伝道はもちろんのこと、寺院にご縁のない方々に対して、いかにはたらきかけていくのかを考えることも重要です。

とある。即如門主の「新しい朋」と、専如門主の「寺院にご縁のない方々」は、同等の人々を指して

いると考えて良いであろう。本願寺派に限らず、浄土真宗にとって、教義はその生命線である。「新しい朋」「寺院にご縁のない方々」に教義を語ろうとする時、教義を正しく語り、教義の魅力を語ることとなる。教義については、親鸞の教義と、その教義の理解が同等に語られるが、その際に「(御常教」といわれるものが「信心正因・称名報恩」である。『親鸞聖人の教え』には、(1)

信心正因・称名報恩は、浄土真宗という法義の根幹をあらわすものとして、御常教(御定教)とされ、略して信因称報とも呼ばれる。浄土真宗本願寺派の「宗制」においては、

信心は、阿弥陀如来の大智大悲の徳を具えた名号をいただくことであるから、往生の正因となる。信心決定の上は、報恩感謝の思いから、仏徳を讃嘆する称名念仏を相続する。これを信心正因、称名報恩というのである。

と述べられ、また『新編安心論題綱要』「称名報恩」の項には、

本願には信心と称名念仏とが誓われているが、信心こそが往生成仏のまさしき因(正因)であり、称名念仏は、称える私たちの心持ちからいえば、阿弥陀如来の救いの中に摂め取られていることをよろこび、その感謝のおもいが声となってあらわれきたものであることを明らかにする。

と説明される。…往生という果報に対して、信心を得た瞬間に往生成仏の因が満足するのであり、時間的にそれ以降に出てくる念仏とは往因に関わらない報恩行であるというのである。

とあり、さらに同書において、(2)

大乗における仏陀のさとりとは、自利利他の完成であり、他者へのはたらきがないのであれば、

それを大乗のさとりとはいわない。…浄土真宗こそ大乗の中の究極の教えと示されるのは、自分一人が涅槃無為のさとりに至るだけではなく、すべての人を自在に寂静無為のさとりへ導く利他活動ができる身となるからである。この利他の活動については「証文類」の還相回向釈に説かれていて、…

とも述べられる。

筆者が龍谷大学真宗学会に入会したのは一九九二年である。以来、三十年ほどの遅々たる学びの歩みを振り返り、これらの記述を目の当たりにする時、モヤモヤとした感覚を隠しきることができない。その一端を披瀝し、本記念誌に掲載いただく駄文としたい(3)。

称名報恩の意義

称名報恩については(4)、三部経・七祖聖教・親鸞思想においては、称名は、報恩より寧ろ正定業であるとみる方が穏当であり、三部経・七祖聖教・親鸞思想の中心的な所説であるとは言い難いことは、すでに指摘されるところであるが(5)、今は、嬰木義彦「親鸞教学における称名報恩の思想(6)」の所論に学ぶところを紹介する。

論文においては、「親鸞聖人の教学では、「知恩」と「報恩」は区別されているようである」と指摘され、「親鸞の教学では報恩は念仏を弘通伝道するという意味において述べられたもので、その場合、知恩の心境は報恩行を発動せしめるための基盤となる心的状況として区別されている」と述べられ、報恩の「念仏は仏の恩に報いる行業であるとしながらも、その向うところは仏に対してではな」いと明かし、「伝道力の根源は……大悲にあるがその顕現する場は衆生である。元来的には仏の仏事であるべき念仏弘教に衆生が身をもって参加することが仏願仏意を成就していくことになるという意味において、かろうじて報恩ということが言えた」と論ずる。

報恩は念仏を弘通・伝道するということであり、念仏は仏恩に報いる行業であるが、仏に向かうものではないという、嬰木氏の指摘は、極めて重要である。なぜならば、信因称報の説明において、「報恩感謝の思いから」、「仏徳を讃嘆する」と語られるが、「報恩感謝の思い」とは、「われが阿弥陀仏に救われる」という阿弥陀仏の救いに対する報恩感謝であるから、報恩感謝は阿弥陀仏に向かうものであり、また「仏徳を讃嘆する」も同時に、報恩である限り、阿弥陀仏に対してその仏徳を讃嘆することと説明され、また理解されているからである。かかる信因称報の説明によっては、阿弥陀仏と衆生の関係のみが語られることとなり、阿弥陀仏と衆生の関係に閉塞させてしまうこととなる。しかし、なぜに称名が報恩となるのであろうか。この問いに対して、『教行信証』「信巻」真仏弟子釈に引かれる次の文が、明快にその答えを示している。

仏世はなはだ値ひがたし。人、信慧あること難し。たまたま希有の法を聞くこと、これまたもつとも難しとす。みづから信じ、人を教へて信ぜしむること、難きがなかにうたたまた難し。大悲弘くあまねく化する。まことに仏恩を報ずるになる。(7)

善導『往生礼讃』と、智昇法師『集諸経礼懺儀』との文字の異同については、ここでは省くが、(8)自信教人信の「教人信」、大悲伝（弘）普化の「普化」こそが報恩の本質と理解すべきである。自信が自信に終始するのではなく、教人信と共に語られ、あまねく衆生を化することが、「まことに仏恩を報ずるになる」のである。自信に終始し、教人信と展開しないならば、報恩とは言えないのではないだろうか。

また、この文が真仏弟子釈に引かれる前に、道綽『安楽集』から次の文が引かれる。

いかんが名づけて大悲とする。もしもつぱら念仏相続して断えざれば、その命終に随ひてさだめて安楽に生ぜん。もしよく展転してあひ勧めて念仏を行ぜしむるは、これらをことごとく大悲を行ずる人と名づく。(9)

傍点部に、『安楽集』原文からの読替が見られる。傍点部分は原文では、「念仏を行ずる」と読まれているが、(10)親鸞は、「念仏を行ずる」ではなく、「念仏を行ぜしむる」と読む。この読替に従ってこの引文全体を釈すると、次のようになろう。

どのようなことが大悲と名付けられるのであろうか。もし専ら念仏を相続して断えることがなかったならば、命が終わる時に必ず安楽浄土に往生することができるだろう。もしよく次々に互いに勧めて、念仏を行じさせることができれば、その者は大悲を行じる人と名付ける。

『安楽集』原文からの読替に留意すれば、自らが念仏を修するのみでは大悲を行じる人とは名付けないということになる。自らも念仏を修し、他にも念仏を勧めて行じさせられる者を大悲を行じる人と名付けるというのである。(11)この親鸞の読みもやはり、報恩が、獲信者と阿弥陀仏との関係のみに終

始・閉塞するのではなく、衆生教化という新たな地平を開くところに報恩の報恩たる所以を示すものであろう。(12)

金剛心の行人

先に、『教行信証』「信巻」真仏弟子釈の『安楽集』引文の読み替えに触れたなか、「大悲を行ずる」という語がある。獲信者にそなわる利益が、「信巻」信一念釈に現生十益としてあがる中、第九に「常行大悲の益」があがる。(13)真仏弟子釈は、信一念釈の現生十益の追釈と考えられ、十益に配当して説明されるが、(14)『安楽集』引文の「大悲を行ずる」は、「常行大悲の益」に配当される。

「大悲を行ずる」に類似した語が、真仏弟子釈御自釈の「金剛心の行人」である。(15)「金剛（心）」に類する表現は、七祖聖教において、金剛台・金剛経・金剛身などが見られるが、金剛心の語は『観経四帖疏』「帰三宝偈」に一箇所見られるのみで、他の七祖聖教にはない。明恵等に批判された『選択集』において、菩提心の語は三十五件使用されるが、金剛心の語は使用されない。金剛の語も、わずかに、『金剛頂経』・金剛薩唖・金剛界曼陀羅と、『観経疏』引文の四箇所のみである。

一方、『教行信証』において「金剛（心）」に類する表現は、約二十九箇所、その他の和語・漢語の著作においては約五十三箇所に見られる。(16)その中には、例えば『末灯鈔』第十八通に、「弥陀他力の回向の誓願にあひたてまつりて、真実の信心をたまはりてよろこぶこころの定まるとき、摂取して捨てられまゐらせざるゆゑに、金剛心になるときを正定聚の位に住すとも申す」と記されるように、(17)獲信者の心が「金剛心になる」と記されるものもあるが、ほとんどは衆生において「金剛」を語る際に、如来回向の金剛心を受けるという表現になる。

『教行信証』において「金剛」に類する語が現れるのは御自釈がその大半を占める。『教行信証』は文類の形式から、御自釈に比して引文の分量が圧倒的に多い。にもかかわらず、引文においては金剛はほとんど使用されていない。その中、「金剛といふは、すなはちこれ無漏の体なり。」という「定善義」の引文は、親鸞の金剛についての唯一の定義ともいいうるものである[18]。この引文は、三一問答結釈・菩提心釈の直前の説示である。菩提心釈は、種々論じられるように、法然（教団）に対する明恵の批判・非難に応ずるものである。その菩提心釈の直前に置かれるこの引文の理解は重要な説示と考えなければならない。金剛心を仏の無漏の体と示す理解、弥陀の真実清浄無漏であるとの理解が、親鸞の金剛心理解の基底にあると見なければならない[19]。

金剛心とは、「願力廻向の信楽」「願作仏心」「横の大菩提心[20]」、「真実信心」「願作仏心」「度衆生心」「衆生を摂取して安楽浄土に生ぜしむる心[21]」等と示されるように、衆生を摂取せずにはおかないという阿弥陀仏の願心であり、この願いが金剛の如き心であって、何ものにも破壊されることのない心なのである。弥陀の願心は、「重誓偈」の語句で示せば、「普済諸貧苦[22]」すなわち、全ての苦しみ悩む者を救いたいという心であり、「よろづのしゅじゃうほとけになさんとなり[23]」という心である。真仏弟子釈御自釈にある「金剛心の行人」とは、この阿弥陀仏の願いを行ずる人が真仏弟子であるということである。弥陀の心をその如く、この世で讃嘆する者が獲信者である。獲信の一念に、罪悪深重の凡夫を救うという弥陀の心がわかり、その阿弥陀仏の大悲心を行ずる者が、獲信者であるというのである。

さすれば、真仏弟子釈の御自釈にある「金剛心の行人」と、同じく真仏弟子釈の『安楽集』引文にある「大悲を行ずる」について、金剛心＝大悲との理解が穏当であり、獲信者が、弥陀の大悲を行ずる人であり、金剛を行ずる人（金剛心の行人）と呼ばれるのである。しかし、獲信者は、獲信するからといって、自身の心が大悲・金剛心となるわけではない。この点には注意を要する。親鸞が「正像末和讃」に、

小慈小悲もなき身にて　有情利益はおもふまじ
如来の願船いまさずは　苦海をいかでかわたるべき

と詠うように、(24)獲信者としての親鸞も自身を「小慈小悲もなき身」と語るのであるから、獲信者自身の心が大悲・金剛心となるわけではない。しかし、「小慈小悲もなき身」の獲信者が、弥陀讃嘆の念仏を通して、未だ念仏の真実を知り得ない者に、念仏の真実を知る機縁を設けることができる。弥陀のはたらきに参与するということである。これが念仏相続であり、弥陀の大悲・金剛心のはたらきの一端を担うということである。大悲の者が大悲を行ずるということであれば、何ら不思議はない。しかし、真実心のかけらもない者が、阿弥陀仏の真実心である金剛心を行ずるということ、この不思議の仏道が、獲信者の歩む仏道において語られるのである。

三一問答における疑蓋無雑

前節では、金剛心の語義・定義について、若干の私見を述べた。たとえば、『仏教学辞典』の「金剛心」の項目（法藏館、一四三頁）には、「多くは金剛喩定を指す。浄土教では弥陀の本願を堅く信じる心をいう。」と説明される。しかし、「浄土教では……」の文脈は、正確な記述と言えるであろうか。『教行信証』「信巻」の理解としては、筆者の疑問を禁じ得ない。

今節では、疑蓋無雑の語義について、私見を披瀝したい(25)。

『教行信証』に疑蓋の語が表れるのは、十箇所である。いずれも親鸞の御自釈においてであるが、「化身土巻」の一箇所を除いて他は全て、「信巻」三一問答に表れる。三一問答とは、『仏説無量寿経』第十八願文に出る至心・信楽・欲生の三心と天親『浄土論』の一心についての解学的・行学的問答である。この三心は、願文当面においては行者自身の心と解すべきである。しかし、親鸞は三一問答の字訓釈・法義釈を通して、この三心を阿弥陀仏の心と受けとめたと筆者は愚考する。『安心論題』やその他において種々議論される点である。字訓釈・法義釈を通じて、親鸞は三心を「疑蓋無雑」と明かすが、疑蓋とは、通仏教的（通途）には無明・煩悩と同義と解することができるが、別途では「本願を疑う心」と解するとされるが、この説明に疑問を呈したい。かかる説明は、次の辞典類などに、次のように記される。

まず『仏教大辞彙』では(26)、「疑蓋無雑」の項目に、疑蓋の語は通途に取れるも意は別途にして弥陀の本願他力の救済に於て猶豫不定なる疑心を云ふ。其疑心の間雑なく純信愛楽なるを無雑と称するなり。

とあり、「疑蓋」の項目には、「五蓋の一。蓋は煩悩の異名にして疑煩悩に同じ。」とある。また、『望月仏教大辞典』[27]では、「疑蓋無雑」の項目に、

真実信心には疑心間雑することなきの意。疑は五蓋の一にして、無漏の五蘊を障ふるが故に疑蓋と云ふ。

とある。また、中村元『仏教語大辞典』[28]では、疑蓋の語として、

疑惑は心を蓋って正しい道を悟らせないがゆえに、蓋という。五蓋の一つ。

とあり、疑蓋無雑として、

疑いのまじらないこと。真宗では、真実の信心には疑心がまじらないことをいう。

とある。次に、岡村周薩『真宗大辞典』[29]では、

大智度論十七大乗義章五本等には貪欲蓋瞋恚蓋睡眠蓋掉悔蓋疑蓋の五蓋を説く、信巻は疑蓋の名目を彼れに取ったのであるけれども其の意味は彼と同一ではない。信巻に疑蓋といふは阿弥陀如来の願力を疑ふ心である、この疑心は衆生の心を覆蓋して真実の信心を生ぜしめないから疑蓋と云ふ。蓋はふたである（傍点引用者）。

と解説され、金子大栄・大原性実・星野元豊『真宗新辞典』[30]では、

疑いの心。煩悩は善心を覆いかくすから蓋に喩える。一般には貪欲・瞋恚など五蓋の一。

と説明される。

傍点はすべて引用者によるが、傍点部に注目すれば、疑蓋の語義に、通途・別途の別を見ているということである。真宗学では古来、通途義と別途義を設けて、親鸞のご文に向き合ってきた一面がある。はたしてこの姿勢が妥当であろうか甚だ疑問に感ずる。親鸞が『教行信証』において、一つの語を、ある箇所では通途の意で用い、別の箇所では別途の意で用いるとは常識的には考えられない。一つの語を二様で用いるとすれば、「ここではこの意で記す」などの註記があると考えるのが穏当である。また、『教行信証』執筆の動機からも、同様の帰結となる。つまり、親鸞の師である法然の『選択集』が、その真意を正しく理解されず、『摧邪輪』などによって痛烈な批判を受けることとなった。寺川俊昭氏の言葉を借りれば(31)、「誤解と批判(非難)の中に投げ出された『選択集』に応答して、その真精神を開顕するという課題」をもって撰述された書が、『教行信証』である。であるならば、親鸞が想定する『教行信証』の読者は(32)、『選択集』を批判する立場の者が当然含まれていると考えねばならない。もしそうであるならば、真宗内部だけで通用する語・意味・内容、つまり別途の意で使用するはずがないと考えねばならない(33)。別途の意で表現されたならば、通仏教者に対しては、意が意の如くには伝わらないからである。

疑蓋は、通途では、煩悩を意味する。至心・信楽・欲生の三心について、すべて疑蓋無雑と述べる親鸞は、この三心を衆生の上に見ることはない。臨終の一念まで、煩悩から離れないのが凡夫であるからである(34)。片時も煩悩から離れないのが衆生であるからである(35)。

至心・信楽・欲生の三心は、『仏説無量寿経』の第十八願文当面においては紛れもなく行者自身の心と解すべきであるが、しかし、親鸞は三一問答の字訓釈・法義釈を通して、この三心を阿弥陀仏の心と受けとめたと筆者は愚考する。(36)

浄土真宗の念仏相続～まとめに代えて～

一九九二年に真宗学会に入会して以来、蓮如上人五〇〇回遠忌法要、親鸞聖人七五〇回大遠忌法要、伝灯奉告法要、親鸞聖人御誕生八五〇年・立教開宗八〇〇年慶讃法要など、本山ではいくつかの大きな法要が勤修された。親鸞の時代から、いや、親鸞以前から親鸞の時代を経て親鸞以後の現代まで続く、不断の念仏相続の徴である。この念仏相続の姿こそ、称名報恩と常行大悲に他ならない。阿弥陀仏への仏恩と、師主知識への恩を知る知恩と、知恩からの必然として報恩が語られるが、この称名報恩のみでは、閉塞感が否めない。報恩の称名が同時に他者を獲信に導く「行」になるという常行大悲の視点において、閉塞感が打破され、念仏相続の有り様が顕わになる。他者を獲信に導く「行」が、常行大悲の「行」であり、金剛心の行人の「行」である。この行は、獲信者・真仏弟子自身にとっては、仏徳讃嘆であり報恩の称名にほかならないが、他者を導くという点において「利他行」ということができる。「仏徳讃嘆であり報恩の称名にほかならない」とは、獲信者・真仏弟子自身に利他の意識があるわけではないということであるが、これは「親鸞は弟子一人ももたず候ふ」と語り、(37)罪悪深重・愚禿を自称する親鸞においては、当然のことである。しかし、唯円に『歎異抄』を書かしめたものは、唯円と阿弥陀仏との出遇いであり、唯円と阿弥陀仏を出遇わしめたものは、親鸞の仏徳讃嘆であり、親鸞自身の報恩の称名をおいて他には何もない。この親鸞自身の広讃・略讃の語りが、親鸞自身の思惑にはなくとも、唯円を獲信に導く利他の行と解すべきである。

翻って、親鸞自身が獲信に導かれた時について愚考を重ねれば、「親鸞におきては、ただ念仏して弥陀にたすけられまゐらすべしと、よきひとの仰せをかぶりて信ずるほかに別の子細なきなり」と語るように[38]、よきひと法然の仰せが、親鸞と阿弥陀仏を出遇わしめたのである。法然の仰せ・説法は、法然自身にとっては仏徳讃嘆であるが、同時に、親鸞を獲信に導いた利他行といえる。

利他は還相回向に限られるものではなく、獲信者の行として理解することにおいて、連綿とした念仏相続が顕わになると述べて、小論を閉じる。

註

（1）本願寺出版社、二〇一七年、二二二頁。本書は、勧学寮頭の記す「序」に確認される通り、「内藤知康勧学を主任とし、森田真円司教（当時）・普賢保之司教・安藤光慈司教・高田文英輔教・井上見淳輔教を委員とした特別研究会」が立ち上げられ、完成に至った書であり、「各種研修会におけるテキストとして活用されるのが望ましい」とも記される書である。学階は一部、発刊当時のものも含む。

（2）同、三一五頁。

（3）「伝統的な宗学に基づく親鸞教義の解釈を無批判に踏襲するのではなく、親鸞撰述の文献に表現された親鸞自身の言葉に直参せんとし、そこから密かに聞こえてくるであろう親鸞の声に可能な限り直接無心となって傾聴しようとする、親鸞研究の客観的態度を特に強調する。」これは、武田龍精編『核の時代における宗教と平和～科学技術のゆくえ』（法蔵館、二〇一〇年）に記していただいた筆者に対する評であるが、この評に勇気づけられ、小論を記す。

（4）拙稿「報恩はマスト（must）か～「恩徳讃」研究ノート～」『真宗学』第一四三・一四四合併号、二〇二一年。

（5）以下の論考が参考となる。内藤知康「真宗教学における称名報恩の意義」『真宗学』第八十七号、一九九二年、普賢保之「念仏往生の意義」『真宗学』第百五・百六合併号、二〇〇二年。

（6）『真宗学』第六四号、一九八一年。

（7）『教行信証』所引の『往生礼讃』の文である。「信巻」所引の文（『聖典全書Ⅱ』一〇一頁）であるが、「化身土巻」にも再引され（『聖典全書Ⅱ』二〇九頁）、そこで「智昇法師の『懺儀』の文なり」と付言される。

（8）拙稿「大悲伝普化と大悲弘普化～「行ずることもなほかたし」と関連して～」（川添泰信編『親鸞と浄土仏教の基礎的研究』永田文昌堂、二〇一七年所収）を参照されたい。

（9）『聖典全書Ⅱ』一〇一頁。傍点は引用者。

（10）『聖典全書Ⅰ』六二七頁。『註釈版（七祖篇）』二六四頁。『浄土宗全書』第一巻、七〇〇頁。

（11）詳細は、拙稿「「信巻」真仏弟子釈についての一考察～『安楽集』引文を中心に～」（『真宗学』一一八号、二〇〇八年）を参照されたい。

（12）内藤知康は、『顕浄土真実行文類講読』（永田文昌堂、二〇〇九年、六頁）において、親鸞の述作がなぜ報恩行となるかを論ずるとき、「略讃の称名が報恩行であるので、広讃の述作も当然報恩行となる」「述作とは仏徳讃嘆であり、それがそのまま衆生教化となるので、述作はすなわち報恩行であるということができる」と記す。しかし、内藤氏が主任を務めて監修された前掲『親鸞聖人の教え』には、この旨の記載がない。真宗教義の概説書として、一般僧侶が手にとって分かりやすい書籍として、また各種研修会におけるテキストとしての活用が望ましいとされる本書に、この旨の記載がないのはなぜであろうか。

(13) 常行大悲については、拙稿「親鸞思想における「常行大悲」の意味」(『真宗学』第一〇九・一一〇合併号、二〇〇四年)を参照されたい。

(14) 大江淳誠『教行信証講義録』永田文昌堂、一九八四年、六六八頁。

(15) 『聖典全書Ⅱ』九八頁。

(16) 『親鸞聖人著作用語索引　教行信証の部』永田文昌堂、一九六六年、一四二頁。『親鸞聖人著作用語索引　和漢撰述の部』永田文昌堂、一九七一年、一三八頁。また、梯實圓『教行信証　信の巻』(本願寺出版社、二〇〇八年)によれば、煩悩を断ち切る仏智を金剛という言葉で表す場合は「法金剛」と呼び、信心の堅固なありさまを金剛に喩える場合を「喩金剛」といわれる。

(17) 『聖典全書Ⅱ』八〇四頁。

(18) 『聖典全書Ⅱ』九〇頁。

(19) 拙稿「『教行信証』における「金剛」の意味(一)～引文を中心に～」(『真宗学』一二三・一二四合併号、二〇一一年)を参照されたい。

(20) 『聖典全書Ⅱ』九一頁。

(21) 『聖典全書Ⅱ』九五頁。

(22) 『聖典全書Ⅰ』三〇頁。

(23) 「正像末和讃」の「度衆生心といふことは　弥陀智願の回向なり　回向の信楽うるひとは　大般涅槃

をさとるなり」（『聖典全書Ⅱ』四七九頁文明本）の「度衆生心」に付せられた左訓。同じく「正像末和讃」の「浄土の大菩提心は　願作仏心をすすめしむ　すなはち願作仏心を　度衆生心となづけたり」（『聖典全書Ⅱ』四七八頁国宝本）の「大菩提心」には「よろづのしゅじゃうをほとけになさむとおもふこころなり」、二句目の「願作仏心」には「ごくらくにむまれてほとけにならむとねがへとすすめたまへるこころなり」との左訓がある。

(24)『聖典全書Ⅱ』五一九頁。

(25) 拙稿「親鸞思想における疑蓋の意味」（『真宗学』第百十一・百十二合併号、二〇〇五年）を参照されたい。

(26)『仏教大辞彙』第一巻、冨山房、一九一四年（一九七四年第三版）、六二三頁。傍点は引用者。

(27)『望月仏教大辞典』第一巻、世界聖典刊行協会、一九三三年、四九九頁。

(28)『仏教語大辞典』東京書籍、一九七五年、二二〇頁。傍点は引用者。

(29)『真宗大辞典』永田文昌堂、一九三六年（一九七二年改訂再版）、二七七頁。傍点は引用者。

(30)『真宗新辞典』法蔵館、一九八三年、九三頁。傍点は引用者。

(31)『教行信証の思想』文栄堂書店、一九九〇年、五一頁。

(32) 法然は、『選択集』の末尾に、「庶幾はくは一たび高覧を経て後に、壁の底に埋みて、窓の前に遺すことなかれ。おそらくは破法の人をして、悪道に堕せしめざらんがためなり」（『聖典全書Ⅰ』一三二九頁、『註釈版（七祖篇）』一二九二頁）と記すが、親鸞は『教行信証』末尾に、「もしこの書を見聞せんもの、信順を因とし、疑謗を縁として、信楽を願力に彰し、妙果を安養に顕さん」（『聖典全書Ⅱ』二五五頁）と記し、他の目に触れることを想定して、執筆されたことがわかる。

(33) このことについて、村上速水氏は『続・親鸞教義の研究』（永田文昌堂、一九八九年）において、「真宗学における従来の聖教解釈の姿勢には反省すべきものがある」（二二九頁）、「先ず義を立てて文を裁いているわけで、果たして文の真意を得ているかどうか不明である。われわれは先ず文当面の意義を明らかにすることに努めなければならない」（二二二頁）等とする。至極妥当な見解である。

そもそも親鸞自身が、通途・別途の別を意識して論ずることはなく、親鸞以後の親鸞解釈者が、通途・別途を以て親鸞を解釈したのであろう。

(34)『一念多念文意』に、「「凡夫」といふは、無明煩悩われらが身にみちみちて、欲もおほく、いかり、はらだち、そねみ、ねたむこころおほくひまなくして、臨終の一念にいたるまでとどまらず、きえず、たえず」（『聖典全書Ⅱ』）六七六頁）とある。

(35)『教行信証』に、「一切凡小、一切時のうちに、貪愛の心つねによく善心を汚し、瞋憎の心つねによく法財を焼く。」（『聖典全書Ⅱ』八三頁）とある。『註釈版』二三五頁では、「つねに」と仮名表記されるが、不断常の「常」である。

(36)これまでの通説とは立場を異にすることとなるが、この小結は、『親鸞聖人真蹟集成第一巻』（法蔵館、二〇〇五年、一九七頁）に、疑蓋の「蓋」に「ホムナフ」の左訓が施されていることからもわかる。「ホムナフ」とは、紛れもなく「煩悩」の漢字を当てることができる。また、田代俊孝編『親鸞 左訓・字訓・語訓辞典』（法蔵館、二〇一二年）では、「がい（蓋）」の項目（二三頁）に、「二 ほむなふ《煩悩》」とあり、その典拠として「『真宗聖教全書』二、六〇頁」、「『浄土真宗聖典全書』二、八一頁」が記される。

また、岡亮二『親鸞の念仏』（法蔵館、二〇〇五年、はしがき）には、「自分の往因に関して、我が心をはからう必要は全くなくなります。私たちは所詮、煩悩具足の凡夫でしかないからです。けれどもその私が今、念仏を称えています。この念仏を称えている私に、疑蓋無雑の弥陀の大悲が輝いているのです。私はすでに弥陀の大悲に摂取されている」（傍点引用者）とある。本稿における筆者の所論は、この語に依るものであることを付言する。

(37)『歎異抄』第六条。『聖典全書Ⅱ』一〇五七頁。

(38)『歎異抄』第二条。『聖典全書Ⅱ』一〇五四頁。

呼応として読む『教行証文類』

井上善幸

はじめに

この小論では、『教行証文類』の読解に関して、特に法然教学に対して向けられた論難、すなわち明恵の『於一向専修宗選択集中摧邪輪』（以下『摧邪輪』）ならびに『摧邪輪荘厳記』（以下『荘厳記』）への応答という観点から、論者自身のアプローチを紹介することで問題提起をしてみたい。

明恵の論難の核心をなすのは法然における菩提心撥去の過失である。この論難に対して、やや時代は下るが了慧道光の撰である『新扶選択報恩集』（二巻、一三二二）は、明恵の『摧邪輪』、『荘厳記』への反駁として、第十八願文の三心と菩提心とは体が各別であり、そもそも論難自体が不当であるという反論を展開している[1]。また、一三二二年頃に成立した『法然上人伝記（九巻伝）』では、没後の明恵が少女に託して法然への論難を撤回したという逸話が記されている[2]。このように、『摧邪輪』、『荘厳記』の所論をめぐっては対応自体を回避する態度もあるが、明恵の論難は法然教学の核心部分に向けられたものである。それゆえ法然教学を顕彰しようとする親鸞にとって、その論難は無視することができない。

親鸞が「信文類」において菩提心を竪と横とに分け、さらにそのそれぞれに超と出との区別を立てて展開する横超の菩提心という概念は、まさしく明恵の論難に対応したものと見ることができる。このような視点からの研究は比較的近年に属するものであり、例えば石田充之『鎌倉浄土教成立の基礎的研究』など、いくつかの論考において明恵からの影響について指摘されている。(3) ただし、その蓄積は現在のところ必ずしも多いとは言えない。江戸期の『選択集』に対する講録で明恵による論難に言及されることもあるが、それらは概して表面的な論評であり、踏み込んだ考察はなされていない。

本稿は従来の研究を参照しながらも、これまで見られなかった視点に立つことによって、『教行証文類』と明恵の論難との対応関係について考察するものである。

一 「乃至十念」の理解について〜「行文類」における第十七願の意義〜

法然教学と親鸞教学との相違として看過できないのは、法然が『無量寿経』第十八願に立脚して選択本願念仏説を打ち立てたのに対し、親鸞は第十八願を「信文類」の標願として掲げ、「行文類」における念仏思想を第十七願に立脚して展開している点である。この相違はまさしく背師自立とも深化とも評されるものでもあるが、両者が担った思想課題の相違を念頭に置くと別の見立てができる。

まず、親鸞において第十八願が「信文類」の標願として掲げられることについては、明恵による菩提心正因説に対して本願力回向の信心正因説を打ち立てたという見方で理解することができる。明恵による論難は法然没後であり、それゆえ菩提心正因説への応答は法然自身ではなく門下の課題となった。明恵の論難に対して法然の立場はあくまで念仏往生の宣揚にあるとする反論も一方策ではあるが、(4)上述したように親鸞は菩提心こそが仏果の因であるとする明恵の立場に沿いつつ、そこに自力と他力との区別を設け、横超他力の大菩提心こそが仏果の因であり、それは第十八願に示される三心に他ならないという信心正因説を展開する。この点についてはすでに多く触れられるところである。

では、「行文類」の標願に第十七願が掲げられることについてはどのように理解すればよいだろうか。伝統的には第十七願が名号の流布を誓った願であることにその理由が求められるが、明恵の論難を考慮することで、この問題にも別の理由を想定することができる。法然は、道綽や善導の解釈を承けつつ、『無量寿経』十八願の「十念」を「十声の称名」として理解するが、それは『観経』下品下生に説かれる「具足十念称南無阿弥陀仏」という文によっている。明恵は、まさにこの点を批判し、『無量寿経』と『観経』は異なる経典であって、『無量寿経』の内容を『観経』で解釈するのは不適であるとし、十念を称名とする法然の説には根拠がないと述べる。(5)

この論難に対して、両経は主題を同じくするものであり、法然の解釈こそが正当であるという反論も可能ではあるが、それは所詮水掛け論である。明恵の論難に応えるためには、『無量寿経』そのものから、称名という意味を導き出さなければならない。このような視点で見るならば、「行文類」においで第十七願が標される意義が明らかになる。というのも、『無量寿経』の願文で「称名」を説示するのは、まさしく第十七願を措いて他にはないからである。親鸞自身が「諸仏称名之願」と名づけるように、第十七願に示される「咨嗟称我名」は「称名」という義を導く根拠となる。

第十七願への着目は、すでに法然において見られ、(6)聖覚も『唯信鈔』で第十七願を取り上げて諸仏の称揚による名号流布を説いている。(7)親鸞はその理解を継承するとともに、『唯信鈔文意』で第十七願について「十方无量の諸佛にわがなをほめられむ、となえられむとちかひたまへる」と釈するように、願文の「咨嗟称我名」の「称」の字に対して、「たたえる」という意味だけでなく「となえる」という意味も付与している。(8)

「咨嗟称我名」については広讃、すなわち名号の功徳を讃嘆するという見方と、略讃、すなわち名号そのものを称えるという理解があるが、近年の概説書では諸仏が名号を称える必然性はないとの理由で広讃として説明されることが多い。しかしながら、明恵の論難への応答という観点から見るならば、第十七願に示される諸仏の「称名」によって、第十八願に誓われる「十念」を十声の「称名」とする意図があったと考えられる。さらに、親鸞は称名そのものを浄土往生だけでなく仏果得証の正因として位置付けていると考えられる。詳説は割愛するが、菩提心正因説に対して本願力回向の信心正因説を立てるだけでは、法然の選択本願念仏説の顕彰にはならないからである。この見立ての傍証は、諸仏が阿弥陀仏の名を称し本願を憶念するという意味を汲み出す「行文類」『十住毘婆沙論』の独特の引用形態に求めることができる。(9)これはすでに往生の因としての念仏理解の枠を越えた仏果の因としての念仏理解である。

このように、『無量寿経』の問題は『無量寿経』自体で論じるべきであるとする明恵の明快な主張は、親鸞の第十七願観に大きな影響を与えたと考えられるのである。

二 「唯除」の理解について～大経の説示としての阿闍世救済譚～

『無量寿経』と『観経』を重ねて理解することを明恵が批判し、その論難に応えるかたちで親鸞が第十七願に着目したと仮定すると、第十八願に示される五逆謗法罪の問題についても親鸞独自の立場が見えてくる。

善導教学では、『無量寿経』第十八願で救済の対象外とされる五逆謗法罪の説示は抑止の意味を持つものであり、『観経』下品下生では摂取の意が示されるとされる。しかし、明恵の論理に即せば、『無量寿経』の問題は、やはり『無量寿経』自体で解決しなければならない。このような見立てから注目されるのが、「行文類」における『平等覚経』の引用形態である。初期無量寿経に属する『平等覚経』と『大阿弥陀経』は内容が類似した経典であり、共に願文の数が二十四で、阿闍世王太子が授記されるという内容を含む。親鸞は「行文類」において両経から『無量寿経』第十七願と第十八願に相当する願文を引いているが、それだけに留まらず『平等覚経』から阿闍世王太子得益段も引用している。

この箇所をめぐっては、『観経』に登場する阿闍世本人か、阿闍世の王太子、つまり阿闍世の息子かという解釈の相違が認められるが、明恵の論難に即するならば阿闍世本人であると考えられる。というのも、五逆罪を犯した悪人の救済を無量寿経系の経典の説示に求めようとするなら、初期無量寿経の『平等覚経』と『大阿弥陀経』のこの箇所に着眼するしかないからである。詳細は別稿に譲るが、親鸞は「行文類」において無量寿経系の経典で悪人の救いの問題が、阿闍世という具体的人物として説かれていることを、独特の引用形態によって描き出したと考えられる。(10)この前提があってこそ、「信文類」で、本来浄土思想を主題としない『涅槃経』を引用することが可能となる。こうして親鸞は、従来の浄土教の伝統の中で『観経』に基づいて論じられてきた悪人救済の枠を大きく超えて、逆謗闡提の救い、そして仏果得証を論じているのである。(11)

三　「一念」の理解について～「行文類」と「信文類」との関連～

本願成就文に見られる「乃至一念」という語についても、明恵の論難との対応関係が認められる。『無量寿経』には、浄土往生に関連する文脈で三箇所に「乃至一念」という語が出てくる。第十八願成就文と三輩段、弥勒付属の文である。法然が『選択集』でこれらすべてを行の一念として理解するのに対し、親鸞は『教行証文類』において第十八願成就文を信の一念に、弥勒付属の文を行の一念に配当させて理解する。一念理解に関する法然と親鸞との相違は、明恵の論難を補助線とすることで理解することが可能である。(12)

法然は、『選択集』の念仏利益章で弥勒付属の文を引用して念仏一行によって「無上大利」が得られるとし、それに対して菩提心等の諸行では「有上小利」しか得られないと述べている。この理解に対して明恵は菩提心を否定するものであると厳しく批判し、弥勒付属の文で「乃至一念」と共に説かれる「歓喜踊躍」は「菩提心」に相当すると主張する。(13)明恵は、一念によって「無上大利」を得るとする『無量寿経』の説示について、それは菩提心を伴う一念であるからとする。不念と比較すればたとえ一念であっても「無上大利」を得る。この一念に「歓喜踊躍」、つまり菩提心が伴えば、さらに大利を得る。このように明恵は最重要は菩提心であるという説を展開して、八万四千の法門の中で菩提心が最も勝れていると述べ、『華厳経』から譬喩を引用して菩提心の徳を讃えていく。なお、明恵はこの論難において法然の主張をいったん認めた上で論駁するという態度で臨むため、「一念」は善導流の一解釈として「一声の称名念仏」として論じていくが、他の箇所では、「一念」を第一義空に相順する一念の信・菩提心であるという理解も示している(14)。そうすると、明恵の論難に答えるためには「一念」の義を多角的に窺う必要がある。

明恵は称名の一念よりも歓喜踊躍の一念こそが大利をもたらすと主張する。これは菩提心こそが往生・成仏の正因であり、称名は菩提心を確立することにおいてのみ、その意義を持つという一貫した立場に基づくものである。このような論難に対して法然教学の正統性を訴えるためには、まず法然が明らかにした選択本願の称名念仏行そのものについて「一念」の功徳を示す必要がある。その際、行者の資質や行法の難度によって反論を試みたのでは、明恵の論駁と同じ思考の枠内に入ってしまう。そのようなことを回避するには、凡夫が称える易行の称名念仏の徳性・功徳が何に基づくのかを明らかにしなければならない。

さらに菩提心正因説を取る明恵は、称名行は菩提心を確立して三昧を発得するための方便に過ぎないと見ている。この主張に対しては、単に浄土教という文脈だけではなく、仏道全体における念仏行の位置づけを明らかにする必要がある。

また、称名行の功徳を示すだけでは、明恵の論難の核心である菩提心否定という過失に対して答えたことにはならない。そのため、横超他力の大菩提心という観点から、一念を信として論ずる必要が生じる。

このような課題を想定すると、一念について行一念と信一念とに振り分ける親鸞の理解は、明恵の論難への反駁と見ることができる。まず親鸞は「行文類」行一念釈で、『無量寿経』弥勒付属の文を引いて法然の理解を継承する。そして、明恵が挙げる八万四千の法門を仮門として、それは小利有上であり、本願に誓われた称名行こそが大利無上・一乗真実の利益をもたらすと説く。

さらに他力釈と一乗海釈と続くが、これは本願に誓われた称名念仏が、易行かつ勝行であることを論証するものである。一乗海釈では、譬喩を用いて弘誓一乗海を讃嘆する。この譬喩讃嘆に関して、従来の説では六十巻本『華厳経』、あるいは八十巻本『華厳経』の説示を受けつつ『無量寿経』の内容から造文されたものと解釈されているが、実は「行文類」の譬喩讃嘆は四十巻本『華厳経』の菩提心讃嘆の譬喩から「菩提心」の語を悲願へと置換して、ほぼそのまま転用したものである。そして、この四十巻本『華厳経』の譬喩讃嘆こそ、明恵が法然の「乃至一念」理解を批判する際に用いたものなのである。(15)

このように見ると、「行文類」の行一念釈から一乗海釈の結びに至る叙述構成は、明恵の論難に応答するかたちで、称名行による無上大利の得益、称名行の徳性の根拠、一仏乗としての称名易行を論証していると考えられるのである。

行一念釈では叙述構成や引用経典について明恵の論難との対応関係が認められるのに対し、信一念釈ではそのような関係は認められない。これはある意味で当然のことである。『選択集』に信一念について言及があれば、明恵の批判もその文にしたがって展開されるはずで、それを受ける親鸞の思想展開も、ある程度、それらに沿ったものになることが想定される。しかしながら法然は「一念」をすべて行の一念で理解するため、信一念を論じる際には法然の説を承けつつ明恵の論難全体を視野に入れて論じなければならない。

信一念釈と行一念釈に共通する言葉として、「一念」以外に「専心専念」という語がある。この語について親鸞は善導によるとするが、実際には善導の著述五部九巻中に、この四字は見出されない。(16)ここから、善導の言葉として挙げられる「専心専念」には、行と信とを不離とする親鸞の立場が込められていると考えられる。明恵は「専念」は心念であり菩提心であると理解する。それに対して親鸞は、行一念釈と信一念釈の両箇所で、専念とは一行であり、専心とは一心であるという理解を示している。行一念釈では一行とは一声であり正行であり正業であり「南無阿弥陀仏」であると転釈するが、これは法然の選択本願念仏説を承けるものである。一方、信一念釈では一心である専心は、つまるところ大慶喜心であり金剛心であり阿弥陀仏の量り知れない智慧によって生じる大菩提心、大慈悲心であるとされる。つまり、親鸞における「専心専念」という用語には、選択本願の称名念仏こそが浄土往生の正業であるとする法然の理解を継承するとともに、明恵から法然に向けられた菩提心正因説に対して、阿弥陀仏の本願によって回施された真実信心こそが正因であるとする立場が明確に示されているると考えられるのである。[17]

四 「真如」の理解について～「証文類」における天親教学の意義～

明恵によれば称名行を成立させるのは菩提心であるから、浄土往生の正因は菩提心である。また、明恵は法然に論難を加える際に、阿弥陀仏の発願も菩提心によるものであり、「無漏浄識」としての菩提心が依報となったものが浄土であるから浄土建立も菩提心によるとする。つまり、往生、仏果得証、浄土建立いずれも菩提心を正因とするというのが明恵の主張である。[18]

ところで明恵と親鸞をめぐっては、その菩提心理解に注目が集まるが、『摧邪輪』において展開される仏果の因は菩提心だけではない。このことが明確に示されるのが天親（世親）の『仏性論』である。[19] 明恵は『仏性論』を引用して仏果に至る因として、応得因、加行因、円満因の三つを挙げる。応得因とは真如であり、それによって真如である菩提に向けての発心がある。加行因とは菩提心であり加行（業用）の因である。この加行が円満することで仏果が得られるので加行は円満因となる。応得因、加行因、円満因の三因は前者が後者を成立させるという関係になっており、その意味で仏果・菩提の因は根元的には真如ということになる。菩提心は願にあたり加行は行に他ならないが、願も行も因縁によって常に変転する有為である。これら有為の願行に対して、それらを成立させる真如は無為である。それゆえ、真如法性にかなった願と行とによって仏果得証が可能となるのである。[20]

一方、親鸞は、「信文類」大信釈の結びで行信について、

爾れば若しは行、若しは信、一事として阿弥陀如来の清浄願心の回向成就したまふ所に非ざること有ること無し。因無くして他の因の有るには非ざるなりと、知るべし。

と述べ、「証文類」では教行信証の四法の結釈として、

夫れ真宗の教行信証を案ずれば、如来の大悲回向の利益なり。故に若しは因、若しは果、一事として阿弥陀如来の清浄願心の回向成就したまへる所に非ざること有ること無し。因、浄なるが故に果また浄なり。知るべしとなり。

と述べて、同様の構文で阿弥陀如来の清浄願心の回向成就による因果を明らかにしている。これらの自釈はいずれも『論註』の「浄入願心章」冒頭への釈文に拠っている。曇鸞は天親が『浄土論』「浄入願心章」で、浄土の荘厳が阿弥陀仏の清浄願心によることを「知るべし」と告げる箇所を解説して、

応知者応知此三種荘厳成就由本四十八願等清浄願心之所荘厳因浄故果浄非無因他因有也

と述べている。この箇所は本来、

「知るべし」とは、此の三種の荘厳成就は、本四十八願等の清浄願心の荘厳したまへる所なるに由りて、因浄なるが故に果浄なり。無因と他因の有には非ざるを知るべしとなり。

と読まれるべきで、無因論と他因論を排斥するものである。無因論とは万物は自然発生的に存在するものであり、そこに因果関係を認めないとする説であり、他因論とは自在天などの創造によるとする説である。曇鸞は天親の説示を受け、浄土の荘厳はそのような無因や他因ではなく、ただ阿弥陀仏の

清浄願心によると説く。しかしながら親鸞は、この箇所を「信文類」欲生釈と「証文類」還相回向釈に引用する際に、「因無くして他の因の有るには非ざるなり」と訓んでいる。この訓読は外道の因果論に対するものではなく、往生、仏果得証、還相、浄土建立いずれも、ただ阿弥陀仏の清浄願心、すなわち大菩提心を根元的な正因とすることを宣揚するものである。このことは先に挙げた自釈にも通底している。

また、曇鸞は「浄入願心章」に対する先の釈に続けて真如の展開相としての浄土の荘厳、すなわち広略相入の論理を明らかにしている。これは浄土の荘厳相について、その正因を阿弥陀仏の清浄願心とするとともに、その根元を真如として把握するものである。親鸞は晩年の著述で真如・一如を根元とする垂名示形論を展開するが、その祖型はすでに親鸞の『浄土論』受容に認められるのである(21)。

親鸞は曇鸞の釈によって天親の言葉が顕かになると述べるが、『浄土論』を著した天親こそ、明恵が依る『仏性論』を著した菩薩である。すると、天親の言葉によって本願文の三心を一心として示す理解は、天親自身が横超他力の大菩提心を信心として宣布していると表明するものであると言える。先ほど明恵が「一念」を第一義空に相順する一念の信・菩提心であると捉えていることを述べたが、真如の展開としての名号観、そしてその名号が本願力回向の行信として我々に至り届くとする行信一念理解は、まさしく明恵の理解と呼応するものである。法然が選定した浄土五祖に加えて天親を祖師と位置付ける親鸞の相承理解において、明恵の論難は大きな契機となったと考えられる。

五　「心光」の理解について～光明のはたらき～

次に取り上げたいのは、親鸞が用いる「摂取心光」という表現についてである。「心光」という語が七祖の文献上で見られるのは、善導の『観念法門』とそれを引用する法然の『選択集』のみであり、「心光」という語を多用するのは親鸞の特徴である。ところで、この「心光」という語は明恵も用いており、しかもそれは阿弥陀仏の光明による摂取に関する法然の理解を批判する文脈で登場する。『観経』「第九真身観」の「光明遍照十方世界念仏衆生摂取不捨」という箇所について、法然は『選択集』「摂取章」で阿弥陀仏の光明が念仏の衆生のみを照らして摂取すると説く。それに対して明恵は阿弥陀仏の光明について、身から放たれて十方世界の衆生を照らす身光と、摂取のはたらきを持つ心光との区別を示し、法然においてその区別が明確でないことを指摘する。そして心光による摂取は、衆生の念仏心・浄念によるとし、しかもその念仏心は、文字通り仏を念ずる心として称名念仏には限定されないと主張する(22)。

これに対して親鸞は明恵が用いた心光という語を摂取を論じる文脈で多用し、衆生自らが起こす浄念ではなく、阿弥陀仏によって回向される信心によって摂取されるという理解を示す。また、正信偈では「摂取心光常照護」の句に続いて、「已に能く無明の闇を破すと雖も、貪愛・瞋憎の雲霧、常に真実信心の天に覆へり。譬へば日光の雲霧に覆はるれども、雲霧の下、明らかにして闇無きが如し」と述べ、阿弥陀仏の摂取の心光は常に衆生を照らすが、その光を遮っているのは衆生の側の貪愛・瞋憎の心であるとする。実は明恵も「見・不見は、唯だ、眼目の有無に任せたり。日輪の過に非ず。摂・不摂も亦、念心の有無に依る。弥陀の過に非ざるなり[23]」と述べ、摂取の光を遮るのはあくまで我々衆生の側の問題であって、阿弥陀仏の光明自体の問題ではないとする。阿弥陀仏の大悲のはたらきに関する理解において、親鸞と明恵とは軌を一にしているのである。

ただし、親鸞によれば、『尊号真像銘文』で自ら正信偈を注釈しているように、貪愛・瞋憎の心でさえ往生の障りとなるものではない。阿弥陀仏の心光によって摂取されるか否かは、煩悩を消し去ることでも、明恵の言う浄念を起こすことでもなく、ただ自力の執心を捨てることによる。それはすなわち本願に随順することに他ならない。衆生の側から起こす浄念ではなく、阿弥陀仏の側からの願いによって摂取されるというのが親鸞の根本的な立場である。

このように、親鸞における「摂取心光」という表現にも、その背景として明恵の論難が看取される。

おわりに

以上、雑駁ではあるが明恵の論難への応答という観点から『教行証文類』で展開される課題について概説した。仮定に基づく考察ではあるが、体系的な呼応関係を描くことが可能である。もちろん、『教行証文類』は明恵の論難を含め諸宗からの批判や法然門下における異義などへの応答に還元されるものではない。ただ、『教行証文類』の読解において親鸞自身の問題意識に遡ることは重要な意義を持つ。法然との値遇によって雑行を棄てて本願に帰した親鸞が、その宗教体験を言語化していく背景、

『教行証文類』というテキストが成立する思想的なコンテキストを明らかにする作業は、『教行証文類』の読解に必須であり、その読解によって時代を超えた宗教的真理を汲み出そうとする営為に有益な視座を提供すると思われる。

註

(1)『浄土宗全書（以下、浄全）』第八巻、五四三頁下。
(2)『浄全』第十七巻、一三六頁。
(3) 石田充之『鎌倉浄土教成立の基礎的研究』（百華苑、一九六六年）、第二篇「浄土一宗確立に対する反論の基礎的意義の研究」第二章「高弁の摧邪輪に示す反論の意義」では、明恵の立場について詳述してある。
(4) たとえば註（1）の了慧道光『新扶選択報恩集』では、その立場が明確に示されている。
(5)『荘厳記』（『浄全』八巻七九一頁下）参照。
(6) 法然は「三部経釈」において、第十七願は「名號をもて因として、衆生を引接し給ふ事を、一切衆生にあまねくきかしめんがため」であるとする（『和語灯録』所収、『聖典全』第六巻四〇三頁）。
(7)『聖典全』第二巻一〇八六頁。
(8)『聖典全』第二巻六九一頁。
(9) この点に関する詳細は、拙稿「『行文類』における第十七願の意義について」（『真宗学』第一三九号、二〇一九年）、「『行文類』における『十住毘婆沙論』引文の意義について」（『真宗学』第一四一・一四二合併号、二〇二〇年）参照。

(10) この点に関する詳細は、拙稿「『行文類』における『平等覚経』引文について」浄土真宗本願寺派教学研究所『教学研究所紀要』第一〇号、二〇〇二年）参照。

(11) 親鸞の逆謗往生理解に関しては拙稿「親鸞における逆謗往生について」『北陸宗教文化』第一四号、二〇〇二年）参照。

(12) 以下は拙稿「親鸞の行信一念理解について（一）特に明恵『摧邪輪』の所説との関連をめぐって」（『真宗学』第一一五号、二〇〇七年）、同（二）（同第一一九・一二〇合併号、二〇〇九年）参照。

(13) 以下、明恵の論難については『摧邪輪』上巻末（『浄全』第八巻七〇四頁以下）を参照。

(14) 明恵が「一念」を主題とする箇所は『摧邪輪』『荘厳記』にはないが、「念」については基本的に心念として理解している（『浄全』第八巻六八八頁下）。この心念は菩提心に他ならないが、『荘厳記』では菩提心について有為の体（大願）と無為の体（第一義空）を立て、大願は第一義空に相順する心とされる（『浄全』第八巻七七六頁上）。

(15) 『大正蔵』第一〇巻八二五頁以下。

(16) もちろん「専心」「専念」という語自体は随所に見られる。

(17) 普賢晃壽『親鸞教学論考』（永田文昌堂、一九九九年、一八〜一九頁）では、親鸞の一行一心の理解が明恵の「一向」理解との関係において論じられている。

(18) 『浄全』第八巻六八四頁。

(19) 『浄全』第八巻七〇七頁。

(20) 高崎直道「仏性論解題」新国訳大蔵経・論集部二『仏性論・大乗起信論（旧・新二訳）』（大蔵出版、二〇〇五年）参照。

(21) この点について興味深いのは、「証文類」は『教行証文類』の中で最初期の筆跡によって書かれているという事実である。親鸞において、真如の展開相としての浄土という構想は、当初から一貫したものであったことが窺われる。

(22) 『浄全』第八巻七四〇頁以下。なお、このことについて法然は『西方指南抄』(上本)「法然聖人御説法事」(『聖典全』第三巻八八四頁以下)で光明に常光と神通光の区別を立てて論じているが、常光が文字通り不断に照らす光明であるのに対し、摂取の光明である神通光は「念佛衆生あるときはてらし、念佛の衆生なきときはてらすことなき」光であるとしている。

(23) 『浄全』第八巻七四三頁。

龍谷大学の真宗学における法然門下研究の歩み

高田文英

一、

龍谷大学の真宗学における法然門下研究は、遡れば近世の宗学に行き着く。当時の学匠の講義録を繙けば、西山・鎮西の末疏が随所に参照されており、その学究の深さを知ることができる。しかし近世の浄土異流の研究は、杉紫朗が「我は彼を、我の髄に対して皮と肉とを得たが如きものであると評し彼は我を邪流一念義と罵るが如き時代(1)」と評しているように、鎮西派・西山派に対する宗派的対抗意識が先に立つ面の強かったことは否めない。

明治・大正期になるとこうしたあり方に変化が生じる。その端緒を開いたのは本学の第二代学長をつとめた前田慧雲（一八五五～一九三〇）であった。前田は歴史的・客観的な学問方法を導入して近代的な真宗学の基礎を作った人物であるが、法然門下についても以下の論考を著している。

「法然聖人門下諸師の念仏義（第一　成覚房幸西の一念義、第二　長楽寺隆寛律師の所立、第三　九品寺覚明房長西の所立）」（『前田慧雲全集　第四巻』所収、初出論文は明治二九年）

「成覺房幸西一念義集評」（『前田慧雲全集　第四巻』所収、初出論文は明治三五年）

一念義の祖とされる幸西はこの当時、浄土宗はもちろん真宗でも邪義と見る向きが強くあった。また隆寛は長らく多念義の祖と見なされてきた。そうした見方に学問的な立場から再評価を試みたことは、法然門下研究に新しい時代の当来を感じさせるものであった。

その後、大正一〇年（一九二一）に浄土宗の望月信亨（一八六九〜一九四八）が『略述浄土教理史』を出版する。本書は浄土教理史の概説書であるが、法然門下についても「鎮西義」「多念義」「諸行本願義」「弘願義（証空）」「一向義（親鸞）」の五流を取り上げて、その教義的な特色を解説している。法然門下の分類として現在も用いられる「安心派」「起行派」の名称は本書を嚆矢とする。(2) また管見では「浄土教理史」という用語も本書が初出と思われる。なお本書は終始鎮西義を正統とする立場を隠すことなく、親鸞をはじめとする安心派に対しては辛辣な批判を加えている。

続いて大正一二年（一九二三）に杉紫朗の『西鎮教義概論』が出版される。本書は大正九年（一九二〇）から同一二年（一九二三）まで仏教大学（現、龍谷大学）発刊の『仏教大学通信講義』に連載されたもので、西山・鎮西教義の解説書である。その特長としては、整った体系的な概説である点、客観的論述に努めている点、教学史的展開にも注意が払われている点などが挙げられる。

『龍谷大学三百五十年史 通史編上巻』にも、

「学問としての三派教義の比較研究」（同書序言）をめざす立場から、真宗と同じく法然の門流に属する西山・鎮西両派の教義を価値中立的に考察したもので、教理史の学術的質を高めるとともに

にその領域を広げた労作である。(3)

とその学問的価値が称讃されている。

ただし「価値中立」の立場を旨とする本書にも、真宗の立場からの価値批判がないわけではない。本書の「結論」には、

今自分は真宗の信仰に住するものであるから、其点からすると西鎮両派の所説には何処かに物足りなさを感ずる。尤も研究上としては成るべく色眼鏡をかけないことに勤めたのは申すまでもないが、それでも感ずることは如何とも仕方がないから其の一端を記して結論にかへやう。(4)

と断った上で、純他力の真宗こそ正統とする見解が披瀝されている。その意味では望月の立場とも通ずるものがあると言える。

そもそも近代に再出発した真宗学は、客観的方法を標榜しつつ、かつその終局的な目的は真宗教義の真理性・正統性を明らかにすることにあった。それゆえ浄土教理史にしても法然門下研究にしても、宗派的な偏向という問題を不可避的に内包していたのである。

ただし注意すべきは、少なくとも杉はそうした特定の宗派からの法然門下研究に伏在する限界性に極めて意識的であったし、またそれだけにつとめて公平であろうとした点である。そのことは杉の晩年の回顧録である『無題録』に、

自分が西山教義を承つても真宗教義は捨て得ませぬで、西山教義を批判致します、折角承つて批判の道具にしてはすまんと思ひますと云ふと、(西山派の関本諦承氏は) それでよいので各の宗

派の特長がそれによつて輝くからお互に勉強しませうと云はれるやうのこともあつた。[5]（括弧内は筆者の補足）

と書かれているところからも伺い知られる。なお上記の杉の言葉に対する西山派の関本の返答も含蓄に富むものと言わねばならない。

杉はその後、三派教義の比較研究として、

『二河譬の三家観―真宗・鎮西・西山家の見解―』（興教書院、一九二八年、のち『新編真宗全書』巻二〇に収録）

『浄土三派の他力論』（興教書院、一九三七年）

の二著を刊行している。これら二著もいずれも客観的な論述につとめているが、やはり結論的なところでは、自身の見解と断りつつ真宗の他力回向義こそ法然教義を正しく継承するものと述べられている。

二、

杉の次の世代で法然門下研究に取り組んだのは、加藤佛眼（一九〇一～一九六九）・高千穂徹乗（一八九九～一九七五）・石田充之（一九一一～一九九一）である。加藤佛眼は自身の学問をふり返る中で、

（宗学院における）杉紫朗勧学の『選択集』の講述が、然も、西・鎮・今、の三家の義解、を微細に比較しつつ続けられたことは、特に筆者にとっては無上の幸福であった。…惟ふに宗祖を語

る場合に宗祖の時代背景、特に同門の思想を考慮することなしになされ得る筈はない。(6)（括弧内は筆者の補足）

と、真宗学の方法論を模索していた時期に、杉の法然門下に関する比較思想的研究に大きな示唆を与えられたと回顧している。こうして加藤は教義学の中に法然門下研究を導入して研究を行った。とくに『第十八願の研究』（明治書院、一九四三年）は生因三願ならびに諸行往生に関する「九品寺流」「鎮西流」「西山流」「真宗義」の諸見解を論じたものである。加藤の研究では、他流の教学（本願解釈）に対して真宗の立場から積極的に批評・批判が加えられている。

高千穂徹乗は法然研究が専門であり、法然門下の教学にも取り組んだ。『大乗精神の展開―日本浄土教の動向と原理―』（真宗典籍刊行会、一九四三年）は、菩提心を中心テーマとした日本浄土教の研究であるが、法然とその門下（弁長・証空・幸西・隆寛・長西・一遍・親鸞）に多くの紙幅が割かれ、門下教学の概要が平易に解説されている。また『法然教学の特質と動向』（永田文昌堂、一九五四年）は『大乗精神の展開』をもとにしながら「専修教団と法難」「円頓戒と破戒無戒」などの章を追加してまとめられた安居の講本であり、歴史学的な方面にも注意が払われている。

高千穂の法然門下研究で注目されるのが、門下それぞれの教学について親鸞中心の立場からの価値批判がほとんど見られない点である。むしろ例えば証空については、

証空は宇宙の根本としての弥陀を知り、弥陀の顕現としての万象を眺め、常に弥陀と共に生きぬ

いたのである。(7)

と共感的な表現で結ばれており、また『法然教学の特質と動向』の最後は、

以上の解説によつて法然門下の人々が伝承された既成の仏教思想と法然の浄土教思想とを各自の個性の坩堝のなかで鍛えなおして独自の宗教思想を組織し大系ずけたことを知り得るのである。(8)

と述べられている。このように高千穂には門下の教学をそれぞれの「個性」として捉えようとする態度が窺える。

石田充之には多方面の業績があるが、なかでも法然門下を中心とする鎌倉浄土教の教義研究において、他の追随を許さない体系的成果を残した。石田の法然門下研究は、主に次の四冊にまとめられている。

『日本浄土教の研究』(百華苑、一九五二年)

『鎌倉浄土教成立の基礎研究―法然門流初期教学を中心として―』(百華苑、一九六六年)

『法然上人門下の浄土教学の研究』上・下巻(大東出版社、一九七九年)

このうち『日本浄土教の研究』は、第一編で仏教伝来以降の日本浄土教の展開を論じ、第二編で法然の浄土教義とそれに対する貞慶・明恵ら一般仏教界の法然批判を扱い、その上で第三編において法然門下の教学を隆寛・証空・幸西・弁長・長西・静遍・良遍・親鸞の順で網羅的に解説している。このように本書は実に体系的な内容を持ち、石田の研究はこの書の時点ですでに相当成熟していたと言うべきである。

続く『鎌倉浄土教成立の基礎研究』は、貞慶・明恵による法然批判によって惹起した「大乗仏教的な理念の中に於ける浄土教の存在性如何の問題」(9)に門弟諸師がどう応えたのかという原理的な問題をテーマとしている。『日本浄土教の研究』で提示した視点をさらに掘り下げたものと言える。またこの書は明恵『摧邪輪』の内容分析が大変詳細である。

『法然上人門下の浄土教学の研究』上・下巻は、目次の構成は『日本浄土教の研究』を踏襲しつつ、分量としては門弟諸師を論ずる部分を中心に約三倍に加筆されており、石田の法然門下研究の集大成というべき業績である。

こうして石田は、門弟諸師の教学について、各師ごとに多くの資料にあたって詳細な研究を行いながら、しかも貞慶・明恵らによる法然批判への応答という枠組みで門弟諸師の教学を統一的に把握した。綿密な個別研究と大局的な全体把握という二つを両立させて、法然門下研究に大きな足跡を残した。

この石田による門弟諸師の評価・位置づけは、自身が昭和五四年（一九七九）に書いた『法然上人門下の浄土教学の研究』上巻に、

できるだけ客観的に理解してゆくように努めたのであるが、全体的には、可なり親鸞聖人中心の色彩を強くしていることは否めない(10)。

とふり返っているように、例えば杉のそれに比べると、真宗を正統とする書きぶりがむしろ躊躇なく打ち出されている。

ただしこのように石田の研究が真宗を正統とする色彩が強いことは、決して石田だけの問題ではなく、

先述のとおり真宗学の法然門下研究が不可避的に内包する問題であった。むしろ石田の研究は、真宗の真理性・正統性を示すという真宗学の目的に照らすならば、論ずべきことを徹底して論じ詰めたものと評することができる。

三、

その後、真宗学の法然門下研究は石田の門下生であった浅井成海（一九三五～二〇一〇）によって受け継がれた。浅井の研究には次のものがある。

『浄土教入門―法然上人とその門下の教学―』（本願寺出版社、一九八九年）
『法然とその門弟の教義研究―法然の基本教義の継承と展開―』（永田文昌堂、二〇〇四年）

このうち『浄土教入門』は本願寺派の機関誌『大乗』の連載をまとめたもの、『法然とその門弟の教義研究』は二〇〇三年に龍谷大学に提出された博士論文の書籍化である。他にも書籍に収録されなかった関係論文が多数ある。とくに西山派の証空に関する研究が目立つ。

上記二冊の構成はいずれも、本願・念仏などのテーマごとに、法然・弁長・証空・親鸞の教学を並列的に論じるものである。『浄土教入門』では「本願」「念仏」「信心」「菩提心」「平生と臨終」「臨終来迎」「人間観」「他力」、『法然とその門弟の教義研究』では「教判論」「本願論」「菩提心論」「現世利益論」が立項されている。なお現世利益論は門下研究の枠組みでは他に研究がない。

浅井は自身の法然門下研究について『法然とその門弟の教義研究』の「あとがき」に次のように述

べている。

本研究論文においては、法然教義とその門弟の教義の解明において、その継承と展開をあきらかにしつつ、優劣を論じるのではなく、「浄土教とは何か」を問いつづけたのである。これは先師の研究において、すでになされてきたことではあるが、それぞれを一つの完結態として究明し、どう継承されたのかを論じたのである。比較研究の方法を取り入れつつ、その比較研究によって指し示すものは何かを少しでもあきらかにしようとしたのである。法然は不十分で、その門弟においてより完成された、あるいは弁長は不十分で、親鸞において完成されたなどと論じるのではなく、それぞれの真意をより明確にして継承と展開を論究したのである。(11)

浅井の研究は、宗派的な優劣論を離れて諸師の教学それぞれを「完結態」として公平に論じるもので、その客観的な比較研究を通して「浄土教とは何か」を問い続けたという。その学究は浅井自身の内的な求道とも関わるものであった。このような浅井の方法論は正直分かりやすいものではないが、宗我的な立場を離れて純粋に門弟諸師の教学から学ぼうとするその姿勢は、浅井の教えを受けた門下生の一人としていかにも浅井らしいと感じる。

こうした浅井の研究のスタンスは、師の石田とは違うものを感じさせるが、石田の研究があったから浅井の独自のスタンスが生まれたのであろう。また、諸師の教学をそれぞれの「完結態」と見ていく点は、先述の高千穂徹乗の研究と通じるものがある。

結び

以上のように見てくると、本学の真宗学の法然門下研究は、その方法や目的において必ずしも一定ではなく、各人が問い紆余曲折を経ながら今に至っていることが分かる。先学の築いてきた伝統を踏まえながら、これからの研究がどうあるべきかを考えることが求められていると言えよう。

〈付記〉

今回はテーマの性格上割愛したが、真宗学の立場からの法然門下研究として重要な意義を持つものに、本願寺派勧学であった梯實圓（一九二四～二〇一四）による『法然教学の研究』（永田文昌堂、一九八六年）『玄義分抄講述―幸西大徳の浄土教―』（永田文昌堂、一九九四年）『一念多念文意講讃』（永田文昌堂、一九九八年）等の一連の研究がある。また京大哲学科に学び大阪の行信教校で宗学を研鑽した本願寺派僧侶青木敬麿（一九〇三～一九四三）の『念仏の形而上学』（弘文館書房、一九四三年）は、法然の念仏義の本質を真宗学匠のものだけでなく、行観・顕意・智円ら西山派の『選択集』末疏を参照しつつ求道的に探究したもので、小著ながら深い内容を含む。

また最近の門下研究について一言すれば、全体的な傾向として門弟諸師の比較思想的研究に留まらず、門弟諸師の教学動向をより立体的に描き出そうとする歴史学的な視点を導入した研究に移行しつつある。大きな成果として大正大学名誉教授の廣川堯敏『鎌倉浄土教の研究』（文化書院、二〇一四年）

がある。また親鸞仏教センター研究員の中村玲太によって西山義の研究が進められている。本学の真宗学でも非常勤講師の西河唯（「聖覚の多角的研究」二〇一八年認定博士論文））・西村慶哉（「鎌倉浄土教における親鸞思想の形成と展開」二〇二〇年認定博士論文）らによって新たな研究成果が提出されている。また本学仏教学非常勤講師の佐竹真城らによって金沢文庫所蔵の長西文献の翻刻研究が進行中で着実な成果を上げている。

註

（1）杉紫朗『西鎮教義概論』（龍谷大学出版部、一九二四年）四頁。
（2）『新纂浄土宗大辞典』（浄土宗、二〇一六年）「安心派・起行派」の解説、四六頁。
（3）『龍谷大学三百五十年史 通史編上巻』（龍谷大学、二〇〇〇年）六六七頁。
（4）杉紫朗『西鎮教義概論』（龍谷大学出版部、一九二四年）二九一頁。
（5）杉紫朗『無題録』（百華苑、一九四八年）九四頁。
（6）加藤佛眼『教行信証竪徹（王本願論第四　典籍篇）』（永田文昌堂、一九六七年）序文。
（7）高千穂徹乗『大乗精神の展開―日本浄土教の動向と原理―』（真宗典籍刊行会、一九四三年）一六一頁。
（8）高千穂徹乗『法然教学の特質と動向』（永田文昌堂、一九五四年）一七八頁。
（9）石田充之『鎌倉浄土教成立の基礎研究―法然門流初期教学を中心として―』（百華苑、一九六六年）四頁。
（10）石田充之『法然上人門下の浄土教学の研究』上巻（大東出版社、一九七九年）まえがき。
（11）浅井成海『法然とその門弟の教義研究―法然の基本教義の継承と展開―』（永田文昌堂、二〇〇四年）六二四頁。

「安心論題」誕生の歴史

井上見淳

論題研究の誕生と背景

安心論題が誕生していくまでの歴史を論じていくにあたり、まず簡単に「論題」について述べておきたい。論題とはいわば「テーマ研究」であり、多くは「聞信義相」や「歓喜初後」といった具合に四字に熟語化されて存在している。

一六三九（寛永一六）年に学寮（その後「学林」と改称）が創設され、以後一八世紀後半に至るまで、宗学研究は学林の安居で、宗派の学頭・能化が中心となり進められていった。その頃の主たる方法は聖教そのものを扱う研究であった。そうした流れの中で大きな画期となったのは、やはり三業惑乱である。この宗門史上最大の法論事件は真宗史の各方面に大きな影響を残したが、騒動は一八世紀の後半頃から徐々に全国的に広がっていき、一八〇五（文化二）年には能化の理解こそ謬解であるという衝撃の判定がなされた。翌年には奉行所から騒動に対するすべての裁決がくだって事件は決着した。(1)

以後、能化制度は解体された。かわりに勧学制度がしかれるが、一方で全国各地の私塾においてもさかんに研鑽が進められる傾向を生じ、そこで次々に特色のある学説がうみ出されていった。そして、その頃に論題による研究がさかんになっている。また論題を討究していく上でよく用いられたのが会読という方法であった。会読とは、後述するが、問答をもって研鑽していく方法である。これからそうした研究の歴史について述べていく。

論題・会読のはじまり

この論題という研究方法が本願寺に導入されたのはいつのことなのか、まずはそこから論じたい。岡村周薩の『真宗大辞典』、「論題」の項目には次のようにある。

宗義を論ずるときに立つる題目を云ふ、即ち会読の時などに用ゆる題目である。美濃国山県郡掛村（今の岐阜県山県郡上伊自良村大字掛）の本派大性寺の牧野大周が嘉永五年（一八五二）本山の学林看護奉職中、余暇を以て宗学に論題を設けて講義せられた、是が真宗学に論題を設くる嚆矢であつた。蓋し天台の二百題に倣ふたものであらう。

これによれば、おそらくはもと天台にあった方法にならい、学林看護の職にあった牧野大周（一八〇八～一八八三）が論題を宗乗に用いて講義した。これが論題研究の嚆矢だと紹介されている。(2) しかしながら後述のように実際はもっと古くからあったと思われる。

次に「会読」についても紹介しておこう。これについては、筆者がかつて本願寺派安居事務所に奉職した経験から、少し述べておく。

安居は毎夏七月の後半に、龍谷大学の大宮キャンパス本館講堂において、二週間行われている。期間中は、大学生たちにまじって、全国から懸席（参加）した多くの黒衣・黄袈裟の僧がキャンパス内を歩いている。それがこの時期の龍谷大学の風物詩である。

会読は、初日（開繙式）と最終日（閉繙式）を除いて、毎日、懸席者によって行われる。例年、期間中に三つの論題を扱うが、(3) 本館講堂北側（本尊に向かって右側）に机を「コ」の字に数台並べて、得業・助教・輔教の学階ごとに、六組程度の問者《もんじゃ》と答者《たっしゃ》とが向かい合って座る。問者とは問うだけ、答者とは答えるだけの役割であり、その組み合わせは、懸席者の中から無作為に選定され、前日に発表される。

本尊を背にした位置に当年の責任者である安居綜理の勧学が一名、本講の勧学が一名、副講の司教が二名、そして、会読指導である典議の司教が一名の計五名が横に並んで座るのである。会読によって論題を検討していく道筋は、典議が作成した簡単な「提要」が配布されており、それに沿って学階が下の者から順番に、持ち時間の限り問答を重ねていくのである。論題ごとの最終日には、本講師が内容に対する「判決」をまとめ、それを読み上げる。その後、判決は配布される。

ところで、会読の利点とは何かというと、この研究方法は厳しく問いを重ねることでかならず問答が行き詰まるところにあろうと思う。その行き詰まりを知ることで、自己の理解の限界を知って研鑽すべき点が明確になり、また凡夫の議論の限界を知って如来不思議の恩徳を知る。まさに仏徳讃嘆となっていくのである。こうした作業は、論題を理解する上での聖教上の出拠を豊富にし、論理的欠陥を数多く見つけ補強すべき論理も生みだしていく。龍谷大学の前身となった学林では、特に文政年間（一八一八〜一八三〇）あたりから、論題研究の盛行に伴い、会読も盛んに行われたのだという。(4)

三業派の発議による論題・会読の始まり

ところで、こうした指摘よりずっと前の一七八八（天明八）年に、学林において論題・会読が行われていたことを窺わせる記事がある。それは能化・功存（一七二〇〜一七九六）の時代であり、彼の提唱する三業帰命説をめぐって周辺がにわかに動揺し始めていた頃である。

時代状況を少し説明しておくと、この三年前の一七八四（天明四）年七月、西本願寺に隣接する興正寺の学頭・大麟（生没不詳）が、讃岐で起きた異計を糺すに当たり『真宗安心正偽編』を著し、その「不正の法」の「邪源」は、功存の『願生帰命弁』であると明確に批判した。同年九月には『願生帰命弁』の理解を謬解したとして萩の清光寺で六人が罰せられ、翌年春頃には、本山から堂達（御堂衆）が派遣され美濃の雲晴寺の『願生帰命弁』の理解を糺している。

また注目すべきは一七八七（天明七）年には、功存の主導により、「領解文」を記した法如証判本が開版され、門末に広布されたことである。しかし、長年堂達を勤め、また稀代の宗学者・宗門史家でもあった玄智（一七三四〜一七九四）が、その証判本に付された文如新門の跋文の一文を「殆んど土蔵秘党の所拠とす」と評し、彼はその後、過酷な処遇を受けたという一件もあった。そして一七八八（天明八）年には、東派の宝厳が『興復記』を著して三業帰命説を鋭く批判すると、西本願寺は苦労してその版木を買い上げたのである。[5] そのような時代状況のなか「天明八年五月二十九日」の『学林万検雑牘』（巻二）に以下のような記事がある。

一近年於諸国ニ御法義ニ就テ、異解異見ヲ立。正邪混糅シ是非難定。或者結党諍論数々起。一宗門中ニシテ如此、則他山他派之見聞可恥之至也、故冀ハ於当山叢林ニ古来諸書之難関少分之異解ニ至迄、悉ク立論題研究之、仮ニ設立敵論議之、且請学職之決判者、誠ニ君子之諍而不結憤、学解学行各帰正路、已達未達共知之、而無迷岐路之愁、如此帰一揆、則叢林永固。而海衆各随分而得益者、実ニ宗門繁栄之可為一助歟。此趣御能主江御窺[6]

すなわち近年、諸国で法義に対する異解異見が立ち、正邪が入り混じって是非の判断も定め難く、結党して諍論することたびたびである。これは他山他派にも知られており恥の至りである。そこで大衆の願いとして、学林で古来の諸書の難関箇所から少分の異解に至るまで、ことごとく論題を立てて、仮に立敵を設けてこれを論義討究し、且つ学職（能化）の決判を請うことにしたい。こういう問答のやりとりは誠に君子の諍いであり、それによって結憤することはない。学解学行はおのおの正路に帰していくものであり、已達・未達も共にそれを知ることで岐路に迷う愁いを無くすことになる。このように思いを一つにするなら学林は永く安泰であり、大衆もそれぞれに利益を得ることになって、実に宗門の繁栄の為に一助となる。よって能化へこの旨をうかがうというのである。

この記事こそ、学林で論題を立てて会読を試みた記録の最初であろう。[7] 非三業派からの批判に対し、三業派諸師も屈強に反論を重ねているが、それも一つにはこうした会読研究に裏打ちされたものだったのかもしれない。安居での論題・会読研究の始まりが、三業派からの発議に起源するというのは、きわめて興味深い事実で注目すべきことである。現在、会読は、安居の他は私設勉強会などで行われているようだが、龍谷大学の授業として行われることはない。しかし、かつては行われていたのであり、その点を次で論じていく。

明治以降の教育の場における論題、および会読の歴史

明治の社会に吹き渡った西欧の新風は、伝統を重んじる学林にも変化をもたらした。そうした中、一八七六（明治九）年に設立された大教校は、赤松連城（一八四一〜一九一九）校長のもとで出発した。大教校は、現在の大宮キャンパスの本館・南黌・北黌・正門であり、本館は講堂で、南・北の黌棟は寄宿舎であった。洋風に新築された校舎であったが、講堂には畳が敷かれ、学生は膝を組んで書物をのせ、講義を筆記するという風景がそこにはあった。

当時の授業科目を見てみると、「大教校下等学科課表」の内典専学部に[8]「宗乗論議」という科目があり、それぞれ「二〇題」「一五題」等と書かれている。これは学林時代からの論題・会読による授業であると思われる。開校から一年半後に「真宗学庠」と改称されたが、やはり下等学科の内典専学部には「宗乗論議」が置かれている。また一八八六（明治一九）年、真宗学庠が内典専門の学場として位置づけられた時も、本科の課程に「宗要論題」という科目があり、おそらく会読も行われたと思われる。翌一八八七（明治二〇）年には、「真宗大教校」と改称され、「大教校」の名が復活している。この時の

綱領には「弘教伝道の棟梁」たる「派内高等の学生を教育」する機関と定義され、普通学も尊重する方向性が取られた。この時の学科表には、上等学科宗乗部では本科に「宗要講案」、上等学科余乗甲部では本科に「華厳要義講案」、附科に「宗要論議」、同乙部では本科に「倶舎要義講案」、附科に「宗要論議」が同じく置かれた。(9) また「上等学科外学部」でも宗乗に「宗要論議」が置かれた。その後、一八八八(明治二一)年に大学林となり、一九〇〇(明治三三)年には仏教大学へと改組転換された。その時に授業自体からは論題を思わせる科目は消えているようにみえる。しかしながら当時の研究書に目を転じてみれば、やはり論題系の研究書が多い。たとえば、学林時代の後期から大教校・大学林・仏教大学時代へかけて刊行された、論題研究の書物は次の通りである。

・『浄土真宗要義論題』(刊行年不明) 甘露院慧海(一七〇七~一七七一)
・『三経七祖宗要開関』(一八八二年刊) 得法院(内田)寛寧(一七九七~一八七九)
・『真宗論要』(一八八三年刊) 労謙院(松嶋)善譲(一八〇六~一八八六)
・『宝章綱要』(一八八六年刊) 願行院(鬼木)沃洲(一八一七~一八八四)
・『広文類論題』(一八九三年刊) 宣布院(藤岡)覚音(一八二一~一九〇七)
・『三経論題義灯』(一八九四年刊) 甘露院慧海(一七〇七~一七七一)
・『宗要百論題』(一八九四刊) 浄満院(東陽)円月(一八一八~一九二〇)
・『本典詮要百二十題』(一九〇一年刊) 同前
・『宝章論題』(一八九三年刊) 同前

・『宝章三十二論題講説』（一九〇三年刊）見敬院（原口）針水（一八〇八～一八九三）
・『宗要論題決択編』（一九〇三年刊）専精院（利井）鮮妙（一八三五～一九一四）
・『真宗安心三十題啓蒙』（一九〇八年刊）願海院（足利）義山（一八二四～一九一〇）
・『真宗百題啓蒙』（一九〇九年刊）願海院（足利）義山
・『真宗論題蹄筌』（一九一三年刊）専精院（利井）鮮妙
・『真宗要義論題』（刊行年不明）晃暁院（伊井）智量（一八五二～一九一一）
・『宗要論題類文』（詳細不明）
・『真宗安心論題明光録』（詳細不明）

これらの論題研究はどれも高度な研究成果をうみ出しているものであるが、こうした時代にあって論題・会読という方法について批判的な見方がないわけでもなかった。たとえば、論題は論点を絞った上で、いくつもの聖教の関係箇所を横断的に見渡していくが、時にその聖教自体がもっている問題意識や背景が等閑視されたり、文脈が分断して理解されたりしてしまう場合がある。こうした点について、すでに鈴木法琛が、一部の聖典を読みとおすという基本的な態度さえ阻害される場合も多いと批判的に述べている。(10) また、会読は、時に問答でかわされる法義内容よりも、問者と答者との優劣、あるいは勝敗といった観点にどうしても傾きやすいところがあると思う。前田慧雲（一八五七～一九三〇）が、当時、会読論議の過程で自派の学説に固執し論難往復の競技めいたものに堕しやすいという難点がある、と述べているのも、そのことであろう。(11)

明治から大正へのこうした流れの中で、徐々に難点を克服する形で前田慧雲らを中心に宗学研鑽の方法も変化し始める。一方でそれまで存在感を放っていた論題研究については、この前田慧雲・是山恵覚（一八五七〜一九三一）の古稀記念として企画出版された『真宗叢書』の「真宗百論題」の選定・整理により、一つの画期を迎えていくのである。

安心論題の制定へ

一九二二（大正一一）年、大学令に準拠する単科大学に認可され、仏教大学は龍谷大学と改称された。それに伴い従来の「宗学」「宗乗」ではなく「真宗学」という名称が誕生し、真宗学会も発足した。初代会長は、雲山龍珠（一八七二〜一九五六）である。ちなみにこの年に、東本願寺で親鸞真筆の『一念多念文意』が見いだされた。またその前年の一九二一（大正一〇）年には西本願寺から「恵信尼消息」が発見され、一九二三（大正一二）年に鷲尾教導が研究成果を『恵信尼文書の研究』として刊行した。こうした相次ぐ歴史的発見と共に、各派からは親鸞真筆と伝わる資料の影印本が次々と刊行され、同年の立教開宗七〇〇年という初の立教開宗法要に大きな花を添えたのであった。

そうした時代の中で一九二五（大正一四）年、勧学寮が「真宗百論題」を選定し終え、その成果を一九二八（昭和三）年に、龍谷大学教授で勧学でもあった前田慧雲・是山恵覚の古稀記念として企画された『真宗叢書』（全一二冊）の中に収めたのである。『真宗叢書』は、『真宗全書』から漏れた有名註釈書が収められ、資料公開という意味で大きな意味をもったが、その第一・二巻に真宗学の研究史上に輝く「真宗百論題」を収めたことでも、学術的に大きな意味をもった。『真宗叢書』第一巻「例言」には次のようにある。

本叢書は勧学前田慧雲・同是山恵覚両和上の古稀壽祝賀の記念事業として、昭和三年五月より龍谷大学内真宗叢書編輯所に於て之が編輯を始め、本願寺勧学寮内両和上古稀記念会より逐次発行せるものである。……中略……

本叢書編輯に方り、前田・是山両和上監修の下に、特に花田凌雲・花園映澄・杉紫朗・梅原真隆氏等親しく指導を垂れ、延書・交合並びに校正には桐渓順忍・藤了暢・高島浩園・筑田隆蔵・宇野恵空・藤原三千丸等之に従事し、解題は桐渓順忍の執筆に成った。（以下略）

『真宗叢書』の第一・二巻所収の「真宗百論題」とは、これまでの宗学研究がうみ出した財産ともいうべき論題研究を集大成したものである。その経緯については『真宗叢書』第二巻巻末の「解題」に桐渓順忍が次のように語っている。

大正一三年一二月、本派本願寺勧学寮に於て、宗乗論題を整理せんとして、先づ古来の先哲の論題目を渉猟して約五〇〇題を得、且つ広く派内の宗学者に意見を徴し、其等のうちより比較的須要に非ざるもの、また従来等閑に付せられしも近時時代の趨勢により其必要を生ぜしもの等を取捨して、大正一四年六月、其選定を終り、内題一一〇、外題二〇、合計一三〇題とせり。而して其内題は、「安心論題」三〇題、教義論題七〇を正題とし、秘事法門等の異安心に関するもの一〇題を附題とせり。又、外題は主として対外的なるを集む。尚ほ従来同一問題を異なれる名目にて論議せられしものは同一名目中に収め、其問題と全然同一には非ざるも、それと不離の関係を持つものは特に其論題の下に之を附加し、以て全般の統一を画せり。…中略…本論題の編纂にあたっては、同一論題下にあっては著者の年代順に配列せり。ただし「真宗要義論題」は校者（妻木直良氏）の附言あるを以て之を最後におき、且つ校者の言を一字下げとして原本の編輯の体裁をそのまま存することとせり。又、先哲の名称はすべて院号を用いることとせり。尚ほ、この編纂に当り、古来の諸書中より其の材料を蒐集し、之を一〇〇題に按配することは全部大江淳誠氏を煩わせり。

ここには興味深い内容が記されている。これによれば、まず勧学寮で、これまでの膨大な論題研究の成果をまとめようという動きが起こった。そこから多くの書を渉猟しておよそ五〇〇題を得たのだという。この成果がおそらく龍谷大学図書館所蔵の勧学寮調査員編『宗乗論題名目集』（一九二五《大正一四》年）である。ガリ版刷りのこの記録には次のような序がある。

宗乗の論題に関する書は、龍谷大学図書館に蔵するもののみにても約百部の多きに及ぶ。今その中二〇部を参考して古来数々来られたるもの四五〇を列挙す。外に附録として考信録より一五題、叢林集より三二題を抜書し、また浄土論題指麾集の三二二題、秀馨記の一〇〇題を並挙して浄土異流の論題を参考す

この記録には、五〇〇を優に超える膨大な論題名が列挙されているが、この蒐集にあたって参照した書が記されている。上記のものの他に、以下のものが挙げられている。

・『宗要安心論題』（一九〇七年刊）　米村永信（一八六六～一九〇六）
・『宗要安心論題』（一九一四年刊）　鈴木法琛（一八五二～一九三五）
・『宗要論題』（一九一七年刊）　是山恵覚
・『宗要安心論題』（一九二〇年刊）　雲山龍珠[12]
・『安心論題』（刊行年・著者不明）
・『真宗二百題』（刊行年・著者不明）
・『宗要義略』（刊行年・著者不明）
・『浄土真宗筌罤録』（刊行年不明）　宝生院宝雲（一七九一～一八四七）
・『真宗関節』（一七五五年刊）　月筌（一六七一～一七二九）
・『考信録』（一七八九年刊）　玄智[13]
・『叢林集』（一七一一年刊）　恵空（一六四四～一七二一）
・『浄土論題指麾集』（一八二〇年刊）　玄応（不明）

こうして蒐集した論題について、多くの宗学者の意見を聴取して「時代状況から比較的須要に非ざるもの、また従来等閑に付せられしも近時時代の趨勢により其必要を生ぜしもの等を取捨し」たのだという。この姿勢は、この後『安心論題』が改定されていく際につねに意識されている。

また「真宗百論題」の選定においては、筆者が先の引用で中略した箇所に、論題書ではない次の著者の書からも、情報を抽出して編入し、万全を期したと記されている。すなわち演暢院（日渓）法霖（一

六九三～一七四一）、泰通院義教（一六九四～一七六八）、明教院僧鎔（一七二三～一七八三）、峻諦（一六六四～一七二一）・誠実院性海、勝解院（石泉）僧叡（一七六二～一八二六）、大行院曇龍（一七六九～一八四一）、等心院興隆（一七五九～一八四二）、豊水院道振（一七七三～一八二四）、善通院月珠（一七九五～一八五六）、円成院南溪（一七九〇～一八七三）である。

段階的に整理はなされ、九二五（大正一四）年六月には選定を終え、内題一一〇題、外題二〇として、合計一三〇題とした。内題の内訳は「安心論題」三〇題、教義論題七〇を正題として選定し、異安心に関する一〇題を附題とした。また外題は主として対外的なものを集めたという。この成果を「真宗百論題」と題して発表したのである。

そして注目すべきは、こうして古来の諸書から蒐集してきた研究成果を、選定された一〇〇を超える論題に適宜、按配していったのは、すべて大江淳誠の手によるということである。大江淳誠は後の真宗学会長であると共に、多くの逸話を残した昭和期の真宗学を代表する泰斗である。

こうして「安心論題」は誕生した。これ以降、殿試の出題範囲は安心論題から出題されることとなった。その後、安心論題は必要性を鑑みて、一九六四（昭和三九）年には二五題となり、また二〇〇二（平成一四）年には、さらに一七題となった。またこの時、現生往生説を否定する必要性が生じたため、本学教授でもあった勧学、内藤知康を中心にして「往還分斉」という論題が新設されている。

ところで、当初の安心論題の「三〇」という数の理由について、筆者はかつて、当時の龍谷大学の授業に合わせ三〇論題程度を適量とみたが故という説明を聞いたことがある。しかし、全く同じ説明を二五題に改編されたときの理由として記しているものもある(14)。今となってはどちらが正しいのか、またどちらも正しいのか、それはわからないが、現在、龍谷大学の授業で安心論題が講義テーマとして掲げられることは、あまり多くはない。

また研究の動向としては、この「真宗百論題」が集大成として編纂されて以降、論題関係の研究書はかなり減少していった。ここに一つのピークを見ることができる。以後の真宗学は、時代ごとに生まれる問題意識や視点によって方法論も変遷してきた。それはやはり進化であると思う。しかしながら、論題研究、特に「安心論題」が現代社会で無意味化したという意味でもない。

「聖人一流」を伝える

筆者は、二〇二二（令和四）年五月に『たすけたまへの浄土教―三業帰命説の源泉と展開―』（法藏館）を上梓した。その「あとがき」にも書いたことだが、本願寺教団は三業惑乱という凄絶な経験から何を得たのかと考えた時、それは「聖人一流の信心とは、その本質はどこにあるのか」という問題意識を獲得したことではなかっただろうかという思いを抱くのである。無論それまでもそういう意識はあったに違いないが、三業惑乱を経験した後、能化制度が解体され、さらに幕末、明治の近代化、西欧文化の流入とめまぐるしく環境が変化していく中で、学僧たちの危機意識の高まりが論題研究という形で結晶している。この時期に盛行した論題研究の中でも、たとえば「安心論題」では、三心が信楽一心におさまるとはどういうことをいうのか（三心一心）。一心として機に宿った信楽と、願生心（欲生）

とはいかなる関係にあるのか（信願交際）。信心の成立に関して「聞」はいかなる位置づけにあるのか（聞信義相）。信一念とはどういう時剋であり、その一念における行の有無はどうなっているのか（信一念義・行一念義）。信心を得た時の記憶の有無や歓喜は必要か否か（歓喜初後）。「帰命」とは仏に対するどういう心的在り方をいうのか（帰命義趣）。「たすけたまへとたのむ」とは「信楽」を表すのか「欲生」を表すのか。――こういった諸点について深く追求され、中には親鸞や蓮如が語らなかった部分にまで問題意識が及んだものも多い。

「安心論題」は、確かに「教科書」である『安心論題綱要』に、なぜこの問題を論じているのかが十分に書かれているとはいいがたい。そうしたことも手伝ってか、時に「そこで展開される高度な内容に気持ちがついていかない」という声を聞くことがある。また中には、その存在を「前時代の権威的で煩瑣な宗学の象徴」と評するような声さえ耳にすることもある。しかし一方でこの論題があったからこそ、移り変わりの激しい現代にあっても「聖人一流」の信心、一味の信心を人々が享受できているという側面も、間違いなくある。それを踏まえた上で、今後改めて現代社会における「安心論題」の必要性について議論すべきであろう。

註

（1）　三業惑乱事件の全体像や教学的影響については拙著、『「たすけたまへ」の浄土教―三業帰命説の源泉と展開―』（法藏館、二〇二二）を、経緯については拙著『真宗悪人伝』（同、二〇二一）を参照されたい。

（2）この情報は井上哲雄『学僧逸伝』にも記載されている。同書によれば牧野大周は後に勧学となっており、「終生学事に勉め、示寂に至るまで専ら会読に従事し、三経七祖並に和漢の聖教一として講ぜざることなく（以下略）」といった人物だという。

（3）現在の安居では、安心論題から一題、教義論題から二題が通例である。記録の残っている一九五五（昭和三〇）年代から一九六五（同四〇）年代にかけては、安居期間中に、安心論題を含めて五つから六つの論題を扱っていたが、徐々に今の形に落ち着いていったようである。

（4）『真宗大辞典』「会読」の項目参照

（5）『「たすけたまへ」の浄土教―三業帰命説の源泉と展開―』（法藏館、二〇二二）。第四章「「領解文」広布の経緯に関する研究―能化・功存と堂達・玄智―」参照

（6）『龍谷大学三百五十年史　資料編』第一巻一九八頁

（7）『龍谷大学三百年史』二六〇頁

（8）以下の情報は『龍谷大学三百五十年史　通史編』四一八頁～四二五頁

（9）この「講案」は禅の「公案」を思わせる。詳しくは不明だが、これも会読の授業だったのではないかと考え、一応記した。

（10）鈴木法琛「宗学研究に就いて」（『龍谷大学論叢』第二九三号）

（11）前田慧雲『真宗学苑談叢初編』

（12）雲山龍珠の論題研究書としては、ここには載っていないが、一九三一（昭和六）年から一九三五（昭和一〇）年にわたって刊行された『真宗論題叢書（全一五巻）』も有名である。

(13) 近年、塚本一真や西村慶哉らによって、『考信録』の成立研究が精力的に進められている。それによれば『考信録』は、一七七四(安永三)年の二巻本から一七八九(寛政元)年の七巻本になるまで改訂を重ねており、晩年の玄智が精力的に取り組んだことが窺われる。参考、塚本一真・溪英俊・西村慶哉「『考信録』の成立と本文に関する問題点」(『浄土真宗総合研究』第十四号、二〇二一年)、西村慶哉「「玄智撰『考信録』七巻本の特徴について」(『真宗学』第一四三・一四四合併号、二〇二一年)、塚本一真「『考信録』の増補改訂について」(『真宗研究』第六六号、二〇二一年)他

(14) たとえば内藤知康は『安心論題を学ぶ』の中で

一九六四(昭和三九)年に安心論題三〇題は、再び統合・整理されて二五題になりました。これは龍谷大学で安心論題が講義されるにあたって、一年間の講義回数が約二五回なので、その便宜にあわせたということのようです。

と語っている。また灘本愛慈は『やさしい安心論題』の中で、「龍谷大学の真宗学科における一カ年の講義時間数を勘案して三〇題では多すぎる」から変更したと語っている。両者のニュアンスは少し違う。また二五題への改変の理由として、筆者は、殿試の事前講習を行う際に、三〇論題は過多であり、二五題程度が適量と判断され統廃合されたという理由も聞いたことがある。

〈無量寿経〉研究の歴史
――特に龍谷大学真宗学を中心として――

佐々木大悟

前史―江戸時代における研鑽―

本稿は以下、龍谷大学の真宗学の歴史（浄土真宗本願寺派の宗学の歴史を含む）を〈無量寿経〉(1)研究に焦点をあてながら見ていく。

龍谷大学の真宗学は、もともと浄土真宗本願寺派の学寮で行われていた研鑽の歴史を引き継いで展開したものである。その前史を眺めると、「学寮」が形成され、二代能化知空の時代、峻諦の『無量寿経会疏』（一七〇〇年）という他宗派からも評価の高い註釈書が生まれた。その後、四代能化法霖による『無量寿経要解』（一七四一年）が著された。現在残っているものの多くは、中国の慧遠『無量寿経義疏』などからの伝統的形式を承けた註釈書形式の安居講本である。

また江戸時代の中・後期には、慧雲『大経安永録』（一七七五年）、道隠『無量寿経甄解』（一八一一年）の後世本願寺派内で二大註釈書と評される註釈書も生まれた。これらのいわゆる講録は、現代と比較すると膨大な仏教知識をもとに註釈されており、今もなお参照する意義がある。ただし、そこでは仏教義による註釈と、真宗義による註釈がなされ、混交的なものとなっている。現在の研究状況からすると方針として意識的に一定した何かの基準のもとに行われているようには見えない。あるいは正依の『無量寿経』の註釈は多いが『大阿弥陀経』（『仏説阿弥陀三耶三仏薩楼仏檀過度人道経』）をはじめとする諸異訳の註釈書が圧倒的に少ないという状況となっていた。

池本（水田）重臣も言うように、従来の歴史を無視した方法では研究が進まない状況があった。(2)そのようななか、龍谷大学という名称となった頃（一九二二年）、歴史的な展開を重視した研究手法が徐々に見えはじめてくる。これは仏教学などの西洋近代の研究方法の影響を受けて成立した手法であり、徐々に「教理史的研究」という言葉で代表され定着していく。以下では、ここ一〇〇年の〈無量寿経〉研究を（全体の研究史もふまえるが(3)）特に龍谷大学真宗学に中心化した形で見ていく。

前田慧雲・池本重臣と教理史的研究

前田慧雲(4)は広い視野から研究に取り組み、『無量寿経』に関しても『大無量寿経大意』（哲学書院、一八九一年）という解説書を残している。(5)前田と同時代（少し後）に、荻原雲来『荻原雲来文集』（荻原博士記念会、一九三八年）・赤沼智善『仏教経典史論』（破塵閣書房、一九三九年）などの仏教学者による浄土経典の研究が生まれた。特に大正大学の望月信亨の研究、『浄土教の起源及発達』（山喜房佛書林、一九三〇年）『浄土教之研究』（金尾文淵堂、一九四四年）、『仏教経典成立史論』（法蔵館、一九四六年）は詳細であり、重要である。(6)望月もその研究手法に近代仏教学からの影響が見られるが、もともと宗学（浄土宗学）を究める意図から研究を開始している点で真宗学のあり方と類似していた。龍谷大学真宗学の〈無量寿経〉に対する研究として外すことのできないものは池本重臣の『大無量寿経の教理史的研究』（永田文昌堂、一九五八年）である。これは真宗学の立場に立って書かれており、仏教学の視点からの〈無量寿経〉研究書と比較してみても特殊である。従来の宗学の方法を乗り越える意識で著されており、研究対象は〈無量寿経〉であるが、逐語註釈的（講録的）アプローチをとっていない。本書では、初期無量寿経と後期無量寿経をわけ、般若思想などを根拠にして、主に菩薩思想の展開の様子を描写している。

『原始浄土思想の研究』以降の〈無量寿経〉研究

池本の次の時代としては、〈無量寿経〉研究の分野全体では、藤田宏達『原始浄土思想の研究』（岩波書店、一九七〇年）が出版され、これ以降の研究では必ず本書をふまえることがこの領域のスタンダードとなった。また『無量寿経』より古い時代を求めて静谷正雄『初期大乗仏教の成立過程』（百華苑、一九七四年）、香川孝雄『浄土教の成立史的研究』（山喜房佛書林、一九九三年）など、浄土経典の成立を意識した研究が多く行われた。

龍谷大学真宗学からは池本を継ぐものとして岡亮二による研究があり、また大田利生『無量寿経の研究』（永田文昌堂、一九九〇年、増訂二〇〇〇年）がある。[7]本書第三章〈無量寿経〉における聞名思想では、「聞名」に注目し、約八〇ページに亘り考察しており、以後の（教義学としても）徐々にさかんになる聞名思想研究の土台を提供した。大田はその後『無量寿経論考』(永田文昌堂、二〇〇七年)を著し、そこでは特に異訳の『大乗無量寿荘厳経』を中心に論じた。これは池本重臣「無量寿経諸本の成立過程―特に宋訳荘厳経について―」(『龍谷大学論集』三六七)を受け継いで展開させている。また、真宗学出身者のなかからも林和彦「『大阿弥陀経』にあらわされた光明の性格と北西インド」(『佛教藝術』一九八六年)など、多く引用される論考も生まれた。

『大阿弥陀経』研究の進展

二〇〇〇年以降、辛嶋静志「『大阿弥陀経』訳注」(『佛教大学総合研究所紀要』第六号―第一七号)シリーズが出され、従来難解なため翻訳のなかった『大阿弥陀経』の初の現代語訳がなされた(三毒段の箇所まで)。『大阿弥陀経』は伝康僧鎧訳『無量寿経』より二〇〇年ほど古い時代の翻訳である。本訳注の発表により、より本格的に古訳と向かい合う機運が生じ、従来よりも研究のステージが押し上げられた。そもそも『無量寿経』の三毒五悪段などでは、一部に『大阿弥陀経』などを編集して作成している箇所があり、『大阿弥陀経』『平等覚経』をふまえなければ『無量寿経』は厳密には読み取ることができない。その意味でも『大阿弥陀経』研究は、『無量寿経』研究への基礎を提供するものであり、辛嶋氏の訳注によって着実な展開を示すこととなった。

池本重臣・静谷正雄・香川孝雄が先駆的なものであり、辛嶋訳注研究以降、能仁正顕・弘中満雄・佐々木大悟・肖越・壬生泰紀らによって初期無量寿経研究がさらに進められた。一方で藤田宏達が梵本研

究を継続し、さらに精密化させせた。また〈無量寿経〉関連の新出写本断片についての情報も報告された。(8)

龍谷大学においては仏教学（武邑尚邦・光川豊藝・相馬一意・能仁正顕・三谷真澄）・仏教史学（静谷正雄）とも関連して研究は展開した。また龍谷大学真宗学の周辺では、宗学の立場から稲城選恵、宇野弘願などの『大無量寿経』の研究書・安居講録も出版され、相互に影響を及ぼしている。そしてこれらの様々な側面から成果をもとに、現状として最新の〈無量寿経〉の姿が研究者に共有された。

研究環境の整備

現在も方法論としては、池本の頃からあまり変わりは無い。ただ基礎的研究や研究ツールが充実していっている。香川孝雄『無量寿経の諸本対照研究』（永田文昌堂、一九八四年）・大田利生『無量寿経　漢訳五本梵本蔵訳対照』（永田文昌堂、二〇〇五年）が出て、本文対照はより厳密になっている。さらに、インターネット上の対照データによりテキスト検索が可能になった（二〇二一年）(9)。これによって特に異訳研究でいえば、従来以上に細かなレベルでの比較が可能になっていっている。さらに伝康僧鎧訳『無量寿経』当時の他のインド・中国の文献のデータ化も進んでおり、今後、より同時代的文献との翻訳語の影響関係を意識することが求められる。

また近年、研究におけるビッグデータ化が進んでいるが、『無量寿経』分野においても浄空・中西随功編『無量寿経註釈叢書』（法蔵館、二〇一三年）が出版されたことを挙げることができる。『無量寿経』の註釈の歴史を国をまたいだ変遷として眺める視点が提供された。今後はそれらの註釈を部分ごとに〈例えば四十八願など〉並べて列挙し、かつテキスト検索できるものを作成できれば便利だろう。

この一〇〇年の間に、〈無量寿経〉のテキスト環境（本願寺派）は徐々に変化した。『真宗聖教全書』（興教書院、一九四〇年）の〈無量寿経〉は原典そのものの訓読と、親鸞の訓読が混ざったテキストであった。そのようなものから本願寺派では『浄土真宗聖典 原典版』・『浄土真宗聖典 註釈版』・『浄土真宗聖典全書』（Ⅰ 三経七祖篇）が作成され、教理史の視点が取り入れられたテキストへと徐々に変化した[10]。また本願寺派の浄土三部経の現代語訳（本願寺出版社、一九九六年）においても、たとえば第二十二願に、当面読みと親鸞読みの両方の意味を併記するなど、教理史的視点の普及が見られる。

これらの結果、真宗学が最も重視するところである親鸞の体系化した〈無量寿経〉理解に関しても、従来の理解よりも多くのことが明らかになっている。前田慧雲・池本重臣の時代の学者が示した教理史の方法論は、〈無量寿経〉研究から見た場合、膠着した状況を打開する重要な手法であり、旧来の学問では到達できなかった視界を切り開いたと言える。

教理史的研究方法にまつわる様々な問題

一口に教理史といっても、その中の史的部分に対するウエイトの置き方にそれぞれ相違が存在する。最終的に親鸞の理解に収斂していくことを重視する立場も存在し、一方で、親鸞との差異が明確になることを目的とし、真宗教学への再統合などはひとまず保留して、できるだけ客観的に読むことに意味があると考える立場もある。

また教理史の方法論は、一見すると従来の教義学的見解・枠組みの見直しをせまられる点をもつため、誤解や反発が生じやすい。時代のなかにおいて、その研究が、あまりにも時代を先取りしすぎている場合（例、月輪賢隆の『観無量寿経』に対する文献学的な研究に批判があった）は、その時代の大勢的教義とのあいだに軋轢が生じる。新しい知見は、従来の常識を壊し、教学の再構成をせまることになるが、それはある意味負荷のかかることだからである。研究者によって教理史に対する意識に様々なグラデーションはありつつも、現在は、全体的にはこの教理史の方法自体は理解が得られているだろう。

そもそもの『無量寿経』の思想と親鸞の把捉した『無量寿経』の有り様とは異なっている。時代も国も異なるため、その思想や理解が異なっていることは自明であるし、そのことは多くの人によって共有されている。それは例えば善導の理解した『無量寿経』や法然の捉えた『無量寿経』でも同じである。

では、どのくらい相違があるのか、どのくらい遠くないのか、その思想間の距離を測る仕事が存在する。そのためにも『無量寿経』はそもそもにはどういったものとして編纂されているか、そして親鸞は『無量寿経』をどのように捉えていたのかを、多くの人の力で追求して確定していくことは、やはり必要なことである。親鸞はどこまでの解釈の中で言説を形成していて、どこまでは言っていなかったのかをはっきりさせるときにこの教理史的方法は有効である。

たとえば、『無量寿経』の「乃至十念」がもともと経典段階において称名念仏という意味であればよかったが、実際の五世紀の段階ではそうではなかったことが梵本無量寿経等の研究によって明らかにされてきている。(11)道綽・善導の時代に論争を経る形で「十念」を称名ととる理解は前面にでてきている。これは真宗教義として考えた場合、ある意味ではスムーズな歴史の経過ではない。ただし、このように思うようではなかった事実がでてきた場合でも、学問的にはひとまずその事実を記しておく必要があると考える。当初の想定と異なる事例が出てきた場合でも、研究上は、客観的に一旦そのままとして留保する冷静さが必要である。それが将来の研究へとつながっていく（この場合は、道綽、善導の仕事が、それによって明確になっていった）。そして結果的には浄土真宗以外の人にもより客観的に情報を提示することが可能になる。そもそも真宗学に関連するそれぞれの重要なターム（念仏、廻向、化土など）の多くは、歴史上のいずれかの段階で従来の思想から少しずつ変化しつつ真宗の教義へと組み込まれていると考えるのがよい。

この〈無量寿経〉に代表される教理史研究は、全体的な研究傾向として、池本の頃は、親鸞へと直接繋がるようなテーマ（他力、廻向、念仏など）の研究から行われたが、時代が進むにつれ、分析の対象が真宗教義という観点からみて優先度の高くないものへと対象が遷移している。また直接的に真宗学とつながらないかのように見える周辺領域（例えば、親鸞が見ていないとされる『大乗無量寿荘厳経』や、浄土教の領域上重要な『般舟三昧経』など）へも研究対象がスライドしており、研究の裾野が広がっている。

筆者は、方法論について少し池本と異なる意見をもっている。池本が「近代の仏教の歴史的研究の成果を尊重しながら、大無量寿経が釈尊の正覚内容を如実に開顕している経典であることを、教理史の立場から究明しようとした」[12]と述べていることに関してである。筆者はもちろん釈尊からの連続性というものも見られると考える（例えば、涅槃を最終的な目的とすることなど）。しかし一方で、ある宗教・宗派というものは、後に考証的に振り返ると、さまざまな偶然や時代の要請への応答があって成立している。一宗派の教義は従来あった素材を使いながら、時代に沿いつつ体系化・組織化され、様々な問題にも対応できるようなものに成熟していったといえる。ひとたび宗教となったからには、その宗教に十分な応用力をもったポテンシャルがあれば、その思想が成立する際にとられた発展的解釈や主観的な読み込みなどは、特に問題とはならないと考える。歴史を見ると、他言語への翻訳など様々なことが契機となり、もともとネガティブだった意味の言葉がポジティブに取り直されたりし、また反対にポジティブだったものがネガティブに解釈されたりして教理が展開している。訓点による読み替えや、漢字の多義性がもととなって展開することもある。たとえ引用されている本文が本来のテキストのもつ文脈とは異なっていたとしても、それらの教理的な議論がカリスマによって統合され、時代の要請にも即応した教義となり、またフォロアーによる共通の信念となるものと考える。

註

（1）伝康僧鎧訳『無量寿経』だけでなく、異訳や梵本・蔵訳等を含めた表現。

（2）池本重臣『大無量寿経の教理史的研究』（永田文昌堂、一九五八年）三頁。

（3）浄土経典分野の一般的な研究史については藤田宏達『浄土三部経の研究』（岩波書店、二〇〇七年）、壬生泰紀『初期無量寿経の研究』（法蔵館、二〇二一年）、拙稿「浄土経典研究の現状と課題」（『京都・宗教論叢』一三、二〇二二年）などがある。

（4）これに関しては、本書中内手論文「真宗学誕生の前提―宗学近代化の黎明期と前田慧雲」を参照されたい。

（5）別の視点であるが、個人的印象では、註釈書のうち時代の古いものでも、質が伴いつつかつ洋製本印刷されたものは比較的長く参照されている。例えば、東派の深励『無量寿経講義』一八九三年、柏原祐義『浄土三部経概説』一九一一年など。

（6）柴田泰山「浄土宗学教育の変遷と望月信亨」『近代日本の大学と宗教』（法蔵館、二〇一四年）。

（7）これに関しては、本書中杉岡論文「岡亮二の真宗学研究への思い」を参照されたい。

（8）詳細については壬生泰紀『初期無量寿経の研究』（法蔵館、二〇二一年）二五―四八頁によるまとめが有益である。

（9）https://mahayana-scriptures.com/ct/sukhv/

（10）これに関しては、本書中殿内論文「真宗学を支えてきた聖典類」を参照されたい。

（11）藤田宏達『浄土三部経の研究』（岩波書店、二〇〇七年）四四四頁。なお、本書は藤田の集大成となる著作である。

（12）池本、前掲書、三五三頁。

追憶——新型コロナウイルス感染症下の龍谷大学真宗学会——

打本弘祐

はじめに

二〇一九年末に中国武漢市で発見された新しいコロナウイルスSARS-CoV-2（以下、新型コロナ）は、猛烈な勢いで全世界に拡人した。罹患者は約六億二〇〇〇万人にも達し、六五〇万人以上が命を落としている（二〇二二年一〇月一二日現在）。日本でも二〇二〇年二月一日に指定感染症に指定されて以降、新型コロナの感染者数と死亡者数が報道され続けている。たび重なるウイルス変異もあったが、ワクチン接種率の増加や感染による抗体獲得によって発生当時の脅威は徐々に減り、感覚的に慣れてしまったように思える。だが数字の裏にある、新型コロナ以前とは異なった「病い」や死に向かう個々に異なる一人称の苦しみ、死者を以前と同様に見送れなかった遺族らの無念はまだ続いている。これらをことさらに取り上げるのではなく「病苦なのだから」「死の縁無量の言葉通り」という声も聞いた。確かに仏教の立場からは正論だろう。だが、筆者は「苦」に還元して語り、個別の苦しみを捨象してはいないかと危惧する。

高度な医療水準の恩恵に浴した日本社会において、突然に襲ってきた感染症の猛威は、人と人とが触れ合う当たり前の日常生活から「安心・安全の喪失」を経験させ、人々に病苦・死苦に逼った生活を強いた。そして新型コロナで亡くなった方の葬送儀礼や火葬の問題、その後に続く年回法要なども含めた宗教儀礼への影響は、遺族にとって大切な方を以前同様に見送ることができないという新たな苦しみを負わせ、宗教者にも不全感を与えた。それら新型コロナによって引き起こされた「宗教的な機会の喪失」に伴う何かしらの思いは、語られずに心の奥にしまい込まれてしまっている。それらを仏教の「苦」に押し込めて語ってしまうのではなく、気づかれにくく微妙な差異のある苦しみに心を寄せたい。

現在、人は自らの持つ受け入れがたいことをじりじりと「耐え忍ぶ力」や「心の復元力」によって、他方、新型コロナ下でのデジタル技術の急速な導入によって、新しい生活を模索しながら適応しつつある。その中にいる一人として自覚を持ちながら、本小論では、まず二〇二〇年度を中心に新型コロナ下における真宗学周辺の出来事と龍谷大学真宗学会（以下、真宗学会）の「歩み」を記しておく。そして、新型コロナの中で過ごした真宗学徒として、喪失への追憶と追想のモノローグを物語りながら、自己の中で立ち上がるものを確認したい。

一　新型コロナ下における真宗学教員の退職

新型コロナ発生後に真宗学関係で定年退職される先生があいついだ。特に二〇二〇年三月は、新型コロナ前のように盛大な送別会が行える雰囲気ではなかった。二〇二〇年度にご退職であった龍溪章雄先生（文学部教授）と貴島信行先生（実践真宗学研究科教授）には、花束と記念品が贈呈されたのみであった。文学部教授会恒例の退職教員による最後の挨拶も、慣れ親しんだ西黌二階大会議室ではなく、ソーシャルディスタンスの確保できる東黌一〇一教室で行われた。ちょうど全国的な「不要不急の外出」の自粛要請が出された中で、京都市内の大学卒業コンパにより新型コロナのクラスター感染が発生。マスコミを賑わせ、大学に対して非常に厳しい目が注がれていたこともあって、送別会のたぐいは一切行われなかった。その夏の東京五輪に対して、近代五輪史上初となる延期の決定が下されたのも、そんな頃であった。

翌年も、深川宣暢先生（文学部教授）と中村陽子先生（実践真宗学研究科教授）が定年を迎えてご退職となった。新型コロナ感染拡大防止のため、前年度の踏襲に留まり、やはり送別会を開くことは叶わなかった。ご退職される先生方、見送る僕たち教員に一抹の寂しさを抱かせた。なにより先生方の謦咳に接してきた門下生にとっては、ひときわ残念な思いがあったことだろう。歓喜や惜別の思いを伝える時、悲喜の涙を流す場が失われた。

二　新型コロナ下における真宗学関連学会の学術大会

二〇二〇年度は当時の安倍晋三首相によって発出された緊急事態宣言によって、国内の研究者の多くが影響を受けた。図書館や博物館は休館を余儀なくされ、国内外への調査や出張はすべて中止。そもそも学内への立ち入りすら制限を受けた。研究者が集まる対面の学会開催は考えられなくなったが、当時は急なことで学会のオンライン開催を準備するいとまはなかった。また、ウェブカメラやマイクなどの機器も品切れが続き、Zoomなどのオンライン会議用アプリの操作も手探り状態だった。

真宗学に関連する学会では、六月に開催予定であったその年の真宗連合学会や龍谷教学会議が中止となった。日本仏教看護・ビハーラ学会は延期に追い込まれ、翌々年の開催となった。[1] また龍谷大学真宗学出身の大学教員で構成される真宗学研究学会も、九月に筑紫女学園大学で開催予定であったが翌年に延期となった。同学会は、翌二〇二一年度も新型コロナ感染拡大のため再延期となり、二〇二二年九月八日、九日に開催となった。

関連学会のうち最も早く開催されたのは、日本印度学仏教学会第七一回大会（七月四日、五日）であった。大会本部となった創価大学は、Zoomを駆使して大会を運営した。リアルタイムのオンライン発表者は二一八名、オンデマンド発表者は一六名、二つのパネル発表では合計九名が発表した。[2] 続いたのは、日本宗教学会第七九回大会（九月一八日―二〇日、於：駒澤大学）だった。大会実行委員会はZoomを用いて、一二グループに分かれての個人発表と、八つのパネル発表を運営した。発表申込み締切が五月であったこともあり、新型コロナに関連する個人発表も見受けられた。一方で、新型コロナの影響を受けて研究の進捗が思わしくなかったのか、発表を取りやめた研究者も見受けられた。シンポジウムはYouTubeによる収録済みの動画が限定配信された。[3] 後述する一一月の真宗学会大会記念講演でも同様の方法が採られた。このようにいくつかの学会大会は開催できたが、そこかしこに新型コロナの影響が及んでいた。

三　真宗学会の運営と新型コロナ

新型コロナの影響をもっとも被った二〇二〇年度の真宗学会はどのように動いていたのだろうか。改めて「真宗学会消息」を紐解いてみると、五月の真宗学会運営協議会はメール審議でなされ、七月に行われる博士後期課程の院生による真宗学研究発表会は中止となっている。一〇月の卒業論文中間発表会、真宗学会学術大会研究発表はZoomによるオンライン開催、真宗学会評議員・理事会はGoogle Meetによるオンライン開催でなされた。

親睦委員会による真宗学会研修は二〇二〇年度と二〇二一年度も新型コロナの影響により中止となった。二〇二二年度は本山本願寺参拝を中心とした一日研修が二〇二二年九月一五日に企画されていた。親睦委員会の担当教員をはじめ多数の学生会員の申し込みがあったが、新型コロナオミクロン株による第七波到来のあおりを受けて中止となった。教員と学生会員の親睦・交流の機縁は失われたままである。

四　新型コロナと龍谷大学真宗学会第七四回大会

二〇二〇年度の学会大会はどうだったのか。手元に記念として残していた「龍谷大学真宗学会第七四回大会御案内（以下、「御案内」）」がある（縦一九cm×横四八cmという横長で、実にインパクトのある「御案内」は、少なくとも筆者が龍谷大学へ入学した頃から四半世紀年以上に渡って真宗学会大会の開催を知らせてきたか、二〇二二年度からとうとうA4サイズになった）。毎年変わる「御案内」の紙の色は、この年は向日葵色が採用された。片面印刷の表に挨拶文があり、深川宣暢学会長と大会委員長の鍋島直樹先生の名前が添えられ、続いて大会要項と、学会大会の日程として「一、研究発表」「二、評議員・理事会」「三、記念講演」「四、記念撮影」「五、総会」が記されている。末尾にこの年の大会本部は鍋島研究室であることと、運営協議会の議長として山田智敬さんの名前が記されている。

大会要項には、令和二（二〇二〇）年一一月一〇日（火）に龍谷大学大宮学舎清和館三階ホールを会場として行われる旨が記されているが、但し書きとして「新型コロナウイルス感染防止のため、国および龍谷大学の危機管理対策に準じて、集会ができなくなる場合には、オンライン等を活用して、学会大会を開催する予定です（傍線筆者）」とある。この「御案内」が作成された頃は、新型コロナ特措法による緊急事態宣言が「全部解除」されていたため、対面での開催が予定されていたのだ。だが、大会直前に大宮学舎内で新型コロナ感染者が発生し、「まさか」のオンライン開催に変更となった。入院後の致死率の高さが報道され、ワクチンも未開発であった二〇二〇年当時は、僅かな感染者の発生でも大騒動になった。開催方法が急遽変更され、真宗学会大会史上初めてのオンライン発表を経験した発表者と、その肩書きおよび発表題目は次の通りであった。

龍谷大学真宗学会第七四回大会発表者

①安部弘得（真宗学専攻博士後期二年）「親鸞の光明観―智慧を中心として―」
②眞田慶慧（真宗学専攻博士後期三年）「『往生礼讃』における懺悔法―「略懺悔」を中心に―」
③田中了輔（真宗学専攻博士後期三年）「存覚と蓮如の教学的研究」
④深見慧隆（真宗学専攻博士後期三年）
「親鸞門流の来迎理解に関する一考察―高田専修寺蔵本の特徴に着目して―」
⑤西河　唯（龍谷大学　講師）「隆寛と聖覚における三心の問題―親鸞による門弟教化の一背景」
⑥奥田桂寛（龍谷大学　講師）「近世真宗伝道における『浄土異聞録』の意義」
⑦打本弘祐（龍谷大学准教授）
「教団主導型ビハーラにおける宗教的ケア―ビハーラ僧への聞き取り調査を通して―」

この日の評議員・理事会は前述の通りであり、総会はZoomでの開催となった。例年のようにコロナ写真館に依頼して大宮学舎本館前に大会参加者が並んでの記念写真撮影はできなかった。だが、Zoomの画面のスクリーンショットで代替され、海外や遠方の学会員も写った新型コロナ下らしい記念写真が残された。この年の記念講演については「おわりに」で述べよう。

五　新型コロナ下における一教員の追憶

ここでは感染流行下での個人的な追憶を残しておきたい。日本社会も龍谷大学も新型コロナで混乱する中で、筆者自身も「まさか」の坂を転がる石のような年だった。二〇二〇年二月一五日に五ヶ月間の育児休業（真宗学科教員初）から復帰し、同年四月一日付で文学部から農学部に移籍。研究室も瀬田学舎九号館三〇四研究室（真宗学研究室）へ引っ越した。教授会や各種委員会もオンライン開催となり、なかなか職場の先生方の顔と名前が一致しないまま時が過ぎた。教育面では、楽しみにしていた農学部の田植えも実施されず、慣れないオンライン講義のコンテンツ作成に追われて寝不足の日々が続いた。筆者の担当講義で対面講義ができたのは、同年八月末になってからだったが、ここでも「まさか」が起こった。担当する実践真宗学研究科のサマーセッション開講前日、当時京都タワーをはじめ市内各所になされていた爆破予告が大宮学舎にも予告されたのだ。幸いに爆破事件は起こらず、初日だけオンライン講義に変更で済んだ。二日目、院生らと久々に再会し夏空の下の大宮学舎で講義を行った。育休・新型コロナ・爆破予告騒動を経て、約一年ぶりの対面講義となった。

研究面でも新型コロナの影響が直撃した年だった。その年の筆者は国際シンポジウム二つと国内学会発表が二つ、二本の論文執筆というまさに「当たり年」だった。しかし、育休復帰の二月から新型コロナの影響を受けて躓いた。井上見淳先生が担当した二〇二〇年二月末のIBSでの龍谷レクチャーは開催されたが、感染の猛威に飲み込まれたカリフォルニア州の状況は切迫し、筆者が招待されていた三月二週目のバークレーでのチャプレン分野の国際シンポジウムは土壇場で「まさか」の中止になった。四月には筆者らがシンポジウムを企画していた六月の日本仏教看護・ビハーラ学会の開催延期が決まった。

九月に入り、岐阜聖徳学園大学仏教文化研究所主催の国際シンポジウムも開催が危ぶまれたが、河智義邦先生らのご尽力により、岐阜と台湾（法鼓仏教学院・釈恵敏先生）と京都（筆者）をオンラインで結んで開催された。国際シンポジウムの翌々日、Zoom開催になった日本宗教学会では、科研メンバーでパネル発表「医療現場における宗教者による非信者への宗教的ケア」を行った。この時のいろいろなエピソードは拙編著「あとがき」に譲ろう(4)。

一一月、先に述べた「まさか」の真宗学会大会初のオンライン開催の時には、筆者も対応に慣れてきていたように思う。瀬田学舎に研究室があるものの、電車やバスの移動に伴う不特定多数の人との密集・密接・密閉を避けるいわゆる「三密回避」のため、自宅や大宮学舎図書館にある真宗学資料室から発表した訳だが、振り返ってみれば、新型コロナ下で国際シンポジウム・パネル発表・個人発表と、短期間にそれぞれ異なる形式でのオンライン発表を経験した真宗学教員は、おそらく筆者だけだったのではないかと思う。

接続すれば参加できるオンラインの学会やシンポジウムの開催は、距離の制約や移動時間をなくした。移動にかかるコストの削減や利便性が向上した一方で、通信環境のせいなのか、本当に質問がないのか分からないオンライン特有の奇妙な沈黙をもたらした。なにより発表後の研究者同士の労いや情報交換、旧交を温めることや、思いがけない新たな出会いの機会が失われた。「退出」をクリックすれば、ブツっと切断されて部屋に一人取り残される。さっきまでの熱い議論が意識と身体に残っているのに、現実にはその場からもう切り離されてしまう。発表は確かにしたし、質問にも答えたが、自分の発表の余白を埋めるものが、何か空白のまま日常生活に引き戻されていく実感があった。そのような従来の学会発表の「イメージの喪失」の経験が、筆者の三回の発表に共通していた(5)。

一〇〇年目を迎える二〇二二年度の真宗学会大会は、研究発表が四年ぶりに対面で行われ、記念講演は米国IBSからのオンラインというハイブリッドな大会になる。新型コロナ下での真宗学会大会の新たな試みは続いている。

おわりに

最後に残していた二〇二〇年度真宗学会の記念講演について述べて終わりたい。新型コロナ下の二〇二〇年度真宗学会大会記念講演ご講師は、二〇一四年三月に定年退職された内藤知康先生（龍谷大学名誉教授）であった。「真宗学に想うこと」と題された講演は事前に収録され、動画が当時の三講目開始時刻であった一三時一五分からオンライン上で公開された。また、内藤先生のご快諾により記念講演を編集した動画が「真宗学を広く理解してもらうため」に龍谷大学YouTubeチャンネルにて期間限定で公開された（二〇二〇年一一月三〇日一七時まで）。いずれも真宗学会初の試みとなった。『真宗学』第一四三・一四四合併号（四〇四頁）には、清和館での動画収録時の内藤先生のお姿と、内藤先生を囲んだ研究委員の先生方および運営協議会スタッフの記念写真が掲載されている。

何よりも残念なことだが、内藤先生は二〇二二年二月二八日、七六歳で突然ご往生された。そのため真宗学会における最期のお姿が、この二〇二〇年度真宗学会大会のオンデマンド講演となった。龍谷大学では、二〇二二年一〇月一八日（火）午後に龍谷大学物故者追悼法要（一三時四五分より顕真館）および納骨法要（一五時三〇分より大谷本廟無量寿堂）が藤丸要宗教部長により勤修された。内藤先生のご遺族と共に、真宗学会関係教員として内藤先生門下の井上見淳先生（社会学部准教授）と内田准心先生（文学部准教授）が両法要に参列された。また、真宗学会長の嵩満也先生（国際学部教授）、文学部長の玉木興慈先生（文学部教授）、筆者（宗教部長代理）が顕真館に参列した。いずれの法要も新型コロナの影響を受けて人数制限が設けられていたため、参加者が限られてしまった。新型コロナによって強いられた「宗教的機会の喪失」が続いていることを実感させられた。

そのような中でも、久しぶりに足を運んだ深草学舎にしばし身を置いたことで懐かしい記憶が蘇ってきた。一九九七年四月、筆者が龍谷大学に入学した年のことだ。一回生の必修講義を担当された真宗学科の先生に、大田利生先生（真宗学基礎演習Ⅰ）と、林智康先生（仏教学Ａ／Ｂ）、そして内藤知康先生がおられた。今も残る二号館一階の教室で行われた内藤先生の「真宗入門（通年）」の講義において、筆者には忘れられない思い出がある。四月最初のガイダンスの時、緊張している僕らを前に、先生は「私の名前は知康ですから、智康と書き間違えてはいけません」と、黒板にそれぞれの名前を書いて言われた。僕らのクラスは少し和んだ。続いて「『浄土真宗聖典註釈版』を机上に置いていなければ、席に座っていても欠席扱いになります。それでも聞きたければ座っていても構いません」と言われた。僕らのクラスはピリッと引き締まった。重ねてもうひと言。「私の話がね、面白くない時もあると思います。その時は机にある『註釈版』を開いて、聖典の言葉から学んで欲しいと思います。言わんとしてることは同じですから」と静かな口調で言われた。教室の廊下側最前列に座っていた僕に、先生の言葉がどーんと重たくぶつかってきた。ビリビリっと震えた。その時の僕らのクラスの様子は覚えていない。だが、先生の口調、その言葉、その衝撃は今でも僕の中で響いている。

それから三年後、僕の一冊目の『註釈版』の背表紙が本体から外れた。『註釈版』をそこまで読めたのも、一回生の時の内藤先生の言葉があったからだと思っている。内藤先生とはその一年間のご縁であったが、あのガイダンスの話は僕の真宗学人生の中で欠くことができない追想となっている。ここに記して学恩に感謝したい。

あれから深草学舎も大きく様変わりした。真宗学会内の人もまた移り変わっていく。だが、亡き方を思うとき、真実の薫風は変わらずに吹き続けている。

二〇二一年一〇月一八日（火）深草学舎講師控え室にて脱稿。

註

（1）翌々年に東北大学で対面とオンラインのハイブリッド開催となった。筆者は対面発表の司会を担当したが、蓋を開けてみれば発表者の都合によりオンラインでの発表に変更となっており、司会は会場で聴衆を前にしながら、発表者は全員オンラインという状態であった。画面上と実際の会場の二つを捉えながらの司会はなかなか得難い経験となった。

（2）「第七一回学術大会記事」『印度學仏教學研究』第六九巻第一号所収、二〇二〇年、参照。

（3）日本宗教学会『宗教研究―第七九回学術大会紀要特集』第九四巻別冊、二〇二一年、参照。
（4）森田敬史・打本弘祐・山本佳世子『宗教者は病院で何ができるのか―非信者へのケアの諸相』勁草書房、二〇二二年。
（5）二〇二二年度の日本宗教学会もオンラインで行われたが、各部会で発表時間の合間に歓談の時間が設けられ、短いながらも発表者と参加者との間で情報交換や交流ができた。懇親会もウェブ上で行われるなどの工夫が凝らされていた。龍谷大学が開催校となっている二〇二三年度日本印度学仏教学会大会は、早くもオンラインで開催することが決定したという。二〇二二年一〇月二五日（火）追記。

女性と仏教研究の動向

岩田真美

一　ジェンダーの視点から

龍谷大学真宗学会の百年史において、その歴史をつくったとして主体的に取り上げられるのは男性の真宗学者である場合が多く、女性の存在は周縁的にしか語られてこなかったのではないだろうか。歴史学の持つ政治的な性質を明らかにし、そこで見えなくなっていたものを可視化するためにはジェンダーの視点が必要である。こうした観点から仏教と女性に関する研究がおこなわれるようになったのは比較的新しい傾向ではあるが、ここではその研究動向を中心に概観してみたいと思う(1)。

近年、ジェンダーはいかなる学問分野においても重要な分析視角であることが認識され、文化人類学、社会学、哲学、歴史学など様々な学問分野で次々と新たな成果が発表されるようになった。社会学者の上野千鶴子が指摘するように、どんな領域もジェンダーだけで解くことはできないが、もはやジェンダー抜きに論じられることはできなくなったのである(2)。しかしこうした成果は、仏教研究においては、いまだ少ないのが現状ではないだろうか。宗教とジェンダーの関係性については、ジェンダーは社会、文化、歴史的に形作られ、人々がそれを妥当なものとして受け入れてきた、性別に関する考え方や規範、それに基づく実践の総体である。ここに付け加えたいのは、「宗教」も、ある文化や社会における「ジェンダー」を形作り、人間を超えた存在の名のもとにそれを正当化し、人々の考え方や行動指針に重大な力をもつ、ということになる。つまり、宗教はジェンダーを作り上げそれに正統性と正当性とを与える役目を担っているのである(3)と指摘されるように、宗教を研究する上でジェンダーを無視することはできない。宗教は歴史のなかで、その社会におけるジェンダーを形作り、維持し、変容させることに影響を与えてきた要素の一つであった。それは他者と共存する領域として「公共性」の問題を考える上でも重要な視座といえるだろう(4)。

本稿では、真宗学に限定して研究史を論ずることは、その蓄積が十分でない現状においては難しいため、隣接する分野の成果にも目を向けながら、日本国内の研究動向を中心に概観することとしたい。

二　研究の動向

国連が女性の地位向上を目指して一九七五年を「国際婦人年」に定めて以降、男女平等に向けての国際的な取り組みは目覚しいものがあり、一九七九年には国連総会において「女子差別撤廃条約」が採択され、一九八一年に発効された。これに批准した日本では一九八五年に「男女雇用機会均等法」が制定される。このような背景のなかで、日本の女性史研究は一九八〇年代以降、大きく発展している。そして「女性史」をより大きな領域のなかに置き直す「ジェンダー史」という新たな視座が登場するようになった。[5]

こうした動向に影響を受けながら、フェミニズムやジェンダーの視点から女性と仏教に関する研究が本格的におこなわれるようになったのも一九八〇年代以降のことである。大きな起点となったのは大隅和雄、西口順子を発起人とし、一九八四年から一九九三年まで活動をおこなった「研究会・日本の女性と仏教」であった。当研究会では上記の発起人をはじめ、吉田一彦、勝浦令子、平雅行、牛山佳幸、細川涼一、遠藤一などの仏教研究者らが、男性中心に語られてきた仏教史や教団史に対して問題提起した。その成果は、大隅和雄・西口順子編『シリーズ女性と仏教』全四巻（平凡社、一九八九）として刊行されている。同書は女性に注目することで新たな仏教史像を提示したことで当該分野の金字塔となった。ただ、これ以前に成果がなかったわけではなく、女人往生論などは早くから研究されてきたテーマであり、とくに笠原一男『女人往生思想の系譜』（吉川弘文館、一九七五年）はよく知られていた。[6]しかし、「研究会・日本の女性と仏教」では、従来の研究にみられる「旧仏教」は女性を排除したが、「新仏教」は女性を救済したとして、その改革性を強調する通説に批判が向けられた。つまり「鎌倉新仏教中心史観」に基づく「女人救済」の語り方が相対化されていった。例えば、平雅行は「顕密体制論」によりながら、平安時代にはすでに女人往生思想は説かれており、「鎌倉新仏教」が登場してくる頃には仏教界に広く流布していたことを指摘した。[7]また「女人五障」や「変成男子」を認めた上で「女人救済」が説かれるという構造に対し、「差別」と「救済」の複雑な関係性が問い直されるなど新たな視点が提示された。

一九九〇年代にはいると、大越愛子・源淳子・山下明子編『性差別する仏教――フェミニズムからの告発』(法藏館、一九九〇年)、源淳子『フェミニズムが問う仏教――教権に収奪された自然と母性』(三一書房、一九九六年)などが出版され、キリスト教のフェミニスト神学の動向に刺激を受ける形で、いわば「フェミニスト仏教学」を構築しようとする動きがみられるようになる。それはタブーとされてきた宗教における性差別を問い直す試みでもあり、大きな議論が巻き起こった。こうした問題提起を受けて、日本仏教学会においても「仏教と女性」をテーマとする学術大会が初めて企画され、この時期には研究が進展した。(8) 他方で、女人五障説や変成男子説を認めた上で女人往生が説かれることを、女性への「救済」とみるか、「差別」とみるか、二者択一的になり議論が両極化する傾向も見られた。平等と差異を反対語として捉えるのではなく、両者の相互依存的な関係性を問い直すこと、歴史の連続性や非連続性に着目するなど、多様な視座につなげていくことが課題と言えるだろう。

三　新たな動向として

一九九〇年代から二〇〇〇年代をピークとして、仏典や歴史を中心とした女性と仏教研究は、やや停滞しているようにも見えるが、ジェンダーの視点から現代の仏教界における女性の立場を考察する研究は増えつつある。(9) こうした動きにも注目してみたい。

現代日本の伝統仏教界における女性の宗教運動の先駆けとして知られているのが、一九八六年に真宗大谷派の関係者で結成された「真宗大谷派における女性差別を考えるおんなたちの会」である。同派の中央坊守研修会において教団執行部から女性蔑視発言があったことなどに抗議する女性たちにより組織された任意の団体であったが、一九九六年には教団内に「女性室」が設置された。その活動により、大谷派で初めてとなる女性の住職や宗議会議員を誕生させるなど、教団制度の改革が行われた。同会の歩みは『女性史に学ぶ学習資料集』（東本願寺出版、二〇一九年）としてまとめられている。浄土真宗本願寺派においても御同朋の社会を目指す念仏者として共に学び、女性の地位向上に貢献すべく、一九九九年に任意団体として「全国坊守・寺族女性連絡会」が創設された。また宗派を超えた組織としては、一九九六年に東海地方の真宗大谷派、日蓮宗、曹洞宗の女性たちが中心となって「女性と仏教 東海ネットワーク」が創設され、翌年には関東地方の浄土真宗本願寺派、日蓮宗、曹洞宗の女性らが中心となり「女性と仏教 関東ネットワーク」が結成された。これらの組織は連携しつつ、『仏教とジェンダー――女たちの如是我聞』（朱鷺書房、一九九九年）、『新・仏教とジェンダー――女性たちの挑戦』（梨の木舎、二〇一一年）などの成果も出版している。筆者自身も二〇二〇年に龍谷大学ジェンダーと宗教研究センター（GRRC）を創設し、ジェンダーと宗教の問題に取り組んでいる。[10] ジェンダー平等を推進することは、世界的な課題であるSDGs（持続可能な開発目標）の達成に欠かせない理念であり、仏教が人権問題、社会課題に取り組んでいく上でも重要な実践活動である。

一方で、近年は仏教婦人雑誌の分析、九條武子や金子みすゞなど個別的な実証研究も徐々に進展しており、真宗と女性をめぐる多様な実像が明らかにされることを期待したい。[11]

註

（1）性的マイノリティと仏教研究については、今後の課題としたい。
（2）上野千鶴子『差異の政治学』（二〇〇二年、岩波書店）、三二頁。
（3）田中雅一・川橋範子編『ジェンダーで学ぶ宗教学』（世界思想社、二〇〇七年）、五頁。
（4）磯前順一ほか監修『シリーズ宗教と差別一巻　差別の構造と国民国家――宗教と公共性』（法藏館、二〇二一年）参照。
（5）日本の女性史研究は、戦前には高群逸枝『大日本女性史――母系制の研究』（厚生閣、一九三八年）などのように唯物史観の影響を受け、女性の「解放史」という視点から進められた。一九七〇年代になると世界的なフェミニズム運動の影響を受け、個別的な実証研究が盛んになる。一九八〇年代以降には女性史総合研究会編『日本女性史』全五巻（東京大学出版会、一九八二年）など、アカデミズムにおける共同研究の成果も出版され、新たな日本女性通史が登場した。一九八〇～一九九〇年代以降、「女性史」をより大きな領域のなかに置き直す「ジェンダー史」研究の登場によって、性差の歴史的な編成を問い直すことができるようになった。
（6）遠藤元男「女人成仏思想序説」（西岡虎之介『日本思想史の研究』章華社、一九三六年）など、早くから研究はおこなわれていた。
（7）平雅行『日本中世の社会と仏教』（塙書房、一九九二年）。
（8）日本仏教学会編『仏教と女性』（平楽寺書店、一九九一年）、廣岡郁「法然教学における女性観」（『印度学仏教学研究』第四三巻第二号、一九九五年）など。
（9）川橋範子『妻帯仏教の民族誌――ジェンダー宗教学からのアプローチ』（人文書院、二〇一二年）、丹羽宣子『「僧侶らしさ」と「女性らしさ」の宗教社会学――日蓮宗女性僧侶の事例から』（晃洋書房、二〇一九年）など。

(10)　これに先立ち、龍谷大学アジア仏教文化研究センター（ＢＡＲＣ）では「ジェンダーと仏教」に関する研究会が開催されてきた。その成果は、那須英勝・本多彩・碧海寿広編『現代日本の仏教と女性――文化の越境とジェンダー』（法藏館、二〇一九年）として刊行され、現代社会の様々な課題と向き合う女性仏教者たちの実践活動などが紹介された。

(11)　池田行信『現代真宗教団論』（法藏館、二〇二一年）、岩田真美・中西直樹編『仏教婦人雑誌の創刊』（法藏館、二〇一九年）、鍋島直樹『中村久子女史と歎異抄――人生に絶望なし』（方丈堂出版、二〇一九年）、中西直樹『真宗女性教化雑誌の諸相』（法藏館、二〇二一年）、鍋島直樹「金子みすゞの生涯と童謡にみる仏教生命観――『南京玉』「大漁」「お仏壇」の意義」（『龍谷大学論集』四九七号、二〇二一年）、武田晋「親鸞の妻、玉日をめぐって（一）」（『龍谷大学論集』四九七号、二〇二一年）など。

真宗聖教の国語学的研究の変遷

能美潤史

本願寺中興の祖である蓮如は、聖教拝読の心得について次のように述べている。

聖教は句面のごとく心得べし。その上にて師伝口業はあるなり。(1)

蓮如のこのような示唆について瓜生津隆雄氏は、

ここに示されている「句面」と「口伝」は聖教拝読における指南として、重要なものであることが思われる。聖教のこころを知らせていただくについては、「私にして会釈する」ことなく、「句面のごとく心得た」うえに更に師伝口業（口伝）による指示をいただいて初めて聖教のこころに直参することができる。(2)

と述べている。同氏は続けて、

句面のごとく心得るについては当時の国語に通ぜねばならぬ。つまり真宗聖教から真宗教義を正しく汲み取る為には是非とも近古の国語を理解して、はじめて句面のごとくくわしく理解できる。(3)

とも指摘する。上記の瓜生津氏の言葉は、「真宗学への反省」という論考の中で語られているものであるが、ここでいう「反省」とは、真宗学のそれまでの論考の中に、国語学的視点から見れば適切さを欠いた論考も少なくないことについての反省であるという。また、同氏は聖教の言葉遣いが論点となった、過去の興味深い論争を紹介しており、以下に要約して示してみる。

かつて華厳の鳳潭が親鸞の和讃に「まもらんとこそ　ちかひしか」とある文末の「しか」について、「こそ」とあれば「けれ」で結ばなくてはならないとして、親鸞の和讃の文体を批判したことがあった。すると、本願寺派の若霖がこの論難に反論したのであるが、その内容に問題があった。すなわち若霖は、親鸞の和讃の「しか」は「わがいほは　みやこのたつみ　しかぞすむ」の「しか」と同じものであり、和讃の「しか」は「守らんと誓うこと然り」という意味であると反論したというのである。

現代の国語学からすれば、「ちかひしか」の「しか」は係助詞の「こそ」に対応したものであり、係助詞「こそ」は文末の結びを已然形にすることを求める係助詞である。つまり、「しか」は過去の助動詞「き」の已然形であると理解するのが妥当であるが、当時碩学として知られた若霖においても、国語の知識については、係助詞の「しか」を「然り」と解釈するような状況であったのである。しかし、当時は国語学自体がまだ体系的なものとして確立されておらず、若霖の回答が的を射たものでなかったとしても、無理からぬことである。

そこで、国語学はどのようにして体系的に整理されていったのかというと、そこにはある一人の真宗僧侶の存在があった。その人物こそ真宗大谷派の東條義門師（一七八六〜一八四三）である。義門師の生まれは若狭小浜の妙玄寺であり、寺は兄が継職し、義門師自身は寛政十一年（一七九九）に丹後の寺に入寺している。しかし、まもなく寺務は養子に譲り、自らは学問に専念して、その間、内外の典籍を広く学んでいる。文化四年（一八〇七）、実家妙玄寺を継職していた兄が死去し、義門師が実家に戻り妙玄寺を継ぐこととなったが、師はその後すぐに上京し、高倉学寮で本格的に宗学の研鑽に努めている。

しかしながら、師は聖教を正確に解釈するためには国語学的知識が必要不可欠であることを痛感し、ついには江戸に赴いて本居春庭に師事して国語学を修めたのである。その国語学的知識に基づいて聖教解釈にあたり、『真宗聖教和語説』や『末代無智御文和語説』等を著している。そして、師は国語の活用について綿密な研究を行い、国語の活用形を体系的に示した『活語指南』を著すに至っている。この書は国語学の進展に大きく寄与するとともに、その成果は現代国語学にも連綿として継承されている。また、このように言葉の活用形に注意を払う視点の確立により、義門師は真宗教学史においてその解釈が大いに問題となる「たすけたまへ」の語についても、「たまへ」には四段活用と下二段活用があることを示し、尊敬語や謙譲語の分際を明らかにしながら、「たすけたまへ」の語が自力の希願請求を表すものではないことを示すことにも注力している。

真宗僧侶であり、また国語学の泰斗でもあった義門師の登場によって、真宗聖教の研究も、それまでは訓詁学的考察が中心であったものが、言葉の活用や文法が重視されるという転換期を迎えたのであった。義門師によって真宗聖教の国語学的研究は大きな進展を見せた一方で、義門師没後にすぐさまその成果を引き継いで聖教の国語学的研究に専注するものは現れず、少し間を置く形で、先にも紹介した瓜生津隆雄氏が義門師の功績に多大な影響を受けて、『御文章』や『歎異抄』の本文を国語学的に綿密に検討することで、多くの論考を発表している。それらの論考は『真宗典籍の研究』及び『続真宗典籍の研究』としてまとめられており、とりわけそこでは、「御文章」の本文の解釈に労力が注がれている。

そして、その後も真宗聖教について、親鸞における助動詞「しむ」の特殊用法や、「御文章」の「たのむ」「たすけたまへ」の理解、あるいは『恵信尼消息』における「まはさてあらむ」の解釈の問題など、国語学的視点から検討が重ねられてきた。また、近年は特に真宗聖教における訓点に関する国語学的研究の進展には目を見張るものがある。この分野の研究者として、幾人かの研究者の名前を挙げることができるが、とりわけ親鸞の聖教の訓点研究については、現在、広島大学の佐々木勇氏が第一人者であるといえる。同氏は『教行信証』坂東本をはじめ、多くの親鸞聖教を研究対象として、呉音と漢音の使用状況、声点の特徴、仮名遣い等、訓点の全般にわたって綿密な考察をしており、非常に大きな成果をあげている。

ところで、親鸞や蓮如の自筆聖教の断簡等は、現在も断続的に発見が続いているが、そこで触れておかなくはならないのが、親鸞の新たな書き込みの発見である。これは新たな自筆聖教が発見されたのではなく、親鸞自筆の『教行信証』である坂東本において、親鸞の新たな書き込み八百箇所が二〇〇四年に発見されたのである。この書き込みは墨をつけた筆によって記されたものではなく、角筆によるものであった。角筆とは、木の先などを尖らせた筆記具であり、墨を用いずに紙を引っ掻くよう

にして傷をつけることで文字を記すところにその特徴がある。小林芳規氏は角筆について、

角筆は箸一本の形で、象牙や堅い木や竹で作り、一端を筆先の形に削り、その尖らせた先端を和紙などの面に押し当てて凹ませて迹を付け、文字や絵などを書いた。毛筆が主な筆記用具であった時代に、今日の鉛筆のように使われ、毛筆と並んでそれを補うもう一つの筆記具であった。毛筆が墨や朱などの「色」で文字や絵を記すのに対して、角筆の文字は光と影で浮かび上がる凹線である。それは視覚に訴えることが弱く目立ちにくいいために、今まで古文献の研究者などから昼間の星のごとくに見逃されてきた。(4)

と述べ、また同氏は続けて、

筆記具としての角筆は、毛筆と異なる幾つかの特性を持っている。色が着かないので目立たない、墨継ぎの不便さがない、神聖な経典の紙面を汚さない、旅に持っていける、などである。この特性のどの面を強調して使うかによって、角筆の文献の性格も異なってくる。目立たない点を強調すれば、秘かな意志表示となり、墨継ぎの不便さがない点では、師の講義を聴講する時のメモに適し、貴重な紙面を汚さない点では、経典読誦の迹を記入するのに便となる。(5)

と述べて、角筆の特徴を指摘している。角筆によって書き込まれた訓点は角点と呼ばれるが、親鸞によって付された角点は、実際には角筆ではなく刀子という小刀の背の部分を用いて書き込まれており、これも親鸞の角点の大きな特徴である。

さて、親鸞の角点の発見により、その内容に大きな注目が集まったわけであるが、発見当初、新聞

やニュース等では、「親鸞の秘密の書き込みが発見される」といったように、なにか親鸞が極秘に伝えようとした内容が角点によって示されているかのような報道ぶりであった。しかし、親鸞の角点について現在までに判明していることは、その角点の多くは右仮名・左仮名や符号等であり、それらのほとんどは下書きとして記されたもので、決して秘密のメッセージのようなものが記されていたわけではないということである。一方で、親鸞が記した角点（とりわけ右仮名や左仮名）について、その上から他者が墨で清書している箇所が多くあることが分かっており、これは本書の成立過程にもかかわる大変興味深い事象である。親鸞はまず、角点によって右仮名や左仮名を下書きし、それら下書きの中から、墨で清書しなくても読めるであろう箇所はそのままにし、墨で清書すべきものは墨筆で清書をした。その後にそれを門弟たちに見せて意見を聞き、親鸞が墨で書かなくても読めると判断した箇所について、門弟たちから「ここも墨で清書した方がより読みやすくなる」といったような指摘があった箇所は、直接門弟たちに墨で清書させていたのではないかと推測されるのである。これまで、『教行信証』の成立については、親鸞が七十五歳の時に尊蓮に初めて書写を許していることから、その時点までは親鸞が独りひたすら本書の執筆に励んだというように考えられてきた。しかし、今回の角点の発見、そして親鸞の角点による下書きを門弟が筆でなぞって清書しているという実態から、『教行信証』は親鸞が随時、門弟たちに見せながら意見を聞き、門弟たちの意見も反映させつつ執筆していったのではないかという、新たな成立像もみえてきたのである。(6)

さてそこで、親鸞の角点研究については、坂東本の角点と西本願本や高田本との関係を解明することも、今後の大きな課題であるといえる。とりわけ西本願寺本は現在でもその書写者が判明していないが、西本願寺本においては本文の内容の大きな切れ目ごとに適切に改行が施される等、その書写者は非常に高い教学的知識の持ち主であったといわれてきた。しかし、たとえば西本願寺本の改行等の指示がすでに親鸞の角点によって与えられていたものであったとすれば、西本願寺本の書写者について、必ずしも高い学識を有する者ということではなく、親鸞による角点の書き込みを知っていた者、つまり親鸞にかなり近侍していた人物であるということになり、西本願寺本の書写者像も従前のものとはまた変わってくるのである。この点については筆者自身も、今後研究を進めていきたい。

ここまで真宗聖教の国語学的研究の変遷について、非常に粗々ではあるが眺めてきた。とりわけ東條義門師以降、真宗聖教の国語学的研究は様々な成果が積み上げられてきた。真宗学会でも折に触れてはそれらの成果に基づく発表や議論がなされ、先に紹介した佐々木勇氏の記念講演等も開催されてきた。百周年を迎える本学会は、今後も最新の国語学的成果に目を向けながら、真宗聖教の研究に邁進しなければならない。

ところで、最後に一言触れておきたいのが、宗派の総合研究所における聖典編纂事業についてである。本研究所の聖典編纂事業は四十年以上の歴史を持ち、学界における国語学的研究の成果を常に吸収しながら、それらの成果をしっかりと聖典に反映させてきた。この聖典編纂事業とそこで編まれた聖典は宗派の宝であるといえる。しかし、この聖典編纂の担当部署が年々縮小され、担当者の数も現在ではごくわずかとなっており、これはまことに憂うべき事態である。綿密な基礎研究に基づいて編纂されたその聖典の一字一字に、我々はみずからの命を託していくのであり、ゆえに聖教の基礎研究と確かな聖典の編纂こそが、宗門を支え続けていくのである。

さて、このたび龍谷大学真宗学会は百周年を迎え、これほどまでに長く本学会の学問的営みが続けられてきたことも、依りどころとなる聖典があってこそのことである。真宗学会ではこれからも、聖典の一字一句と向き合いながら、国語学の視点からもより適切な解釈をおこない、次なる百年に向けて研鑽が続けられるであろう。

註

（1）『浄土真宗聖典全書』巻五　五五二頁
（2）瓜生津隆雄『真宗典籍の研究』（一九八八年、永田文昌堂）、二七一頁
（3）『同右』、二七一頁
（4）小林芳規『角筆のひらく文化史』（二〇一四年、岩波書店）、前書き
（5）『同右』、前書き
（6）この新たな成立像についての考察は、赤尾栄慶・宇都宮啓吾編『坂東本「顯淨土眞實教行證文類」角点の研究』（二〇一五年、東本願寺出版社）を参照した。

近代真宗研究と龍大真宗学

内手弘太

龍大真宗学における近代真宗研究の起点

近代仏教史研究は、一九五九年に吉田久一が刊行した『日本近代仏教史研究』が出発点とされる。この著作をきっかけに、「近代仏教／明治仏教」を冠する著作が立て続けに出版され、近代仏教史が一つの研究分野として開拓されていった(1)。西本願寺教団内においても、一九六二年に発足した伝道院の機関誌『伝道院紀要』で、近代仏教史に関連する研究が発表されている(2)。他方で、龍大真宗学で近代史を対象とする研究が本格化したのは、一九七〇年前後のことであった。

一九七一年一〇月六日、龍大真宗学教授の信楽峻麿を中心として、教団改革をすすめる会が結成された。結成の背景には、記念法要にむけた募財問題から表面化した西本願寺教団の封建遺制的体質、および靖国神社の国営化に対する教団の煮え切らない態度などがあった(3)。とともに、中心人物の一人であった西光義敞がこう述べているように、教団に所属するものとしての自覚があった。

教団に育てられ信をめぐまれて、諸仏菩薩ともなる正定聚不退の位に加えていただいている私としては、教団の現実に愛想をつかせたり絶望したりして教団の外に出ることは、その動機をいかに合理化しようとも、念仏者として生きることからの無責任な逃避であり逃亡にしかすぎない。(4)

信楽らは教団の封建的体質を生み出した一因に、自身を含め、教学が「近代化」仕切れていないこと、(5)そしてその前提として、近代での失敗（＝戦争責任）が蔑ろにされていることを指摘した。

明治維新からの百年において、「近代化」するチャンスは度々あった。にもかかわらず、なぜ達成されていないのか。彼らは近代真宗の歩みを批判的に分析することを通して、自らの改革運動の指標を定めることを目的に、(6)「教団改革運動の蹉跌・弾圧史」(7)と「その行く末＝戦時教学・体制」という視角から、近代真宗教学の歴史に関する研究を開始したのである。(8)

何を問うたのか

では、そこで何を問うたのか。主な論点は、「真俗二諦」と「教権と自由研究」であったと考えられる。

真俗二諦とは、世俗秩序との調和を図るために示された教学理解であり、明治に入り、教義化された。教学者たちは、この真俗二諦に基づき、宗教的立場と国家・社会的立場とを切り離すことで、仏教の真理（真諦）と世俗の真理（俗諦）を無媒介に併存させた。この教学形成と展開こそが、近代真宗教学の歴史であり、戦時教学へと帰結する歩みであったというわけだ。

ここで注意したいことは、彼らが近代を一般的な明治維新から敗戦までの七〇年間ではなく、「明治維新からの百年の歩み」としている点である。そこには、敗戦後も戦争協力を促した消息を聖教とし、あるいは、「主上」などを削除した聖典を刊行し続けるような、俗諦を「平和日本ノ建設」に置き換えただけで、事実上、真俗二諦が継承されている教団体制や教学への憤りがあった(9)。

次いで「教権と自由研究」とは、いわゆる「正統安心」と近代的な学問・思想との対立・折衝のことである。開国によって、西洋由来の学問が日本に輸入される中で、宗学研究のあり方やその思想に関して、様々な議論が起こった。だが多くの場合、純粋な学問的議論による決着ではなく、教団権力が介入し、時に異安心や僧籍剥奪などの強権的な姿勢によって新たな見解は退けられた。特に信楽が注目したのが、大正時代に起こった野々村直太郎『浄土教批判』問題と、金子・曽我の異安心問題であった。

信楽によると、異安心に処された三人は、近代思想と対決しながら新しい教学を示し、それに基づいて教団の改善を試みた。だが、教団は彼らを弾圧、さらに教学に対する支配体制を強化し、教学研究の自由性を奪っていったという。そして、こうした体制が現在の西本願寺教団の根底に継承されているとし、現代教学樹立（＝「近代化」）を阻む要因であると主張したのである。

以上の成果は、信楽峻麿編集のもと、『近代真宗教団史研究』（一九八七年）と『近代真宗思想史研究』（一九八八年）としてまとめられ、その後の研究の指針となっている(10)。

さて、こうした信楽らの研究を土台としつつ、二〇〇〇年代に入ると、近代真宗教学に関する研究のあり方が問い直されていく。

近代真宗教学史研究の転換をもたらした背景には、「近代化」論の見直しと、教団の戦争責任表明があると考えられる。

「近代化」論の見直しと戦争責任の表明——近代真宗教学史研究の転換点

二〇〇〇年を前後して、近代仏教史研究に関連する研究が相次いで発表されている。その背景には、近代主義的な価値観への疑義があった。近代仏教史研究の先駆者・吉田久一は、丸山真男らの近代主義的価値観——内面的な自立に立脚した社会的主体の形成(11)——を反映した近代化論を展開した(12)。すなわち、西洋由来の「近代」を自明視したうえで、その近代的価値観を日本の近代仏教の中から探し出し、「近代になる」という物語を構築した。そしてそこでは、世紀転換期の「精神主義」運動と「新仏教」運動にその価値観を読み込み、この二つの改革運動を近代仏教の到達点としたのである。

こうした吉田らの研究を乗り越えるべく、一九九〇年以降の国民国家論やオリエンタリズム批判、カルチュラル・スタディーズ、ポストコロニアル研究などの影響を受けながら、近代主義的価値観によって排除されたものを再配置する研究や、それらが排除されてきた歴史の探求がなされ、日本近代仏教史像の再構築が目指されていった(13)。近代真宗を対象とする研究においても、この研究動向をいかに受容していくのかが問われた。というより、それは次のような理由から重要な問題であった。

近代仏教の歴史は、浄土真宗を中心として描かれてきたとされる。それは、本願寺教団が明治政府との関係や人的・金銭的資源の潤沢さから、近代的な教団形成に逸早く着手し、仏教界全体をリードできたことに加え、日本における「宗教」概念形成に多大な影響を与えたためである。

近代日本の政教関係構築に、真宗僧である島地黙雷が重要な役割を果たした。彼は洋行を通して、キリスト教をモデルとした「宗教」を学び、その宗教概念をもとに明治新政府の宗教政策を否定した。それは日本型政教関係の構築につながり、日本の「宗教」理解の方向性を定めていった[14]。ただ、そこで示された宗教は、当然、非常に真宗との親和性が高いものであった[15]。つまり、近代日本における「仏教」は、真宗関係者が作った枠組みに規定されていた。そうした仏教観を近代仏教史研究では無意識に踏襲していたため、必然と真宗者やその思想が検討対象とされ、真宗中心の近代仏教史が描かれていったのである。

しかし、近代的価値観の見直しの中で、「宗教」という言説は西洋キリスト教のプロテスタンティズムの影響を受けた「発明」であり、そのまま研究の前提にできない、という認識が高まった[16]。それにより、日本の「宗教」概念の歴史性が明らかにされ、さらに真宗と直接関連のない事例についての研究が多方面より出されたことで、真宗中心の近代仏教史像の相対化が進められた。とはいえ、近代仏教史において真宗が果たした役割は、事実として小さくない。近代真宗を扱う研究としては、新たな近代仏教史像の中で、真宗を再定置することが求められている[17]。

この近代化論の転換に加え、近代真宗教学を研究対象とする場合、教団の戦争責任表明も重要であろう。一九九一年の湾岸戦争を機に、宗会で初めて太平洋戦争への協力を懺悔する決議――『わが宗門の平和への強い願いを全国、全世界に徹底しようとする決議』が採択され、一九九五年には「「戦後」

問題検討委員会」を設置し、処理方法の検討が教団内で始められた。そして、二〇〇四年に発布した宗令・宗法で戦時中の戦争協力に関する消息や通達を事実上失効、二〇〇七年の「宗制」改正によって無効とされた。

先に見たように、真宗学における近代史研究の目的の一つは、教団の戦争責任を問うことであった。教団の戦争責任を問う場合、宗派的な個別史研究となり、原因の探求を目的とする思想的根源の解明へと向かう傾向が強い。たしかに、近代以前からの連続面を視野に入れることで問題の本質がより明瞭になるが、他方で、真宗教学者や教団の活動が近代日本でどういった役割・意味があったのか、といった近代社会そのものとの関係性が見えづらくなるという欠点がある。(18)

以上のような状況下で、近代真宗教学史研究としては、単純に教団や教学に焦点を当てるのではなく、様々な国家・社会的コンテキストに教団・教学者を位置づけたうえで、個々の教学や思想を分析することが求められ、近年、こうした意識にもとづく成果が発表されている。(19)

近代史における教団・教学者の位置

ところで、近代仏教史研究において、教団仏教は国家に追従したとして、あまり積極的に分析されてこなかった。しかし、本願寺教団は明治維新より仏教界をリードするなど、近代日本で最大規模の教団であった。また、池田英俊が改革運動の歴史的実態を論じる中で、「既成仏教教団の信者たちは近代以降はより強くなった本山による直接的支配のもと、依然として超越者としての祖師への信順を強要されて存在していた」と指摘するなど[20]、近代史を重層的に解明するためには、仏教教団ないし真宗教団は透過できない対象といえる。

寺請制や教導職の廃止などにより、仏教教団の国家・社会的位置は見直されていく。孝本貢は、国家・社会制度上における宗教の位置づけの変化にともない、「教団は各自の信仰によって成り立つものであるという原則が構築されてい」き、その内実が次第に問われていくことになったという[21]。また、平野武は近代日本の宗教団体を研究する場合、「出世間性と社会性が併存していた」ことに注意を払わなければならないと述べた[22]。さらに、小川原正道は大日本帝国憲法で政教分離が明示されたが、近代日本において宗教団体は常に政府による「宗教」利用と排除との間にあったと論じた[23]。こうした近代日本における仏教教団の特質は、宗派史としてのみならず、国家と宗教、あるいは、世俗的なものと宗教的なものとの関係性を把握するうえで重要と考える[24]。

では、教学者とはどういった存在であったのか。龍溪章雄は、丸山真男「日本ファシズムの思想と運動」に基づき、近代日本における教学者の位置とその役割を次のように定義する[25]。

丸山は、諸外国のファシズム運動を分析し、一般的に社会的中間層がその担い手となっていたと指摘した。しかし、日本において、その層は「小工場主、町工場の親方、（中略）、学校教員、殊に小学校・青年学校の教員、村役場の吏員・役員、その他一般の下級官吏、僧侶、神官、というような社会層」と、「都市におけるサラリーマン階級、いわゆる文化人乃至ジャーナリスト、その他自由知識業者（教授とか弁護士とか）および学生層」とに類型化できるとする。そして、前者がファシズムの社会的基盤であり、その一方で、後者の「多くはファシズムに適応し追随しはしたが、消極的抵抗はみせていた」という。

丸山は、第一の類型に所属する者は、「生活内容も非常に近いということから、大衆を直接に掌握している」人物たちである。そのため、「一切の国家的統制乃至は支配層からのイデオロギー的教化は一度この層を通過し、彼らによっていわば翻訳された形態において最下部の大衆に伝達される」と論じた。

龍溪は、この丸山の類型に基づき、教学者を第一・第二の両階層に跨がる存在であると定義する。その理由は説明されていないが、近代日本の教学者の多くは僧侶としてだけでなく、多様なメディアとの関わりを持ち、あるいは、教員として教育機関で講義するなど自由知識人の側面があった。

このように、教学者像を考えた場合、教団組織との関係性だけでなく、多様な文脈で彼らの立場を把捉する必要がある。そして、個々の立場性を意識し、丸山がいう「翻訳」とその過程[26]を辿り直すことは、「国家・社会と宗教」や「戦争と宗教」の問いの射程を広げ、両者の関係をより双方向的に考えることに貢献するだろう[27]。

「戦争と宗教」研究の広がり

近代日本の真宗教団や教学者を研究対象とするうえで、教学者としては、教条的と批判されようが、戦争責任の問題を常に念頭に置く必要があると考えている[28]。そこで最後に、「戦争と宗教ならびに真宗」

研究の研究動向を示しておきたい。

近年、戦争研究者の世代交代が進み、直接的な戦争責任論から距離が取れるようになったことで、戦争を捉える研究が多様化し、宗教と戦争との関係をめぐる研究成果が徐々に蓄積されてきている。そこでは、「宗教は平和に資する」という規範性の呪縛が取り払われ、一歩引いた視点から、宗教と戦争の関わりについて研究が進められている。すなわち、単純に「戦争に協力した」「戦争に抵抗した」という二項対立的な見方をするのではなく、戦時下をくぐり抜けた人物や教団の実像に迫ることが目指されている(29)。

さて、そのなかで、戦時体制下の親鸞思想についての研究も進展している。それを大きく駆動させたのは、中島岳志『親鸞と日本主義』(新潮社、二〇一七年)である。中島は、教団関係者による戦時教学研究に対し次のように指摘し、そのあり方を厳しく追及した(30)。

その(戦争協力の――内手注)問題がすべて「真俗二諦論」に起因するとされ、「真俗二諦論」を否定することによって乗り越えられると考えられたとき、親鸞思想が国体論と接合する構造的危険性は、不問のものとされた。「真俗二諦論」を親鸞思想から切り離すことによって、浄土真宗の信仰は安全圏として囲い込まれ、教学そのものはしっかりと守られたのである。／私は、あえて問うてみたい。／「親鸞の思想そのもののなかに、全体主義的な日本主義と結びつきやすい構造的要因があるのではないか」と(31)。

教団の戦争責任を問う戦時教学研究では、親鸞思想そのものが問われることはなかった。中島は親鸞思想の近代的系譜を辿る中で、浄土教と国体論との親和性を示し、「親鸞思想に内在する危険性」について論じたのである。[32] この見解に対しては、その妥当性を含め、いくつかの研究が寄せられている。[33]

中島の指摘をどのように受けとめるのか。筆者としては、この指摘をそのまま首肯することはできない。だが、真俗二諦論を一度括弧にいれ、教団や教学者の歴史的経験を丁寧に追跡することで、親鸞思想が戦時下で果たした役割について分析することが求められているといえる。[34] また、そうすることで、戦時下とそれ以前とがどのように連続／断絶しているのかが明らかとなり、「宗教と戦争」との関係性がより立体的に考えることができるのではないか。[35] さらに、そうした分析により、改めて教学および教学者の戦争協力の実態とともに、真俗二諦の思想的内実とその問題を照らすことにつながると思う。

註

（1）大谷栄一『近代仏教という視座――戦争・アジア・社会主義――』（ぺりかん社、二〇一二年）、第一章を参照。

（2）棚瀬襄爾・佐藤三千雄他『真宗教学研究』第二集（永田文昌堂、一九八〇年）付録「『伝道院紀要』（第一～第一五号）所載論文目録」を参照。

（3）「はしがき」（岡亮二編『教団改革への発言』〈永田文昌堂、一九七一年〉）を参照。

（4）西光義敞「まず率直に発言しよく聞くからはじめよう」（岡亮二編前掲『教団改革への発言』）、一二一頁。

（5）こうした「政治や思想が民主化しきれていない＝近代化しきれていない」という認識は、一九六〇年代後半の日本でしばしば問題となっている（苅谷剛彦『追いついた近代　消えた近代――戦後日本の自己像と教育』〈岩波書店、二〇一九年〉参照）。

（6）信楽峻麿編『近代真宗思想史』（永田文昌堂、一九八八年）の「あとがき」に、「龍谷大学大学院の信楽研究室での活動は、近代百年余を生きてきた真宗教団の軌跡を問うことによって、現在の指標としての教学をさぐることを明確な目標としていた。そのことはまた、大学での研究活動が教団の現状への厳しい批判となるべきことであり、信楽研究室が一九七一年にはじめられた「教団改革をすすめる会」の運動のひとつの核となって活動したということである（二八一頁）」と、研究の目的が記されている。

（7）だが興味深いこととして、信楽は「蹉跌・挫折」にこそ、教団改革運動の本質があるとして、こういう。
教団というものは、つねに非僧非俗なる構造をもって、出世をその本質としながら、しかもまた同時に、それが世俗のただ中にしか成り立ちえないものであるということ。すなわち、教団とは、つねに世俗のただ中に、世俗を場として在りながら、また同時に、その世俗を根底的に虚仮不実として否定しつつ、ひとえに出世を志向しつづけるところにこそ成り立つものである以上、教団とは、それが存在するかぎり、不断に、しかもまた無限に、その世俗性をきびしく顧み、それを否定しつづけてゆかねばならないものである。（中略）教団改革運動とは、終わることないはてしなき未完成の運動であるともいわねばならないであろう（信楽峻麿「本願寺教団改革運動素描史（その二）」〈教団改革をすすめる会編『教団改革』第一〇号、一九七四年一一月〉、二七～二八頁）。

（8）主に前者の成果として、信楽峻麿「本願寺教団改革運動素描史（その一・その二）」（教団改革をすすめる会編『教団改革』第五・一〇号（一九七三年三月・一九七四年一一月）が、後者の成果として、信楽峻麿「真宗における聖典削除問題」（中濃教篤編『戦時下の仏教』講座 日本近代と仏教6（国書刊行会、一九七七年）がある。ただし、信楽は一九五六年一二月に「明治真宗教学史の一断層――キリスト教との対決――」（『顕真学苑論集』第六号）で、すでに改革運動に連なる問題を論じているが、まとまった成果としてはこの教団改革運動以降と考えられる。

（9）例えば、改革運動が惹起した後に発行された『宗報』（一九七三年六月号）に、「教団の新たな出発」として、教団改革を唱道する人々は、「宗教的自覚よりも、教団の『民主化』『機構の改革』の意見の方が先行していることにある。それは、宗門が近代史の中でたどってきた負のパターンでしかない。（中略）教団の主体的な課題、すなわち信による歴史の展開というテーゼを自ら背負って立たない限り、われわれの前に歴史は一歩も開けていかないことだけは確かである」と示されている。

（10）その後の真宗学科での近代史研究は、信楽の研究を引継ぎつつ、龍溪章雄を中心に、戦時教学や改革者たちの教学・宗学方法の内実について、その周辺部分を含めながら研究が深められている。例えば、前者について、龍溪章雄「真宗教学者における歴史と責任――教学者の戦争責任をめぐって――」（『真宗研究』第二九輯、一九八四年）などがある。また後者は、幡谷明・龍溪章雄共著「金子大栄――聞思の教学者――」（『浄土仏教の思想』第一五巻〈講談社、一九九三年〉）などがある。

（11）笹倉秀夫『丸山真男論ノート』（みすず書房、一九八八年）、三二六頁。

（12）林淳「近代仏教の時期区分」（『季刊日本思想史』第七五号、二〇〇九年）、六～七頁。

（13）大谷栄一・菊池暁・永岡崇「座談会　日本宗教史像の再構築に向けて」（大谷栄一・菊池暁・永岡崇編『日本宗教史のキーワード――近代主義を超えて――』〈慶應義塾大学出版会、二〇一八年〉）を参照。

（14）山口輝臣『島地黙雷――政教分離をもたらした僧侶――』（山川出版社、二〇一三年）を参照。

(15) 詳しくは、福嶋寛隆「島地黙雷に於ける伝統の継承」(『龍谷史談』五三号、一九六四年)や、山口輝臣『島地黙雷――「政教分離」をもたらした僧侶――』(山川出版社、二〇一三年)、ハンス・マーティン・クレーマ「近代日本における「宗教」概念の西洋的起源―島地黙雷のヨーロッパ滞在を中心に」(『宗教研究』第八八巻第三輯、二〇一四年)、呉佩遙「「文明」の時代における「信」の位相――島地黙雷の宗教論を中心として――」(『学際日本研究』第二巻、二〇二三年)などを参照されたい。

(16) タラル・アサド著・中村圭志訳『宗教の系譜――キリスト教とイスラムにおける権力の根拠と訓練――』(岩波書店、二〇〇四年)、磯前順一『宗教概念あるいは宗教学の死』(東京大学出版会、二〇一二年)などを参照。

(17) 碧海寿広「真宗中心史観(近代仏教)」(大谷栄一・菊池暁・永岡崇編『日本宗教史のキーワード―近代主義を超えて――』〈慶應義塾大学出版会、二〇一八年〉)を参照。

(18) 黒川みどり「近代日本の「他者」と向き合う」(黒川みどり編『近代日本の「他者」と向き合う』解放出版社、二〇一〇年、序章)を参考にした。

(19) こうした意識に基づく研究成果として、岩田真美の「明治期の真宗にみる新仏教運動の影響――高輪仏教大学を事例として――」(『真宗研究』第五八輯、二〇一四年)や仏教婦人雑誌に関する研究(中西直樹共編『仏教婦人雑誌の創刊』近代日本の仏教ジャーナリズム第二巻〈法蔵館、二〇一九年〉など)、野世英水によるアジア植民地布教の研究(中西直樹共著『日本布教アジア布教の諸相』〈三人社、二〇二〇年〉など)、さらには嵩宣也の翻訳史研究(「日本仏教と英語翻訳――真宗関連のテキストを中心に――」〈博士論文、二〇二一年、龍谷大学〉)などがあげられるだろう。また、筆者は「前田慧雲―本願寺派宗学と西洋との対峙――」(嵩満也・吉永進一・碧海寿広編『日本仏教と西洋世界』〈法蔵館、二〇二〇年〉)や、「真宗本願寺派の教学と日本主義――梅原真隆を通して――」(石井公成監修、近藤俊太郎・名和達宣編集『近代の仏教思想と日本主義』（法藏館、二〇二一年）を発表している。
(20) 池田英俊『図説　日本仏教の歴史　近代』（佼成出版、一九九六年）、二二八頁。
(21) 孝本貢「近現代」（日本仏教学会編『日本仏教の研究法――歴史と展望――』（法藏館、二〇〇〇年））、六八頁。
(22) 平野武「国家の憲法と宗教団体の憲法――本願寺派宗法・宗制を素材に――」（洗建・田中滋編『国家と宗教――宗教から見る近現代日本　上――』（法藏館、二〇〇八年））参照。
(23) 小川原正道「「政治」による「宗教」利用・排除――近代日本における宗教団体の法人化をめぐって――」（『年報政治学』第六四巻一号、二〇一三年）参照。
(24) 仏教教団と公共的事業に関する研究は、二〇〇〇年以降、多数の成果が発表されている。例えば、谷川穣『明治前期の教育・教化・仏教』（思文閣出版、二〇〇八年）では政府の教化政策や教育制度と、仏教者および仏教教団の関わりについてを、中西直樹『仏教と医療・福祉の近代史』（法藏館、二〇〇四年）では、社会福祉制度が未発達の戦前期に仏教界が果たした役割について明らかにされている。
(25) 龍溪章雄前掲「真宗教学者における歴史と責任――教学者の戦争責任をめぐって――」。なお、以下の丸山については、『丸山眞男集』第三巻（岩波書店、一九九五年）所収の「日本ファシズムの思想と運動」（二九七～三〇四頁）を参照した。
(26) 翻訳と媒介的役割に関わって、次の下田正弘による宗学論は非常に興味深い。
　日本の仏教はインドに起源を有しながらも日本の言説として展開されてきたものであり、それを遂行してきたものが宗学だった。宗学はながい歴史をかかえた日本独自の学問としてとらえなおされ、仏教の言説に加えて広く日本の言説を視野に入れる必要がある。／これにくわえてもうひとつ留意すべき課題がある。それは、宗学は、日本の言説のみならず、日本の現場に足場をもっていなければならないことである。そこで出現する問いは、歴史的言説に閉ざされず、現在の臨床的問いとして処遇されなければならない。過去の言説の内部に閉じられてしまうわけにはいかないのである（「変貌する学問の地平と宗学の可能性」（元山公寿監修、智山勧学会編『日本仏教を問う――宗学のこれから――』〈春秋社、二〇一八年〉、二一七頁）。

ここには、宗学の特色・可能性として、「普遍性と日本化」が論じられているように思う。この両者が内包するからこそ、大衆のプロパガンダ的役割、媒介役が可能になったのではないか。

(27) 永岡崇「総力戦」（大谷栄一・菊池暁・永岡崇編『日本宗教史のキーワード――近代主義を超えて――』（慶應義塾大学出版会、二〇一八年）や、富坂キリスト教センター編『協力と抵抗の内面史――戦時下を生きたキリスト教たちの研究――』（新教出版社、二〇一九年）、近藤俊太郎「仏教思想と日本主義への入射角――序にかえて――」（石井公成監修、近藤俊太郎・名和達宣編集前掲『近代の仏教思想と日本主義』）を参照。

(28) 教団の戦争責任論に関しては、吉良貴之「第五章　戦争と責任――歴史的不正義と主体性」（蘭信三・石原俊・一ノ瀬俊也・佐藤文香・野上元・福間良明『「戦争と社会」という問い』（シリーズ戦争と社会1、岩波書店、二〇二一年））における「同一の集合的主体が責任を追う場合」での議論が参考になると考えている。

(29) 注27および、西村明「「宗教からみる戦争」特集企画について」（戦争社会学研究会編『宗教からみる戦争』戦争社会学研究第三巻、二〇一九年）を参照。近年の成果として、小林惇道『近代仏教教団と戦争』（法藏館、二〇二三年）では、戦争事業を教団の公共事業の一環として研究している。

(30) 中島岳志は『考える人』二〇一〇年冬号～二〇一一年冬号（二〇〇九～二〇一一年）で、すでにこの問題について論究している。

（31）中島岳志『親鸞と日本主義』（新潮社、二〇一七年）、二七頁。
（32）中島の指摘を踏まえた上で、教団の戦争責任表明以後における教団の平和認識を、教団改革運動との連続性の中で捉える必要があると考えている。ここでは課題として記しておきたい。
（33）名和達宣「「親鸞思想に内在する危険性」をめぐって――中島岳志『親鸞と日本主義』より喚起された問い――」（『教化研究』第一六二号、二〇一八年）や、齋藤公太「本居宣長と日本主義――暁烏敏による思想解釈を通して――」（石井公成監修、近藤俊太郎・名和達宣編集前掲『近代の仏教思想と日本主義』）などを参照されたい。
（34）その一つとして、「真宗本願寺派の教学と日本主義――梅原真隆を通して――」（石井公成監修、近藤俊太郎・名和達宣編集『近代の仏教思想と日本主義』〈法蔵館、二〇二一年〉）がある。
（35）石川明人『戦場の宗教、軍人の信仰』（八千代出版、二〇一三年）などを参照。

編 集 後 記

龍谷大学真宗学会の創設百周年を記念するため、二〇一九年度に当時の真宗学会長であった龍溪章雄先生の指導の下で、『龍谷大学真宗学一〇〇年史』の出版の企画が立てられ、編集作業を進めておりましたが、五年の歳月を経てようやく完成を見ることができました。作業を開始したのが、ちょうど新型コロナウイルスの感染拡大の時期と重なり、真宗学会に関連する資料収集や編集方針の策定も思うにまかせない事態となり、一時は予定通りの完成が危ぶまれましたが、無事出版することができましたのは、平素より本学会の運営にご協力を賜っております会員の皆様のご協力のおかげさまと深く感謝致しております。

本書は現職の真宗学科の専任教員が中心となって編纂・執筆を進めましたが、真宗学会の歴代の学会長をお勤めいただいた武田龍精先生、大田利生先生、林智康先生、川添泰信先生、深川宣暢先生からもご寄稿いただくことができました。また龍溪章雄先生には第一部の「龍谷大学真宗学の歴史」を中心にご助言を賜りました。お忙しい中をご協力いただきました諸先生方にはこの場をお借りして厚く御礼申し上げます。

最後になりましたが、今日の厳しい出版事情だけでなく、コロナウイルスの感染拡大の中で本書の出版を快くお引き受けいただいた永田文昌堂には心より感謝致します。

合掌

龍谷大学真宗学一〇〇年史編集委員会一同

龍谷大学真宗学100年史

令和６（2024）年２月１日　第１刷発行

編　　集　　龍谷大学真宗学会

発 行 者　　永　田　唯　人

印 刷 所　　㈱図書印刷 同　朋　舎

製 本 所　　㈱吉田三誠堂

発 行 所　　創業慶長年間 永　田　文　昌　堂
京都市下京区花屋町通西洞院西入
電　話075（371）6651番
ＦＡＸ075（351）9031番

ISBN978-4-8162-3057-8 C3015